솔로 워커

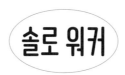

솔로 워커

: 미치지 않고 혼자 일하는 법

리베카 실 지음
박세연 옮김

푸른숲

들어가기 전에

나는 코로나바이러스 위기가 한창일 때 이 글을 쓰고 있다. 코로나가 장기적으로 어떤 영향을 미칠지 이야기하기에 아직 이른 감이 있지만, 그래도 하나만큼은 확실하게 말할 수 있다. 코로나는 우리가 일하는 방식을 완전히 바꿔놓았다. 많은 이들이 여러 가지 어려움에도 수개월 동안 재택근무를 이어나가는 마당에 더는 다양한 형태의 탄력적인 업무형태가 불가능하다고 눈 가리고 아웅할 수 없게 되었다. 수백만 인구가 처음으로 혼자 일하고 있다. 이런 상황을 즐기는 사람도 있는 반면 힘들어하는 사람도 존재한다. 아마 많은 이들이 즐기는 동시에 힘들어할 것이다.

　　나는 대부분의 사람이 코로나바이러스가 뭔지 알기도 전부터 이 책을 집필했다. 위기에 직면한 지금 상황에서 이 책이 내 기대보다 훨씬 많은 사람들에게 도움이 되기를 소망한다. 당신이 침실 구석에서 하루에 몇 시간 일하든, 공유 사무실에서 일주일에 며칠 동안 일하든, 노트북과 스마트폰을 끼고 돌아다니며 워크숍이나 스튜디오, 차 안에서 온종일 일하든 간에, 이 책은 혼자 일하는 모든 사람을 위한 책이다.

책에서는 혼자 일하는 모든 사람을 솔로 워커라 명명한다. 갑작스럽게 시작된 재택근무 때문에 우왕좌왕하고 있거나, 프리랜서로서 커리어를 시작한 지 얼마 되지 않았거나, 1인 기업을 설립할 계획을 세우고 있다면 당신이 바로 솔로 워커다. 혼자 일하는 것은 누구에게나 힘에 벅찬 일이다. 나는 이 책에서 최근 심리학·경제학·경영학·사회과학 분야에서 나온 최고의 아이디어를 기반으로 사람들이 혼자 일하는 것에 대해 새롭고 유연한 방식으로 생각하도록 돕고자 한다.

모든 솔로 워커들의 행복한 일과 삶을 응원한다.

리베카 실

머리말

1인분의 책임감과
1인분의 외로움 사이에서 살아남는 법

혼자 일하는 것은 멋진 일이다. 혼자 일하기로 한 결정은 내가 한 최고의 선택 중 하나다. 솔로 워커는 꿈꿔왔던 일을 할 수 있을 뿐 아니라 언제, 어디서, 어떻게 일할지 선택할 수 있다. 혼자 일한다는 것은 소중한 아이디어를 짓밟아버리는 상사가 없다는 뜻이다. 그래서 보다 창조적이고 자율적으로 일할 수 있고, 그로 인해 조직 안에서 매일 권태롭게 일할 때보다 훨씬 큰 가치를 창출할 수 있다.

동시에 혼자 일하는 것은 두려운 일이기도 하다. 솔로 워커는 독립심과 자부심, 낙관적인 시각, 희망과 끈기 그리고 용기를 스스로 발견해야 한다. 당신은 종종 지루하고, 단조롭고, 힘들고, 불안할 것이다. 솔로 워커가 된다는 것은 쉴 새 없이 일하고, 항상 대기하고, 시시때때로 이메일을 확인해야 한다는 의미이기도 하다. 때로는 주말에도, 휴일에도, 그리고 아플 때도 일해야 한다. 혼자 일하는 사람에게는 수십 명의 상사가 생긴다.

나는 옵서버에서 6년 동안 기자로 일한 이후 현재까지 11년 동안 혼자 일하고 있다. 나 또한 앞서 언급한 모든 문제를 경험했다. 의기양양하고, 필사적이고, 실망하고, 자신감 넘치고, 혼란스럽고, 열정적이고, 두렵고, 기진맥진하고, 확신으로 가득하고… 이 모든 감정을 느끼고 여러 문제를 겪으면서도 다시는 직장으로 돌아가지 않겠다고 다짐했다.

프리랜서 생활을 시작한 지 5년 만에 위기에 봉착했다. 당시 나는 기사와 책을 쓰면서 쉼 없이 일하고 있었다. 종종 저녁 8, 9시까지 일했고, 업무 관련 미팅에 참석하는 날이면 근무시간은 더 길어졌다. 매주 일요일에는 생방송 프로그램에 출연하기 위해 아침 6시에 일어나 런던 북부에 위치한 방송국으로 향했다(덕분에 몇 년 동안 휴가는 포기해야 했다). 그리고 다시 집으로 돌아와 늦은 점심을 먹고, 오후엔 모임에 나가 건강에 해로울 만큼 와인을 많이 마셔댔다. 저녁에는 다음 주에 할 일을 준비했다.

나는 모든 의뢰에 '예스'라고 답했다. 프리랜서로 하루빨리 자리 잡고 싶었기 때문이다. 부탁을 거절하거나 합리적인 보수와 마감일을 요구했다가 소중한 고객을 잃을까 두려웠다. 고객들이 나를 원하는 것을 틀림없이 제 시간에 가져다주는 믿음직한 사람으로 생각해주길 바랐다. 친구도 거의 만나지 못했고, 가족에게도 제대로 신경 쓰지 못했으며, 배우자와도 좋은 시간을 보내지 못했다. 나와 마찬가지로 프리랜서로 일하는 사진가인 그도 최대치로 일했고 고객을 만족시키기 위해 최선을 다했다. 우리 두 사람은 아침을 먹으면서도, 잠자리에 들 때도 일 얘기를 했다. 택시 뒷좌석에서 마감 기사와 프레젠테이션 자료를 정신없이 마무리하는 동안 세월은 빨리 흘러갔다.

덕분에 수입은 프리랜서 작가치고는 꽤 많았다. 그러나 다람쥐 쳇바퀴 같은 삶은 행복하지 않았다. 삶에서 소중한 것을 놓치고 있는 듯한 기분이었다. 이대로는 안 되겠다고 판단한 우리는 규칙을 만들기로 했다. 룰이 있으면 일에 대한 압박감을 어느 정도 조절할 수 있지 않을까 하는 기대가 있었다. 규칙은 다음과 같았다. 아침 먹기 전에 일하거나 일 얘기하지 않기. 저녁 8시 이후에 일하거나 일 얘기하지 않기(단 정말 급할 때 일주일에 한 번 예외를 둘 수 있다). 주말에 일하지 않기(단 긴급 상황일 때 한 달에 한 번 예외를 둘 수 있다).

규칙은 실제로 꽤 도움이 되었다. 마감이 임박했을 때 평소보다 큰 능력이 발휘되는 것처럼, 시간이 한정적이면 더 효율적으로 일하기 마련이다. 반면 늦은 밤이나 주말에도 얼마든지 일할 수 있고 이를 막을 특별한 장치가 없는 상태에서는 일에 집중하기가 좀처럼 쉽지 않다. 집에서 혼자 일하는 사람이라면 경험해봐서 잘 알 것이다(일의 시작과 끝을 강제로 정해놓는 방법이 생산성 관련 연구에서 대단히 인기 많은 주제라는 사실을 나중에서야 알게 되었다).

시간이 흐르면서 그런 규칙만으로는 충분하지 않다는 사실이 드러났다. 일하는 시간을 제한해도 한밤중에 홀로 있을 때 일에 대해 생각하고 또 생각하는 것까지 막을 수는 없었다. 내 일을 사랑했고, 프리랜서로서 꿈을 실현해나가고 있었지만 일에서 즐거움을 발견하기는 점점 더 힘들어졌다. 나는 보람을 느끼지 못했다. 솔직히 말해서 스스로를 기만하고 있다는 느낌이 들었다. 그동안 정말로 열심히 일했다. 그런데 왜 비참한 기분이 드는 걸까? 왜 내가 사랑하는 일을 즐기지 못할까? 왜 마음 편히 쉬지도 못할까? 왜 휴대전화를 항상 끼고 살까? 왜 아침에 눈뜨자마자 이메일부터 확인할까? 왜 나는 행복한 삶을 누리지 못하는 걸까? 이 모든 것이 나만 겪는 문제일까?

한편 주변의 솔로 워커들은 다양한 분야에 퍼져 있다. 대형 로펌의 치열한 경쟁 속에서 평생을 보내기 싫었던 한 변호사는 법률 상담 사업을 시작했다. 국제자선기구에서 활동하던 어느 국제 구호원은 비정부기구가 인도주의적 재난에 신속하게 대응하도록 돕는 컨설턴트 일을 하고 있다. 마케팅 기업의 임원이었던 사람이 재교육 프로그램을 이수하고 메이크업 아티스트로 거듭나기도 한다. 신문사에서 함께 일했던 동료들은 소설가나 카피라이터로 변신했다. 글 쓰는 일을 완전히 그만두고 해안가에 민박집을 차린 친구도 있다.

자발적으로 혼자 일하기를 선택한 사람도 있는 반면 마지못해 그렇게 된 사람도 있다. 그들은 정기적으로 들어오는 월급을 선호했음에도 하고 싶은 일을 하기 위해 어쩔 수 없이 혼자서 일하는 것을 택했다. 이들 대부분이 직장 생활보다 혼자 일하는 것이 더 낫다고 느끼면서도 솔로 워커로서 일하는 것이 얼마나 힘들고 외로운지 하소연한다. 그리고 평가해주는 사람이 없을 때 자신의 성과를 어떻게 측정해야 할지 궁금해한다. 그들은 미래를 내다볼 수 없는 상황에서 은행 계좌의 잔고를 확인하는 것 외에 자신이 제대로 가고 있는지 판단할 다른 방법을 알고 싶어 했다.

　　나는 계속해서 답을 찾았다. 혼자 일하는 삶에 관한 한두 가지 측면을 언급한 수십 권의 책을 발견했다. 가령 시간을 관리하는 방법, 결제를 미루는 고객을 다루는 법, 소셜 미디어 활용법, 행복해지는 법, 성공 노하우, 일에서 만족감을 얻는 방법 등등. 하지만 나의 수많은 질문에 모두 대답해줄 수 있는 책은 발견하지 못했다. 유용한 렌즈로 솔로 워커의 삶 구석구석을 깊이 있게 들여다본 책은 한 권도 없었다.

　　뛰어난 학자들이 완전히 새로운 사고방식으로 1인 노동을 다룬 학술지 논문을 비롯한 방대한 자료들이 보물처럼 숨어 있었다. 그러나 이 자료들을 일일이 찾아보기에 혼자 일하는 이들은 너무 바쁘다. 그래서 생각했다. 나는 기자이고, 제일 잘하는 일이 정보를 모으고 분석해서 남들이 이해하기 쉽도록 갈무리하는 거니까, 내가 솔로 워커들을 위한 책을 써야겠다.

　　오늘날 혼자 일하는 인구는 느는 추세다. 영국 통계청에 따르면 2008년 이후로 영국의 1인 노동자 수는 25퍼센트 가까이 증가했다.

영국의 전체 노동 가능 인구 가운데 1인 노동자의 비중은 15퍼센트에 이른다. 25~49세 노동 인구를 기준으로 하면 그 비율은 30퍼센트까지 늘어난다. 현재 미국의 1인 노동 인구는 약 1,500만 명이며, 넓은 의미에서 프리랜서로 분류되는 인구는 6,800만 명에 이른다. 회계 소프트웨어 기업인 프레시북스가 2018년에 실시한 조사에 따르면 2020년까지 2,700만 명이 일반적인 형태의 고용 환경에서 벗어나 프리랜서로 전환할 것으로 보이며, 이 수치는 미국 전체 노동자의 30퍼센트를 넘는 규모다. 호주의 경우 전체 노동자 중 1인 노동자가 차지하는 비중은 17퍼센트다.

수많은 솔로 워커들이 혼자 일하면서 맞닥뜨리는 문제로 골머리를 앓고 있다.

우리 사회는 노동 방식에 있어서 중요한 분기점에 이르렀다. 불안정한 현대 경제 체제 안에서 살아남기 위해서는 생산적인 노동력이 필요하다. 즉 합리적으로 의사를 결정하고, 중년 후반까지 일할 의욕이 넘치며, 일 이외의 삶도 잘 운용하는 노동자가 필요하다. 혼자 일하는 사람들이 일할 토대를 마련하지 못하면 우리 사회는 잠재력을 실현할 수 없을 것이다.

그렇다면 해결책은 무엇인가? 삶에 대한 통제력을 잃어버리지 않고서 어떻게 솔로 워커로 성공할 수 있는가? 그 대답은 간단하다(물론 말은 언제나 행동보다 쉽다). 바로 혼자 일하지 말 것. 어떤 직종을 선택했든 간에 절대 혼자서 일하려고 하지 말라. 온종일 혼자 앉아 텅 빈 화면이나 벽을 바라보고 있지 말라. 우리는 혼자 살아가도록 만들어진 존재가 아니다.

혼자 일하는 사람들 대부분 고독감의 영향에 대해 깊이 생각하지 않는다. 하지만 엡손 에코탱크에서 최근 실시한 조사에 따르면, 자영업자의 48퍼센트가 혼자 일하는 것을 외롭다고 생각하고 46퍼센트가 스스로 고립되었다고 느낀다. 실제로 네 명 중 한 명이 우울증을 겪고 있다. 그러나 그들은 그냥 이렇게 생각하고 만다. '나는 혼자 일하니까 이 문제도 혼자서 해결해야 한다.' 하지만 혼자 일하기 때문에 외로운 것이 당연하다는 생각은 대단히 해롭고 위험하다. 지붕에라도 올라가 이렇게 외치고 싶다. '당신은 혼자가 아닙니다!' 그러나 대부분의 솔로 워커들은 그렇게 생각하지 않는다.

프리랜서의 삶을 포기하고 직장의 굴레 속으로 다시 돌아가라는 말은 아니다. 업무방식에 주목해보자는 말이다. 조직 생활을 그만두고 프리랜서나 창업의 삶을 선택할 때, 어떻게 시스템을 구축할 것인지 미리 고민하는 경우는 드물다. 처음부터 그런 고민을 하기는 분명 쉽지 않다. 심지어 무슨 일부터 시작해야 할지 모른다. 아마도 당신은 스프레드시트에 수입과 지출을 기록할 것이다. 그리고 책상을 샀을 것이다. 그러나 그걸로 끝이다. 그다음에는… 그저 열심히 일했을 뿐이다.

당신이 나와 같다면, 어려움에 닥쳤을 때 지원해줄 조력 네트워크를 구성하는 법이나 정신적으로 무너졌을 때 회복하는 방안에 대해서는 아마도 고민하지 않았을 것이다. 또한 5년 혹은 10년짜리 장기 계획을 세우지 않았을 것이다. 어쩌면 이를 고려조차 하지 않았을 것이다. 게다가 어떤 공간에서 일하면 좋을지 고민하지 않았을 것이다(부엌 탁자? 계단 밑 책상? 카페? 혹은 침대? 부디 그건 아니길). 업무 시간과 휴식시간도 구분하지 않았을 것이다. 전략도 세우지 않았을 것이다. 나와 마찬가지로 의식적인 선택을 단 한 번도 내리지 않았을 것이다. 왜냐하면 시간이 없었기 때문이다. 여유가 없었기 때문이다. 그래서 그저… 열심히 일했을 따름이다.

하지만 어느 정도 시간이 흐르고 나서는(나처럼 5년을 넘겨서는 곤란하다), 자신의 일과 삶을 결정하는 주체가 바로 자기 자신이라는 사실을 명심해야 한다. 우리에게는 자신의 행복을 지킬 의무가 있다.

조직에 속해서 일할 때는 이미 갖추어진 시스템에 맞춰 들어간다. 창업 초기에 합류했다면 직접 업무체계를 만들었거나 옆에서 지켜볼 기회가 있었을 것이다. 그렇다면 혼자 일하기 시작했을 때, 업무 시스템과 절차를 고민해봤는가? 솔로 워커들은 계약서를 쓰지 않는다. 언제, 어디서, 얼마나 일해야 하는지 알려주는 사람이 없다. 며칠 연속으로 야근을 해도 아무도 인정해주지 않는다(영국 통계청에 따르면, 영국의 고용 노동자는 일주일에 평균 38시간 일하는 반면 프리랜서는 40시간 일한다). 사내 상담 서비스를 이용할 수도 없으며 휴가를 다녀오라고 챙겨주는 이도 없다. 기분이 좋지 않을 때 점심을 함께 먹으며 험담을 나눌 동료도 없다. 기술 지원 팀도 소셜 미디어 관리자도, 사내 체육 시설도, 금요일의 회식도 없다. 주어진 것은 아무 것도 없다.

회사의 생산관리, 인사고과, 안전 교육 시스템이 마음에 안 들고, 커피가 맛없으며, 창고가 황량하다고 해도, 구내식당 음식이 형편없어서 약을 탄 게 아니냐는 음모론이 돌거나, 회계 부서에는 돈을 주기 싫어하는 사람으로 가득하다는 소문이 떠돌거나, 책상에서 감자칩을 바스락거리며 먹어서는 안 된다는 규칙이 있다고 해도, 열성적인 관리자가 시스템을 지나치게 엄격하게 적용해서 사무실 분위기를 답답하게 만든다 해도 조직 시스템이 일종의 안전망 역할을 한다는 장점은 분명 존재한다. 회사 밖에서 팀 없이 혼자 일한다고 해서 시스템 자체를 거부하는 것은 잘못된 생각이다. 그런 시스템이 업무의 기반이 된다.

많은 기업이 활용하는 엄격한 시스템을 그대로 따를 필요는 없다. 예를 들어 집에서 일할 경우 복장 규정을 따로 마련하지 않아도 된다. 앞으로 20년간 편한 옷차림으로 일하기 위해서 직장을 그만뒀다면, 덕분에 당신이 정말로 행복하다면 그렇게 하자. 하지만 일어나자마자 이메일을 확인하고 오후 3시까지 씻지도 않은 채 잠옷 바람이라면, 스스로의 모습에 죄책감이 들거나 비참한 느낌이 든다면, 일상적인 규칙을 정할 필요가 있다.

혼자 일하는 과정은 선택의 연속이다. 그 선택은 비즈니스 성과는 물론, 심리적·육체적 건강까지 좌우한다. 이렇게 중대한 선택을 내려야 할 결정권자가 오직 자기 자신뿐이다. 중요한 것은 복장을 비롯해 업무와 관련된 수많은 선택이 스스로의 책임이라는 점이다. 혼자 일하는 낯설고 새로운 환경에서 살아남고자 한다면 최적의 선택 시기와 가장 효과적인 방식, 새로운 선택지를 찾는 법까지 모두 알아야 한다.

이 책에서는 객관적인 데이터와 더불어 해당 분야 전문가의 인터뷰를 근거로 솔로 워커를 위한 좋은 선택에 대해 이야기할 것이다. 나는 이 책을 통해 솔로 워커의 길을 거쳐 갔던 많은 이들의 아이디어 및 조언과 더불어, 업무는 물론 일을 넘어선 차원에서 뇌와 몸이 어떤 방식으로 작동하는지에 관해 설득력 있는 과학적 사실을 제공하고자 한다.

선택은 각자의 몫이다. 모든 이에게 다 통하는 만병통치약은 없다. 그러므로 당신은 솔로 워커로서 자신의 삶에 가장 잘 어울리는 라이프 스타일과 노동 환경을 이 책에서 찾아야 한다. 이를 위해서는 가장 먼저 자기 자신을 분명히 파악해야 한다. 무엇이 필요한지, 무엇을 원하는지, 그리고 자신이 어떤 유형인지 알아야 한다. 이를 정확히 파악할 때 비로소 각자의 개성에 기반을 둔 업무환경을 구축할 수 있다. 성공적인 솔로 워커란 언제, 어디서, 어떻게 일을 할 것인지 그 기준이 분명하고, 자신이 누구이며 스스로를 통제하기 위해 무엇이 필요한지 아는 사람이다.

또한 우리는 자신과 다른 사람의 편견에 맞서 싸워야 한다. 실제로는 복잡한 업무 관계망 속에 있으면서도 고립되었다는 생각이 이런 편견에 해당한다. 다른 솔로 워커들 역시 드러나지 않는 관계망의 일원임에도 다들 혼자서 완벽하게 잘해내고 있을 것이라는 생각, 그리고 고객에게 받는 요구에 항상 유연한 태도를 보여야 한다는 생각도 포함된다. 혼자 대처할 수 없는 난관에 봉착할 때 우리는 그 문제가 오로지 자신의 것이라는 착각에 쉽게 빠지게 된다. 사실은 그렇지 않다는 것을 알아야 비로소 그 순간의 고통을 덜 수 있다.

인간은 온종일 사무실에서 일하도록 만들어진 존재가 아니라는 사실에 모두가 공감할 것이다. 인간은 어두컴컴한 인공조명 아래서 쉬지 않고 일하도록 설계되지 않았다(당신이 인공조명 아래서 일하지 않아도 되는 직업에 종사한다면 축하할 일이다). 나는 이 책에서 일이 때로는 우리에게 막대한 피해를 입힌다는 사실에 관해 살펴볼 것이다.

마지막으로 한 가지 이야기를 덧붙이고 싶다. 이 책은 비즈니스를 확장하고, 매출 실적을 올리고, 올해 최고의 성과를 올리는 것에 대한 이야기를 들려주지 않는다. 발리 해변에서 일하면서 백만장자가 될 수 있다고 말하지도 않는다. 이 책은 변화에 관해 이야기한다. 하지만 내가 당신을 바꿀 수 있다거나, 그래야 한다고 생각하지 않는다. 먼 미래를 내다보는 대기업 CEO와 마찬가지로 솔로 워커에게는 회사의 구성원, 즉 자신의 행복을 지킬 책임이 있다. 효율적이고 행복하게 일하자. 그게 전부다. 사실 우리는 좀 덜 일해야 한다.

일하는 시간을 좀더 중요한 시간으로 만들자. 그리고 휴식하자. 돈에 대해서 생각하지 말자. 성공에 집착하지 말자. 일 말고 좋아하는 다른 일을 해보자. 일을 삶의 중심에서 좀 떨어진 곳에 놓아두자. 역설적이게도 그럴 때 더 많이 일할 수 있고(물론 더 많은 일이 가장 큰 목표는 아니라고 해도) 더 좋은 결과를 얻게 된다.

자, 이제 준비가 되었는가?

차례

3장

정말로 중요한 문제

1장

어떻게 일할 것인가?

기회는
혼자 일하는 순간에 온다

혼자 일해본 적이 있거나 유연근무를 업무에 적용해본 노동자 가운데 기존 업무방식으로 회귀하는 비율이 낮은 데에는 그만한 이유가 있다. 코로나바이러스 때문에 탄력근무나 재택근무를 경험한 사람들은 출근을 거의 혹은 아예 하지 않고서도, 지금보다 개인의 삶을 더욱 유연하게 통제하면서 더 높은 성과를 올릴 수 있다는 사실을 깨달았다. 예전에는 누군가 탄력근무나 재택근무 이야기를 꺼내면 상사들은 매번 시기상조 운운하며 조직이 돌아가기 위해서는 모두가 출근을 해야 한다고 말했다. 그러나 다른 형태의 업무방식이 충분히 가능하고, 심지어 비용 측면에서 더 효율적이라는 사실이 드러난 후 더는 그런 변명을 할 수 없게 되었다.

내가 인터뷰한 모든 솔로 워커들은 자신의 일, 그리고 라이프 스타일과 사랑에 빠져 있었다. 혼자 일하는 것은 기술이 필요한 어려운 일이지만 이들 중 누구도 솔로 워커로서의 삶을 포기하지 않았다.

솔로 워커는 자신이 정말로 원하는 형태로 삶을 꾸릴 수 있다. 개인적·환경적인 차원에서 문제가 발생하더라도 더욱 쉽게 해결 가능하다. 솔로 워커는 일반 노동자라면 불가능한 방식으로 일할 수 있으며, 내면 깊은 곳에서 회복탄력성과 용기를 끌어올릴 수 있다.

솔로 워커는 또한 자기 자신으로 살아갈 수 있다. 젊은 패션 개발자를 위한 교육 플랫폼인 페퍼유어톡을 운영하는 디오르 베디아코Dior Bediako는 이런 이야기를 들려줬다. "저는 매일 제 자신으로 출근합니다. 콘텐츠를 개발하든, 행사를 주최하든, 팟캐스트에 출연하든, 젊은 여성들이 이력서 쓰는 것을 도와주든 언제나 저의 원래 모습으로 존재합니다. 다른 누군가가 될 필요가 없죠. 일부러 가식적인 모습을 하지 않아도 됩니다. 일터에서 솔직한 태도로 지낼 수 있는 것은 아주 큰 행운이죠."

솔로 워커의 업무 만족도가 높은 이유

프리랜서의 업무 만족도는 직장인에 비해 10퍼센트 더 높다. 보수가 더 낮은 경우에도 마찬가지다.[1]

긱 경제gig economy(기업이 필요에 따라 계약직이나 임시직으로 고용하는 경향이 뚜렷하게 나타나는 경제 현상-옮긴이)라고 하면 대개 딜리버루(영국의 음식 배달 서비스 업체-옮긴이)의 자전거나 우버 운전자를 떠올리지만, 솔로 워커들은 실제로 단순 업무를 반복하는 계약직 노동자부터 프로젝트 단위로 일하는 프리랜서까지 아주 넓은 범위에 걸쳐 퍼져 있다. 솔로 워커는 높은 지위를 차지하는 지식 관련 업무를 수행하기도 한다. 예를 들어 대형 은행에서 제반 시설 관리 및 개선 프로젝트를 위해 고용하는 프리랜서 고위 관리자들은 꽤 높은 보수를 받는다. IT 기술자는 블록체인이나 전자 상거래 개발, 클라우드 컴퓨팅과 관련해서 따로 계약을 맺고 일하기도 한다.

또 다른 프리랜서 분야로는 기계공학, 브랜드 전략, 비드라이팅bid writing(계약을 따내기 위해 사업 제안서를 작성하는 일-옮긴이), 건축, 식이요법 및 영양 분야가 있다. 오늘날 이런 분야에서 많은 업무가 업워크와 같은 글로벌 긱 워크 플랫폼을 기반으로 이뤄지고 있기 때문에, 높은 수준의 기술을 갖춘 반면 젊고 경험이 부족한 솔로 워커들이 직장에 적을 두었다면 접근하지 못했을 대형 프로젝트를 맡을 기회를 잡을 수 있게 되었다. 이런 일은 상대적으로 보수도 높다.

성별 차이에 따른 보수 격차는 프리랜서 집단 내에서 좀더 완화된 형태로 나타난다. 몇몇 자료는 그 격차를 3퍼센트 정도로 보고 있다.[2] 물론 완벽하지는 않지만 10~20퍼센트 격차를 보이는 다른 분야보다는 상황이 훨씬 나은 편이다.

1인 노동은 경제 전반에도 도움을 준다. 영국의 기술 전문직 프리랜서들은 매년 국가 경제에 약 1,400~1,450억 파운드(한화 약 236조 원)를 기여하고 있다. 미국 업워크가 실시한 조사에서는 프리랜서의 소득이 미국 GDP의 5퍼센트를 차지하는 것으로 추산한다. 이는 약 1조 달러(한화 약 1,194조 원) 규모에 해당한다.

솔로 워커의 약 4분의 3은 직장으로 들어가거나 되돌아갈 생각을 하지 않는다. 이는 의도적으로 선택한 것이 아니라 상황 때문에 어쩔 수 없이 프리랜서의 삶을 시작하게 된 경우도 마찬가지다.[3]

기존의 경력 사다리에 묶여 있지 않을 때, 조직의 한계를 벗어나 자신의 경력을 기반으로 다양한 일에 도전할 수 있다. 지금 속한 분야가 아닌 다른 분야에서 기존의 기술을 활용할 수도 있고, 전통적인 직위 체계의 일부 구간을 뛰어넘거나 직종을 완전히 바꿀 수도 있다. 아니면 나처럼 한 분야에 수년 동안 머물면서 다른 일을 맡는 것도 가능하다.

또한 프리랜서는 직장인보다 훨씬 더 많은 휴가를 즐길 수 있다. 이 책을 읽고 있는 솔로 워커들은 정말로 그러기를 바란다. 1인 노동자의 90퍼센트는 일상적인 업무와 업무를 처리하는 방식에 더 많은 통제력을 갖고 있다고 느끼며, 92퍼센트는 업무의 시작과 끝을 선택할 수 있다고 느낀다.

미국의 갤럽 조사는 사업가들이 직장인에 비해 좀더 스트레스를 많이 받지만, 미래에 대해 보다 낙관적이고 일을 더 많이 즐기며 새로운 것을 배우고 있다고 생각한다는 사실을 보여준다.[4]

솔로 워커는 일하는 장소도 선택할 수 있다. 카페나 공유 사무실, 도서관 혹은 집안의 작은 공간에 이르기까지 자신의 취향에 따라 일하는 공간을 꾸미는 것도 가능하다. 형광등이나 단조로운 칸막이 혹은 칙칙한 회색 사무실은 더는 필수 조건이 아니다. 누구와 함께 일할지도 선택 가능하다. 고객은 물론 동료까지 고를 수 있다. 온전히 혼자서 일하는 솔로 워커는 드물다.

솔로 워커는 대부분 출퇴근을 하지 않아도 된다. 영국의 평균 출퇴근 시간은 1시간이고(런던의 경우 74분), 미국은 54분이다(워싱턴 D.C.의 경우 68분). 영국의 정규직 노동자는 출퇴근에 한 해 평균 1,752파운드(한화 약 300만 원)의 비용을 지불한다. 물론 솔로 워커 역시 때로 업무를 위해 이동하지만, 비용의 상당 부분은 소득공제로 처리할 수 있다. 반면 직장인의 경우 출퇴근 비용은 곧 지출을 의미한다.

이론적으로도 실제로도 혼자 일하는 이에게 더 많은 선택권이 주어진다. 무엇을 입을지, 누구와 함께 일할지, 무슨 일을 언제 어디서 할지 등등. 방대한 선택권 앞에서 위압감을 느낄 수도 있지만, 이 책과 함께라면 감당 못 할 문제는 없다.

솔로 워커가
꼭 넘어야 할 두 개의 산

혼자 일하면서 스스로를 궁지에 몰아넣었다는 느낌이 들어도 자책하지 말자. 새로운 삶을 시작할 때 당신에게 지도를 건네준 사람이 있었던가? 모든 솔로 워커는 언젠가 암담한 상황에 처하게 된다. 누구에게나 완전히 앞이 보이지 않는 순간은 있기 마련이다.

처음 혼자서 비즈니스에 뛰어들 때 우리는 일감을 얻을 수 있을지, 계속 일할 수 있을지 걱정하느라 자신이 원하는(그리고 필요로 하는) 업무환경을 만들기 위한 계획을 쉽게 간과하고 만다. 그러다가 1, 2년의 세월이 흘러 어느 정도 여유가 생겼을 때, 삶이 완전히 엉망이 되어버렸다는 사실을 발견하게 된다. 어쩌면 너무 지쳤을지도 모른다. 혹은 애초에 이 일을 왜 하기로 했는지 잊어버렸거나, 지금의 삶이 꿈꾸던 것과 거리가 멀다고 느낄지 모른다. 너무 열심히 일하느라 휴가는 꿈도 꾸지 못할 수도 있다. 아마 건강 관리는 뒷전일 것이다. 어쩌면 너무 바쁜 나머지 혼자 일하기 위해서 짠 루틴이 자신을 구속하거나 제대로 작동하지 않는다는 사실을 눈치채지 못할 수도 있다. 생각지도 못했던 기술이 필요하다는 사실을 뒤늦게 깨닫거나 그 기술을 어디서 얻어야 할지 몰라 난감할 수도 있다.

이처럼 힘들고 혼란스러운 시간이 무언가 잘못된 것이 아니며 생각보다 견딜 만하다는 사실을 알려주기 위해 두 가지 이야기를 들려줄까 한다. 각각 솔로 워커 커리어의 초반과 중반에 찾아오는 힘든 시기에 관한 이야기다.

커리어 초반의 어려움

토머스 브로턴Thomas Broughton은 화려하고 세련되면서도 저렴한 안경과 선글라스를 판매하는 큐비츠를 설립한 인물이다. 큐비츠는 안경점이라고 하기에는 꽤 독특한 구석이 있다. 그곳에서는 기존의 제품과 서비스, 즉 일반적인 안경점에서 시력 검사를 하고 안경을 맞추는 것과는 다른 특별한 경험을 판매하기 때문이다. 이는 브로턴이 의도한 것이다. 그는 2013년 런던 킹스크로스 지역에 이 획기적인 매장을 처음 선보였다.

그는 이렇게 말했다. "이 책이 7년 전에 나왔더라면 좋았을 텐

데요." 브로턴도 사업 초반에 어려움을 겪었던 것일까? "믿기 어려울 정도였습니다. 엄청나게 힘들었죠. 미처 몰랐습니다. 예상도 못했고 이해하지도 못했습니다. 뜨거운 열정만으로 무작정 사업을 시작했죠. 누구나 나름대로의 계획과 사명감을 가지고 열정적으로 시작합니다. 하지만 경험은 없죠. 그래서 무엇이 효과적인지 모릅니다. 정말로 스트레스가 심한 시점이죠. 예컨대 이런 질문들이 끊임없이 따라다닙니다. 얼마나 오래 일을 해야 할까? 언제 쉬어야 할까? 어떻게 균형을 맞춰야 할까? 직원은 어떻게 뽑아야 할까?" 당시 브로턴은 일하지 않는 시간을 상상조차 하지 못했다. 그는 말했다. "언제 일을 시작하고 끝내야 할지 도무지 알 수 없었습니다."

그 결과는? 브로턴은 온종일 일했고 거의 쉬지 못했다. "끊임없이 일해야 한다고 생각했습니다. 자신이 통제할 수 있는 일에 집중하는 것은 인간의 본능입니다. 저는 근무시간이야말로 제가 통제할 수 있다고 생각했습니다. 그 밖에 다른 것은 통제할 수 없었기에 최대한 많이 일하려 했죠. 그러나 돌이켜보건대 반드시 그래야 하는 것은 아니었습니다. 사실 좀 걱정이 됩니다. 첫해에 겪었던 스트레스 때문에 수명이 몇 년은 짧아진 것 같으니까요. 그때 저는 정신을 차릴 수 없었고 메일함과 컴퓨터 파일에만 집중했습니다. 그 모든 일을 방구석에서 처리했고 다른 것들은 하나도 눈에 들어오지 않았습니다."

당시 브로턴에게는 생활의 틀을 잡아줄 배우자나 가족이 없었다. "일어나자마자 일을 시작하는 것이 가장 생산적이라고 생각했습니다. 새벽 2시부터 잠에서 깨어 많은 일을 처리했죠. 말도 안 되는 방식이었습니다. 오후 2시에 쓰러져 잠들었다 깨고 나면 그날 밤 잠을 이룰 수 없었으니까요. 결국 수면 불균형의 악순환이 시작되었습니다. 새벽 2시나 3시에 보낸 이메일을 받은 상대방은 아마도 제가 제정신이 아니라고 생각했을 겁니다."

브로턴은 브라질 월드컵을 보러 가기 위해 돈을 모아놨지만 결국 여행을 포기해야 했다. 자신이 떠나면 일을 돌볼 사람이 없었기 때문이다.

"브라질 월드컵은 2년 동안 한 고생에 대한 보상이었어요. 보상이 날아가자 더욱 비참한 기분이 들었습니다." 그때 브로턴은 변화가 필요하다고 느꼈다. "지금 상황에서 벗어날 수 없다면 정말로 미쳐버릴 것 같았습니다. 제가 하는 일을 싫어하게 될 것 같았죠."

실제 사업이 시작되기 훨씬 전에 사업 파트너와 결별한 후 찾아온 재정적인 위기는 치명적이었다. "회사를 세우기 위해 10년 동안 저축한 돈을 모두 동업자의 투자금을 돌려주는 데 썼죠. 남은 돈으로는 3개월밖에 버틸 수 없었습니다. 파산이 2주 앞으로 다가왔습니다. 남은 방법은 카드론과 갖고 있던 물건을 파는 것뿐이었습니다. 감당하기 힘든 두려움이 밀려왔습니다. 이제 어떻게 하지? 뭘 해 먹고살아야 하지? 아파트에서 쫓겨나면?"

브로턴에게는 검증된 비즈니스 모델도, 확실한 고객도 없었다.

"상실감을 극복하기 힘들었습니다. 슬픔과 충격이 두려움과 우울감으로 이어졌지만, 결국 그 모든 것의 중심에는 돈 문제가 자리 잡고 있다는 사실을 깨달았습니다. 어떻게든 집세만 내고 먹고살아보자고 생각했죠. 어쨌든 제겐 좋은 경험이었습니다."

그는 어떻게 버텨냈을까? "이미 너무 멀리 왔다는 생각이 들더군요. '매몰 비용 오류'라는 게 있죠. 저는 평생 모은 돈을 거기에 투자했습니다. 제 인생을 바친 거죠. 그래서 포기할 수 없었습니다. 솔직히 자존심이 상했습니다. 이 일을 계속해왔고 친구들에게도 오랫동안 이야기했습니다. 그런데 어느 날 갑자기 내가 모든 일을 망쳤고, 평생 모은 돈을 날려버렸다고 말할 수 있을까요? 친구들은 저를 비웃었겠죠. 그 생각이 가장 컸습니다."

브로턴은 결국 길을 찾았다. 한편으로 점점 증가하는 업무를 처리해줄 직원을 채용했고, 다른 한편으로는 온라인 체스를 시작했다. 체스는 공짜였고 새로운 사업으로 쌓인 스트레스를 잊게 해줄 최고의 놀이였다. "열두 살 이후로 해본 적이 없었어요. 하지만 규칙이 분명한 뭔가에 집중할 필요가 있어 시작했습니다. 오로지 예순네 개의 칸과 서른두 개의 말만 생각하면 되니까요. 규칙이 없는 비즈니스 세계와는 달리 체스에서는 깜짝 놀랄 만한 일은 벌어지지 않습니다. 어쩌면 비즈니스에도 규칙이 존재하지만 제가 이해하지 못한 것일 수도 있죠! 현실에서는 체크메이트를 당하는 것보다 훨씬 더 심각한 일이 일어나기도 하고요."

이후 브로턴은 달리기도 시작했다. "러너스 하이runners' high (30분 이상 뛰었을 때 밀려오는 행복감-옮긴이)라는 게 있습니다. 저도 분명하게 느꼈습니다. 그러나 더 중요한 것은 달리기를 하는 동안에는 엑셀 스프레드시트를 만지거나 이메일에 답장을 하지 못한다는 사실이죠."

그렇게 시간이 흘러 성공과 기쁨의 순간이 찾아왔고, 브로턴은 지금도 그 시절이 그립다고 말한다. "그립지만 동시에 이해하기 힘든 일과 스트레스로 가득한 때이기도 했습니다. 심리적으로 안정감을 누리면서도 똑같은 결과를 만들어낼 수 있었다고 생각해요."

일 바깥의 삶에 대해서는 이렇게 말했다. "2년 동안은 일 이외의 삶은 생각도 못 했습니다. 스스로를 가혹하게 대했죠. 요즘 친구들에게 그때 이야기를 하면 멍청한 놈이라고 핀잔을 줍니다. 저와 함께 있기가 힘들었다고 하더군요."

시간이 흐르면서 브로턴은 일과 삶의 경계를 더욱 분명히 했다. 예전에는 매일 저녁마다 모든 매장에서 보고받은 내용을 검토하느라 종종 밤을 새기도 했다. 그러나 지금은 월요일 아침에 이메일로 한꺼번에 확인한다. 또 그는 재정 관련 연락만 주고받는 새로운 이메일 주소를 만들었다. 업무용 이메일로 각종 청구서를 받는 것이 대단히 번거로웠기 때문이다. "지금 생각하면 어리석게 들릴 수 있겠지만, 그 간단한 방법이 제 정신 건강에 엄청난 도움을 줬습니다. 업무 통제가 가능해졌거든요. 이제 일주일에 한 번만 메일함을 확인해도 됩니다. 마음의 준비를 하고 모든 청구서를 한 번에 처리하죠." 최근 브로턴의 사업은 나날이 번창하고 있다.

커리어 중반의 어려움

텔레비전 진행자이자 탐험가, 그리고 작가인 레비슨 우드^{Levison Wood}는 성공한 이후에 어려움을 겪기 시작했다. 그는 이렇게 말했다. "그렇게 원하던 곳에 도달했으나 상황은 힘들어졌습니다." 첫 텔레비전 시리즈가 시작되고 나서 우드는 자신의 일, 그리고 일과 관련된 모든 것이 다람쥐 쳇바퀴 돌듯 느껴지기 시작했다. "모든 요청에 '예스'라고 대답했습니다. 성공의 흐름을 계속 이어나가기 위해 주어진 모든 기회를 놓치지 않으려고 했죠. 경력의 관점에서 보면 저는 성공했습니다. 하지만 다른 시간은 하나도 남아 있지 않았습니다. 경제적으로는 크게 성공했지만 통제되지 않는 소용돌이 속으로 빨려 들어가고 있다는 느낌이 들었어요. '모든 게 잘 돌아가고 있지만 나를 위해 쓸 시간은 하나도 없어.' 이런 생각이 들더군요."

고통스러운 시간이었다. 그건 그가 기대했던 '성공'이 아니었기 때문이다. "운 좋게도 어릴 적 꿈을 이뤘지만 정말로 힘들었습니다. 내가 뭘 하고 있는 건지 회의가 들더군요. 하지만 진부한 격언 하나가 저를 변화시켰습니다. 그것은 '삶은 속도가 아니라 방향이다'라는 말이었습니다. 저는 목적지에 집착한 나머지 거기에 도달하는 과정을 즐겨야 한다는 사실을 잊고 말았던 겁니다."

일이 자신을 비참하게 만들고 있다는 사실을 깨닫고 나서 우드는 시간을 통제하는 훈련을 시작했다. "저는 극한에 이르렀습니다. 더는 버틸 수 없었죠. 이제 모든 것에 '노'라고 외쳐야 했습니다! 당신은 아마도 '성공을 거둔' 사람들이 왜 종종 감정을 통제하지 못하는지 짐작할 겁니다. 그들이 현실과의 접점을 잃어버렸기 때문입니다. 저도 주변 사람 몇몇에게서 그런 모습을 목격했습니다. 그렇게 되고 싶지는 않았습니다. 한 걸음 물러서서 애초에 이 모든 게 무엇을 위한 것인지 생각해보기로 마음먹었습니다." 우드는 이제 자신을 위한 시간을 조금씩 확보해나가고 있다. 며칠 단위로 일하고 쉬는 방식으로 일정을 관리하면서 만족스럽게 성공을 즐기는 중이다.

브로턴과 우드의 이야기를 사례로 든 것은 솔로 워커인 당신의 삶에 무슨 일이 벌어지든 당신은 혼자가 아니라는 사실을 강조하기 위해서다. 텔레비전 속 우드의 모습은 유능해 보이고 매력적이며 멋있고 차분하다. 그러나 겉으로 봐서는 다른 솔로 워커들이 얼마나 힘들게 살아왔는지 그 내막을 알 수 없다. 일과 삶을 완벽하게 통제하고, 흥미롭고 도전적인 경력을 쌓아 얻은 보상을 누리며 만족스럽게 살아가는 솔로 워커들조차 과거에 힘든 시간을 보냈거나, 혹은 지금 보내고 있거나, 아니면 앞으로 보낼지도 모른다. 하지만 그들은 이겨냈고 당신도 그럴 것이다.

내면의 짐승은
고독 속에서 자라난다

인간은 다른 사람과 연결되고자 하는 원초적인 욕망을 갖고 있다. 누군가 자신의 말을 들어주고, 이해하고, 관심을 기울여주길 바란다. 솔로 워커는 타인과 떨어져 물리적으로 고립당한다. 공유 사무실과 같은 공동 작업 공간이 점차 늘어나고 있음에도 솔로 워커 대부분이 여전히 혼자서 일한다. 상대적으로 심각한 고독 속에서 오랜 시간을 보내는 솔로 워커의 비율은 어림잡아 90퍼센트에 이른다. 외로움이 혼자 일하는 사람의 전유물은 아니지만 솔로 워커의 40~50퍼센트는 지속적으로 외로움을 느끼며, 나는 그것이 이해할 만한 수준을 넘어선다고 생각한다.[1]

외로움이 보내는 신호 해석하기

외로움을 느끼는 사람들은 점점 증가하고 있다. 900만 명에 달하는 영국인과 전체 인구의 절반에 가까운 미국인이 외롭다고 느낀다.[2] 그러니 외로움을 느낀다고 해서 절대 부끄러워 말자. 이는 보편적인 감정이다. 최근 《사이언스*Science*》에 게재된 한 논문은 놀랍게도 열한 가지 실험에 참여한 피실험자 대부분이 아무것도 하지 않고 방 안에 혼자 15분 동안 있느니 차라리 자신에게 전기 충격을 가하는 쪽을 선택했다는 사실을 보여줬다.

외로움은 유용한 감정이기도 하다. 시카고대학교 심리학 교수이자 외로움에 대해 연구하는 존 T. 카시오포*John T. Cacioppo*가 《뉴욕 타임스*The New York Times*》 기사에서 언급했듯이, 외로움은 배고픔이나 고통과 같다. 외로움은 우리 몸에 뭔가 이상이 있으니 관심을 기울여야 한다고 말하는 회피적 신호다. "외로움을 부정하는 것은 배고픔을 부정하는 것만큼이나 어리석은 짓이다."[3]

외로움은 업무에도 부정적인 영향을 미친다는 사실이 밝혀졌다. 혼자 일하는지 아닌지와 상관없이 외로움을 느끼는 노동자는 성과가 더 낮고, 더 많이 그만두고, 생산성이 더 떨어지며, 병가를 더 자주 내는 경향이 있다.[4] 영국의 기업들은 이 문제로 연간 25억 파운드(한화 약 5조 원)의 비용을 지불하고 있다. 굳이 통계를 들먹이지 않더라도 많은 솔로 워커들 역시 비용을 치르고 있을 것이라 추측된다.

업무의 효율을 떠나서, 외로움은 건강을 포함하여 삶의 전반에 영향을 미친다. 그렇기 때문에 외로움을 직시해야지, 외면하거나 억압해서는 안 된다. 줄리앤 홀트룬스태드Julianne Holt-Lunstad 교수는 연구를 통해 장기적인 외로움이 흡연만큼 건강에 해로우며[5] 사망 위험성을 26퍼센트나 높인다는 사실을 보여줬다.[6] 또 다른 연구는 외로움이 알츠하이머병과 인지력 감퇴를 나타내는 잠재적 신호일 수 있다고 말한다.[7] 또한 외로움은 비만보다 더 치명적인 조기 사망의 원인이자 온몸에 염증을 유발하는 잠재적 원인으로 보인다.[8]

혼자 있는 능력 기르기

이 모든 이야기는 당신을 겁주려는 게 아니다. 물리적으로 오랜 시간 혼자 일한다고 해서 반드시 외로움을 느끼지는 않는다. 고독solitude 은 외로움loneliness과 동의어가 아니다. 고독이란 단지 혼자 있는 상태를 뜻하고, 이 용어 자체는 그 어떤 가치판단도 담고 있지 않다. 반면에 외로움이란 다른 사람의 부재로 불행하다고 느끼는 것을 말한다. 위의 연구들은 고립과 외로움이 끼치는 해로운 영향에 관한 것이지 고독 자체에 관한 것은 아니다. 혼자서도 얼마든지 즐거운 시간을 보낼 수 있으며, 혼자가 자연스럽지 않거나 혼자 있기 싫을 때는 얼마든지 대처할 수 있다.

역사적으로 우리 사회는 고독을 두 가지 방식으로 바라봤다. 한편으로는 범죄에 대한 처벌로, 사회가 원치 않는 사람을 추방하기 위한 수단으로 활용했다. 독방 감금은 여전히 교도소에서 이뤄지는 가장 극단적인 처벌 중 하나다. 그래서인지 고독을 자발적으로 선택한 이들은 공동체 내에서 이상하고 위험한 존재로 인식되었고, 이는 오늘날에도 마찬가지다(종교적 은둔자나 숲속에서 홀로 사는 마녀에 관한 이야기를 떠올려보자).

다른 한편으로 위대한 예술 작품이나 과학적 발견은 책상이나 이젤 앞에 틀어박힌 고독한 인물이 완성했다는 인식이 있다. 고독한 예술가 혹은 철학자로 유명한 인물은 대표적으로 13세기 시인 루미Rumi, 19세기 작가 헨리 데이비드 소로Henry David Thoreau, 20세기 수도승이자 신비주의자인 토머스 머튼Thomas Merton(《고독 속의 명상Thoughts in Solitude》을 썼다), 그리고 19세기 독일 철학자 쇼펜하우어Schopenhauer와 니체Nietzsche(니체는 고독을 갈망하면서도 이에 대해 복잡한 심정을 드러낸 것으로 유명하다)가 있다. 부처Buddha, 모세Moses, 예수Jesus, 무함마드Mohammad와 같은 종교 지도자들 역시 실제로 혹은 은유적으로 황야로 떠났다가 성장하고 영적인 깨달음을 얻어서 돌아왔다.

고독에 대해 부정적으로 느낀다면, 당신은 아마도 고독에서 외로움을 경험했을 것이다. 실제 상황과 상관없이 자신이 고립되어 있다고 느꼈을 것이다. 스스로 얼마나 고립되어 있다고 느끼는지는 대단히 중요하다.

혼자 살아가는 것은 우리 모두에게 필요한 기술이며, 계속해서 발전시켜나갈 수 있는 기술이다. 그럼에도 대부분의 시간 동안 혼자 살아가는 것은 무척 힘든 일이다. 주변에서 시끄럽게 떠들지 않을 때, 혹은 누군가 조용하게 당신을 비난하지 않을 때, 내면의 비판자가 고개를 들지 않도록 막는 것은 대단히 어려운 일이다. 고독은 창조성을 자극할 수도 있지만, 원치 않는 생각이 마음을 장악하게 만들 수도 있다. 1880년대에 니체는 이렇게 썼다. "내면의 짐승은 고독 속에서 자라난다."

내향인과 외향인은 고독을 어떻게 받아들일까

내향-외향 스펙트럼에서 자신이 어디쯤 위치하는지 알면 고독에 대한 반응과 대처법을 파악할 수 있다. 대부분의 내향인은 어느 정도 고독을 필요로 한다. 그들은 혼자서 하는 일을 선호하며, 공용 사무실이나 크고 시끄러운 회의실처럼 고독을 허용하지 않는 곳에서 스트레스를 받는다. 수전 케인Susan Cain은 《콰이어트Quiet》에서 내향적인 사람은 "창조적 경쟁력을 갖고 있다… 그들은 혼자서 일하기를 좋아하며, 그들에게 고독이란 혁신의 촉매제다"[9]라고 언급했다.

외향인에게도 조용한 시간이 필요하지만, 그들은 다른 사람에게서 에너지를 얻는다. 모든 외향적인 사람이 혼자 있는 것을 힘들어하지는 않지만(마찬가지로 모든 내향인이 고독을 즐기는 것도 아니지만) 고독함 때문에 힘들다고 느낀다면 그 이유를 찾을 필요가 있다. 자신이 이 스펙트럼상에서 어디에 위치하는지 알고 싶다면 케인의 웹사이트(www.quietrev.com)에 올라와 있는 성격 테스트를 시도해봐도 좋다.

프리랜서로 전향하면서 나는 배우자인 스티브의 홈오피스였던 공간을 같이 쓰게 되었다. 하지만 일주일이 채 지나기도 전에 그는 내게 제발 그만 좀 중얼거리라고 부탁했다. 사실 나는 수다스러운 기자들로 가득한 칸막이 없는 뉴스룸에 익숙했다. 반면 이미 몇 년 전부터 프리랜서 생활을 시작한 스티브는 완벽한 침묵에 익숙해져 있었다. 결국 우리는 같은 방에서 일하는 것을 그만뒀다.

그는 내향적이면서도 사교적이고 사회적 관계를 좋아하지만 재충전하려면 상당히 오랫동안 혼자 있어야 하며, 그러는 동안 전혀 외로움을 느끼지 않는다. 반면 나는 좀더 외향적이고 사회적 관계에 그다지 스트레스를 받지 않기에 재충전 시간이 별로 필요하지 않다. 물론 때로는 혼자 있는 시간이 필요하지만 일부러 찾지는 않는다. 나의 경우 고독이 외로움으로 이어질 때가 종종 있기 때문이다. 20세기 초에 활동했던 작가 콜레트Colette는 이렇게 말했다. "고독은 취하게 만드는 묵직한 와인일 때가 있고, 쓰디쓴 토닉일 때가 있으며, 머리를 벽에 쥐어박게 만드는 독약일 때도 있다."[10]

연결될수록 고립시키는 SNS의 모순

작가 마이클 해리스Michael Harris는 《잠시 혼자 있겠습니다Solitude》에서 스마트폰 시대에 홀로 있는 것이 가능한지를 살펴보면서 고독의 의미를 파고든다. 그는 사회적 그루밍social grooming, 즉 비인간 영장류들이 유대와 협력의 의미로 서로 해주는 털 고르기에서 조금 더 발전된 교류에 대한 인간의 욕망을 설득력 있게 풀어나간다. 이러한 교류란 긴밀하게 관계 맺고, 사회적·문화적으로 연결되고, 역사적 차원에서 소속감을 구축하기 위해 대화 나누는 것을 뜻한다. 사회적 그루밍은 집단이 부드럽게 융화하도록 만드는 역할을 한다. 인류의 선조들은 사회적 그루밍으로 150명 미만의 소규모 공동체를 유지해 나갔다.

오늘날 우리는 문자 메시지와 이메일, 소셜 미디어 덕분에 훨씬 더 거대한 집단의 일원으로서 끝없이 이어지는 피상적인 사회적 그루밍에 얽혀 있다. 현대의 사회적 그루밍 대부분은 직접적인 대면을 거의 혹은 전혀 수반하지 않는다. 오직 수많은 텍스트와 이모티콘이 사람들 사이를 끊임없이 오가며 가상으로 우리를 엮는다.

정기적인 사회적 연결은 우울증 위험을 낮추지만, 개인적인 접촉이 수반되지 않는 이메일이나 통화는 그렇지 않다.[11] 사회적 접촉을 디지털 기술에 의존해야 하는 코로나바이러스 시대에도 커뮤니케이션은 대단히 중요하며 정신 건강에 중대한 영향을 미친다. 직접 대면의 선택권이 없는 상황에서 줌과 스카이프, 페이스타임은 절망적인 외로움을 어떻게든 버텨낼 만한 고독으로 바꿔놓을 수 있다. 그럼에도 뇌는 긴밀한 연결을 갈망한다. 아예 단절되는 것보다는 낫겠지만 온라인 교류가 상대방의 눈을 들여다보고, 목소리에 귀 기울이고, 즉각적으로 몸짓을 읽는 실질적인 대화를 대체할 수는 없다.

스마트폰과 소셜 미디어는 중독성이 강하다. 우리는 오랜 사회적 그루밍 습관에 강하게 얽매여 있다. 온라인에서 정보를 공유할 때 뇌는 도파민을 비롯해 기분 좋게 만드는 다양한 신경전달물질로 흘러넘친다. 그래서 우리는 끊임없이 쏟아지는 트윗과 리트윗, 인스타그램의 좋아요 같은 스마트폰 알림의 홍수에 기꺼이 빠져든다. 그리고 하나의 도파민 원천에서 또 다른 원천으로 계속해서 넘어간다. 사회적 그루밍에 참여하려는 충동은 설탕이나 소금, 지방을 섭취하려는 본능과도 같다. 해리스는 책에서 이런 질문을 던진다. "오늘날 우리는 충동적으로 사회적 그루밍을 추가하는 게 아닐까… 패스트푸드처럼 소셜 미디어는 우리를 사회적 비만으로 만들고 있는 게 아닐까? 우리는 게걸스럽게 관계를 먹어치우지만 영양은 결핍된 상태가 아닐까?"[12]

스마트폰을 활용하면 사회적 그루밍은 완전히 고립된 환경에서도 가능하다. 그러나 이를 '소셜' 미디어라고 부르는 것은 말이 안 된다. 상당 부분 피상적이며 쉽게 허물어지는 관계이기 때문이다. 혹은 실질적으로 아예 존재하지 않는 것일 수도 있다.

아주 많은 사람과 연결되어 있는 것처럼 보임에도(혹은 그렇기 때문에) 이러한 결핍은 우리를 더욱 외롭게 만든다. 《미국예방의학저널》에 게재된 한 논문은 소셜 미디어로 시간을 많이 보내는 성인은 그렇지 않은 사람보다 사회적 고립감을 세 배나 더 느낀다는 사실을 보여준다.[13]

그렇다면 솔로 워커는 어떻게 외로움을 느끼지 않고 혼자서 일할 수 있을까? 여기서 중요한 것은 인식과 축소, 훈련, 그리고 평가다. 스스로 고독을 어떻게 느끼는지, 실제로 얼마만큼 외로운지 주의를 기울임으로써 부정적인 생각이 슬금슬금 기어들어오는 것을 막을 수 있다. 또한 고독을 의식적으로 훈련함으로써 혼자 시간을 보내는 데 익숙해지고, 왜 우리가 혼자 있는 시간을 부정적으로 느끼는지 이해할 수 있다. 다음으로 혼자 있는 시간을 줄이고 사소하더라도 가치 있는 사회적 상호작용에 남은 시간을 쓴다면 타인과의 연결감을 더 많이 느낄 수 있다. 그리고 창조성을 높이는 고독의 가치에 새롭게 주목함으로써 그 의미를 제대로 평가할 수 있다. 이는 고독을 다른 방식으로 느끼는 가장 강력한 방법이다.

고독을 제대로 수용하는 방법

고독은 아주 유용한 감정이다. 이를 잘 활용하기 위해서는 고독을 적극적으로 선택해야 한다. 그래야 고독을 부정적으로 느끼는 방식을 완전히 바꿀 수 있다.

　　작가이자 음악가로 활동하는 영화음악 작곡가 니콜라스 후퍼 Nicholas Hooper는 〈해리 포터〉 시리즈로 가장 잘 알려져 있다. 영화음악을 만들 당시 그가 고독에 대해 어떻게 느꼈는지 고백한 인터뷰는 앞서 언급한 우리의 이야기를 그대로 담고 있다. 후퍼는 이렇게 말했다. "저는 혼자 일하는 상황에서 겪는 어려움에 대해 종종 이야기를 늘어놓곤 했죠. 거의 미칠 지경이었습니다. 누군가 옆에 있어주기를 바랐습니다. 어쨌든 일할 때는 혼자 있어야 했고, 그 외의 시간에 외출하거나 사람들을 만났습니다. 그런데 지금은 가족을 돌보느라 정신이 없습니다. 오히려 혼자 있는 시간을 갈망하고 있죠. 어쩔 수 없이 혼자 있을 때는 고독이 두려웠지만, 혼자 있기를 적극적으로 선택할 수 있는 지금은 고독할 때 오히려 행복합니다."

고독을 느끼는 방식은 우리를 고독하게 만드는 실제적 요인보다 뇌에 훨씬 더 중요한 영향을 미친다. 만성적으로 '인식된' 사회적 고립은 '실질적인' 사회적 고립만큼 정신적·육체적 건강에 해롭다.[14] 상당히 암울한 이야기처럼 들리기는 하지만 오히려 인식의 틀을 새롭게 함으로써 얼마든지 고독을 긍정적으로 받아들일 수 있다.

당신은 어쩌면 혼자 일하고 있다고 생각할 것이다. 정말로 그런가? 외로움이 스스로 고립되어 있다고 느끼는 부정적 감정이라면, 자신이 '실제로' 얼마나 고립되어 있는지 객관적으로 평가함으로써 외로움에서 벗어날 수 있지 않을까? 혼자 일하는 사람은 실제보다 더 외롭다고 인식하는 경향이 있다. 하지만 솔로 워커의 일 역시 다른 사람과의 그물망 속에서 이뤄진다.

나 또한 프리랜서가 되면서 외로움을 더 많이 느꼈다. 내가 얼마나 힘들게 일하는지, 경제적으로, 감정적으로 얼마나 심한 압박을 받는지 아무도 알지 못한다고 느꼈다. 돌이켜보건대 나는 감정적·사회적·물리적 차원에서 고립되어 있지 않았다. 실제로도 온라인상에서도 다른 사람에게 둘러싸여 있었다. 나와 유사한 방식으로 일하고, 비슷한 감정을 공유하는, 그리고 나를 도울 능력과 의지를 지닌 사람들이 주변에 많았다.

가령 배관공에게는 공급업자가 있다. 화가에게는 미술관 소유주와 에이전트 및 조수가 존재한다. 소설가에게는 교정자, 편집자, 그리고 출판사가 함께한다. 정원사에게는 건축가, 석공, 조경 판매업자가 있다. 인테리어 업자에게는 페인트와 붓을 파는 매장이 있다. 운전기사에게는 승객이 있다. 그 밖에 보석상, 웹디자이너, 모자 상인, 요리사, 비서, 소셜 미디어 매니저, 라이프 코치 등 모든 이에게 다양한 고객과 동료가 존재한다.

내 경우에는 편집자와 출판사, 인터뷰 대상자, 사진가, 교정자, 언론사, 동료 작가가 곁에 있다. 거기에다가 조사 업무와 타이핑을 맡아주는 조수와 청구서를 처리해주는 회계사, 청소부, 막내 아이를 돌봐주는 탁아소, 그리고 첫째 아이를 보살펴주는 보모도 함께한다. 나는 긴 시간 혼자 일하지만 그럼에도 느슨하게 연결된 거대한 조직의 일부이기도 하다. 혼자 일한다고 해서 스스로를 정말로 고독한 존재로 바라볼 필요는 없다.

흔히 고독과 천재성을 연관시키지만 신뢰성은 별로 없다. 발명품이나 아이디어의 명칭을 종종 특정 인물의 이름을 따서 짓기도 하는데, 이러한 성과는 이름 없는 수많은 이들의 도움이 있었기에 이루어진 것이다. 우리는 토머스 에디슨Thomas Edison이 빅토리아풍 연구실에 홀로 앉아 전구를 발명하는 모습을 쉽게 떠올리지만 사실 그는 서른 명이 넘는 팀과 함께 연구했다. 찰스 다윈Charles Darwin 또한 진화에 관한 연구의 시발점이 되었던 조사 여행을 위해 예순여덟 명의 동료와 함께 28미터 길이의 비글호를 타고 5년 동안 돌아다녔다. 그 배는 너무 좁아서 다윈은 책상 위에 해먹을 매달아놓고 잠을 청해야 했다. 고독한 천재의 이미지로 가장 유명한 알베르트 아인슈타인Albert Einstein조차 혼자가 아니었다. 그는 소중한 친구와 동료들에게 둘러싸여 있었다. 미셸 브라소Michele Brasso, 마르셀 그로스맨Marcel Grossman, 아드리안 포커Adriaan Fokker, 군나르 노드스트롬Gunnar Nordström과 같은 이들이 아인슈타인의 일반상대성이론에 기여했다.[15]

이처럼 솔로 워커는 외로운 늑대가 아니다. 《긱 이코노미The Gig Economy》의 저자인 다이앤 멀케이Diane Mulcahy는 이렇게 말했다. "모든 일을 혼자 하겠다는 생각이야말로 제일 해롭습니다. 혼자 영웅이 되려고 하지 마세요. 우리는 그 모든 일을 혼자서 할 수 없어요."

사소한 연결감이 우리를 구원한다

수많은 업무를 처리하려면 매일 책상 앞에 앉아 일에만 몰두해야 한다고 생각할지 모른다. 안타깝게도 완전히 잘못된 생각이다. 휴식 없는 오랜 노동은 생산성을 갉아먹고 결국에는 역효과를 일으킨다. 사람들로 가득한 세상으로 나가는 것은 외로움을 줄이는 것을 넘어서 많은 가치를 우리에게 가져다준다.

2002년 긍정 심리학자 에드 디너^{Ed Diener}와 마틴 셀리그먼 Martin Seligman은 유명한 연구를 진행했다. 연구 결과 일반적으로 행복한 사람들은 타인과 더 많은 시간을 함께 보낸다는 사실을 발견했다.[16] 정말 흥미로운 사실은 행복을 느끼기 위해서는 반드시 아는 사람과 교류를 할 필요도, 심지어 꼭 대화를 나눌 필요도 없다는 점이다.[17] 피실험자들은 카페에서 처음 만난 바리스타에게 말을 걸었고, 그 결과 피실험자들의 기분은 더 좋아졌다.[18] 또 다른 연구는 거리를 지나다가 전혀 알지 못하는 사람과 눈을 맞추는 것만으로도 연결되어 있는 느낌을 받을 수 있다는 사실을 보여줬다.[19]

이상한 것은 사람들이 이런 사소한 교류가 스스로를 얼마나 기분 좋게 만드는지 잘 인식하지 못하며, 오히려 그런 기회를 애써 피하려 든다는 사실이다. 특히 낯선 사람이 있는 상황에서는 더욱 그렇다. 대중교통에서 다른 사람에게 말 걸기를 죽기보다 싫어하는 모습만 봐도 쉽게 알 수 있다. [20]

온라인상에서 다양한 교류가 가능해졌지만 비대면으로 하는 연락은 외로움을 더는 데 그다지 도움이 되지 않기에 이러한 현실은 심각한 문제를 낳는다. 솔로 워커는 기술이 촉발하는 외로움에 특히 취약하다. 스마트폰으로 이메일과 메시지를 주고받고, 금융 앱과 회계 소프트웨어를 사용할수록 외로움은 깊어질 것이다. 청구서를 처리하기 위해 스마트폰을 들었다가 30분 뒤 소셜 미디어 페이지를 멍한 표정으로 스크롤하고 있는 자신의 모습을 발견하는 경우가 얼마나 잦은가? 그러면서도 소셜 미디어 관리나 온라인 마케팅을 하는 중이라고 스스로를 속인 적은 얼마나 많은가? 첨단 기술은 삶을 편리하게 만들어주지만 그만큼 대가도 따른다. 우리는 앱이나 웹사이트를 돌아다니면서 스마트폰과 더 많은 시간을 보내느라 다른 사람과 교류할 기회를 놓친다.

잘 쉬는 가장 좋은 방법은 지인과 함께 맛있는 점심 식사를 하거나 화창한 날에 친구와 테니스를 즐기는 것이다. 하지만 매일 그럴 수는 없으니 혼자 보내는 시간을 줄일 현실적인 방법을 생각해볼 필요가 있다. 가령 필기도구를 온라인 대신 실제 매장을 방문해 구매하자. 아침에 수영장에 가거나 공원에서 점심을 먹자. 사무실 책상으로 곧장 직행하기 전에 근처에 있는 이들에게 말을 건네자. 이와 같은 사소한 교류가 쌓여 사회적으로 연결된 삶으로 이어진다.

누군가는 너무 외진 곳에 있을지도 모른다. 어쩌면 업무 중에 잠시 쉬는 것도 현실적으로 불가능할지 모른다. 이런 경우라면 다른 사회적 관계를 쌓아보자. 많은 시간을 혼자 보낸다면 에너지를 다른 유대 관계에 투자할 필요가 있다. 정도는 다르겠지만 행동의 발판이 되어주고 지지해주고 회복을 도와줄 친구가 누구에게나 필요하다. 명심하자. 외로움은 우리의 몸과 마음은 물론 비즈니스에도 심각한 피해를 입힌다.

알렉산드라 다리에스쿠Alexandra Dariescu는 뛰어난 피아니스트다. 전 세계를 돌아다니며 공연하는 그는 이렇게 말했다.

"경력 초반에 한 경험이 저를 바꿔놨습니다. 작은 마을에서 음악 동호인들을 위해 공연하게 되었습니다. 무대를 마치고 내려오니 아무도 없다는 사실을 발견했습니다. 불도 대부분 꺼져 있고 공연 관계자도 없었습니다. 20분을 걸어서 호텔 방으로 돌아왔습니다. 작은 마을이라 택시도 없었거든요. 이런 생각이 들더군요. '오, 정말 끔찍하군.' 스스로에게 계속 미안해하거나 아니면 다른 뭔가를 해야만 했습니다." 다리에스쿠는 무대 뒤편의 그늘에 머무르지 않고 공연장 정문으로 나가는 길을 발견했다.

"관객들이 공연장을 떠날 때 정문 앞에 서서 감사의 말을 건네기 시작했습니다. '와주셔서 정말로 감사합니다.' 그러자 그들이 말을 걸기 시작했고, 침울함 대신 기쁨이 찾아왔습니다. 갑작스럽게 저를 중심으로 공동체가 생겨났어요. 그때부터 공연이 끝나고 나면 항상 나가서 사람들에게 감사하다는 인사를 건넵니다. 대규모 오케스트라와의 협연이든 작은 독주회든 상관없이 말이죠. 이 행동이 저를 치유해주었습니다. 사람들은 이렇게 말하더군요. '힘든 날이었는데 당신의 연주를 듣고 정말로 행복해졌어요.' 또 어떤 이는 피아노 독주회에 처음 와봤는데 이렇게 즐거울지 몰랐다고 하더군요. 그런 말을 들을 때면 제가 사람들의 삶에 변화를 만들어내고 있다는 생각이 듭니다."

공연이 끝나고 단 10분 동안 감사의 인사를 전했을 뿐이지만 이후의 시간을 즐거운 마음으로 보내기에는 충분하다. "대단히 기분 좋은 상태로 숙소에 돌아와 텔레비전을 봅니다. 외롭거나 비참한 기분은 전혀 들지 않아요. 제 인식이 바뀐 덕분이겠죠. 하루의 마지막엔 여전히 혼자지만 모두에게 긍정적인 에너지를 받아서 세상이 더 아름다워 보입니다." 그는 일하는 시간 중 90퍼센트는 혼자 있지만 항상 청중을 마음에 두고 있다. "지금은 청중을 가장 중요하게 생각합니다. 그들이 저를 연주자로 만들어주니까요. 관객이 없다면 빈 의자만 바라보며 연주해야겠죠."

다리에스쿠가 공연 후 밖으로 나가 사람들을 만나지 않았더라면 누구와도 관계 맺을 수 없다는 고립감을 계속 느꼈을 것이다. 누구나 자신의 일이 다른 이에게 의미 있기를 원한다. 그는 자신이 만들어내는 음악과 청중 사이에 연결고리를 원했고, 바라는 것을 얻었다.

편안하게 홀로 있는 법

고독을 좀더 분명하게 인식하면 외로움 없이도 혼자 지낼 수 있다. 그럴 때 고독과 침묵은 견뎌야 할 대상이 아니다. 케인은 《콰이어트》에서 "고독은 혁신의 촉매"라고 언급한다. 고독의 잠재적 이익을 이끌어내기 위해서는 편안하게 홀로 있는 법을 배워야 한다. 홀로 있는 능력에 관해 연구한 저명한 심리분석가 도널드 위니캇Donald Winnicott은 혼자 있는 능력을 개발한 사람은 혼자여도 혼자가 아니라고 주장했다.

안나 블랙웰Anna Blackwell은 스물여섯 살의 탐험가이자 연설가

이며 자연환경이 뇌에 미치는 영향을 주제로 박사 학위를 취득하기 위해 연구하고 있다. 그는 훈련을 통해 고독을 즐길 수 있으며 혼자 있는 능력은 개발 가능하다고 말한다.

지난여름 블랙웰은 5주 동안 혼자 스웨덴 북극 지역을 탐험했다. 그는 그 여행에 대해 이렇게 설명했다.

"오랜 시간 홀로 있었지만 오히려 편안했습니다. 5, 6일 동안 아무도 만나지 않았습니다. 제 자신과 충분히 잘 지낼 수 있다는 사실을 발견했죠. 좀 이상한 말처럼 들리겠지만, 제가 괜찮은 사람이라는 생각이 들었습니다. 스스로를 미친 상태로 몰아가지 않고 오랜 시간 혼자 있을 수 있었어요. 처음에는 작은 단위로 시작하는 게 중요합니다. 그리고 자신이 언제 위태로워지는지 파악해야 합니다. 부정적인 생각의 소용돌이 속으로 한번 빨려 들어가면 빠져나오기 힘드니까요. 나가서 사람들과 어울리면 가장 좋지만 혼자라면 사전에 부정적인 생각을 예방하는 전략이 필요합니다. 가령 저는 피곤하거나 허기질 때 부정적으로 되는 경향이 있습니다. 대체 왜 이런 여행을 시작했는지 의심이 들곤 하죠. 그런 생각이 떠오르자마자 일단 배를 채워야 합니다. 그러고는 스스로에게 이렇게 말하죠. '혼자 여행하기로 선택한 것은 나다. 매 순간 행복할 수는 없겠지만, 스스로 원해서 떠나온 여행이다.' 분명 속이 든든해지면 생각이 바뀔 겁니다. 그렇기 때문에 회의감이 찾아와도 심각하게 고민하지 않습니다."

혼자서 책상 앞에 앉아 있든 북극을 탐험하든 블랙웰의 조언을 활용할 만하다. 훈련할수록 고독에 더 잘 대처할 수 있다. 최악이라고 느껴지는 순간을 찾고, 그 원인을 확인하자. 블랙웰처럼 일주일 내내 혼자서 시간을 보낼 필요는 없다. 가령 30분 동안 혼자 산책하거나 점심을 먹으러 나가보자. 그게 자연스러워지면 시간을 조금씩 늘려보자.

혼자 있을 때 부정적인 느낌을 불러일으키는 요인은 무엇일까? 예를 들어 너무 오랫동안 혼자 있거나, 운동 부족이거나, 햇빛이나 신선한 공기를 충분히 쐬지 못했거나, 제대로 챙겨 먹지 않았거나, 업무에만 지나치게 몰두하거나, 업무 외의 일(업무와 관련 없는 감정 노동, 가족 문제나 재정적인 문제)이 너무 많을 때 진창에 빠진 듯한 기분이 될 수 있다. 호르몬의 과잉이나 결핍 역시 혼자 있는 당신의 머리를 어지럽게 만드는 원인이다.

이처럼 혼자 일할 때 불쾌한 느낌이 드는 이유를 객관적으로 관찰함으로써 문제를 극복할 수 있다(혹은 호르몬의 변화와 함께 문제가 지나가기를 기다릴 수 있다). 문제가 무엇이며 어디서 비롯되었는지 파악하고, 곧 사라질 것이라고 스스로에게 말해보자. 작가 엘리자베스 길버트Elizabeth Gilbert는 NPR의 팟캐스트 '테드 라디오 아워'에 출연해 창조적인 작업을 할 때 두려움은 언제나 함께 따라온다는 이야기를 들려줬다.

"오랜 세월에 걸쳐 저는 일종의 정신적 건축물을 구축했습니다. 그 안에서 저는 두려움과 함께 살면서 이렇게 말합니다. '이봐,

두려움. 잘 들어. 너의 쌍둥이 자매인 창조성과 나는 여행을 떠날 거야. 네가 이번에도 우리와 함께하리라는 걸 알아. 항상 그랬으니까. 하지만 네가 이 여행에서 뭔가를 결정할 수는 없어. 넌 아마도 겁에 질려 뒷자리에 앉아 있겠지만, 어쨌든 우리는 떠날 거야.'"

'어쨌든 우리는 떠날 거야'라는 이 말에 놀라운 힘이 담겨 있다. 외로움이든 두려움이든 자괴감이든, 어떤 부정적인 감정이 들든지 간에 이를 이겨내는 최고의 방법은 이렇게 말하는 것이다.

"좋아. 넌 또다시 따라오겠지만 우리는 어쨌든 떠날 거야."

고독은 창조성을 극대화한다

고독에는 창조적인 능력을 발휘하는 잠재력이 숨어 있다. 창조성은 단지 그림을 그리거나 퀼트 작품을 만드는 일에 관한 것만은 아니다. 창조성은 모든 분야에서 중요한 역할을 한다. 문제를 해결하고, 아이디어를 만들고, 새로운 방식으로 생각하도록 돕는다. 연구 결과는 고독이 수많은 방식으로 창조성을 자극한다는 사실을 보여준다. 오랜 고독은 자기 의존감을 높이고 과제에 깊이 몰두하는 능력, 즉 집중력을 강화하며 보다 유연하게 생각하게 하고 상상력을 풍부하게 만든다.[21] 아무도 지켜보지 않을 때 자기 자신조차 스스로를 덜 의식한다. 블랙웰이 살아 있는 증거다. 그는 인터뷰에서 이렇게 말했다.

"황량한 오지에서 얼마나 오랫동안 버틸 수 있는지 한번 시험해보고 싶었습니다. 감정적으로, 심리적으로 어떤 반응이 일어나는지 확인하고 싶었죠. 그 결과 제가 고독한 시간을 사랑한다는 사실을 알게 되었습니다. 지금껏 가장 자유롭고 창조적이라고 느낀 시간이었습니다. 저는 걸으면서 여행에 대해 글을 썼습니다. 매일 아침 잠에서 깨자마자 오늘 쓸 내용이 머릿속에 떠올랐습니다. 한 번도 겪어보지 못한 색다른 경험이었습니다."

무엇이 그에게 그토록 강력한 자극이 되었던 걸까? "저는 자연에서 큰 감동을 받았습니다. 나뭇잎 사이로 떠오르는 해처럼 그리 대단치 않은 풍경에서도 영감을 얻었죠. 저를 바라보는 사람도 판단하는 사람도 없었기에 자의식에서 벗어날 수 있었습니다."

주변에 다른 사람이 없다는 사실이 결정적인 역할을 했다. "아무도 없을 때 우리는 주변에서 벌어지는 일에 더 관심을 기울이게 됩니다. 옆 사람과의 대화에 집중하지 않아도 되고, 타인의 행동에 주목하지 않아도 되기 때문이죠. 뇌의 일부가 가동을 멈추는 것입니다. 그때 분명 저에게 그런 일이 일어났습니다. 여행 중 며칠은 거의 기억이 나지 않아요. 제 뇌가 다른 어딘가로 가버린 느낌입니다. 하지만 감각은 더 예민해졌습니다. 아마도 며칠 동안 아무도 만나지 않았기 때문일 겁니다."

블랙웰은 다른 사람들로부터 격리되기로 스스로 선택했기에 혼자였지만 고립되었다고 느끼지 않았다. 그에게 고독은 두려움의 대상이 아니었다. 그는 고독을 즐겼고 덕분에 엄청난 창조적 이득을 이끌어냈다.

좋아하는 일로
먹고산다는 거짓말

하고 있는 일에서 반드시 지금 당장 의미를 발견해야 할 필요는 없다. 좋아하지 않는 일이지만 워라밸이나 페이를 보장해준다는 이유만으로도 충분히 그 일을 선택할 수 있다. 삶의 의미는 일이 아닌 다른 곳에서도 발견할 수 있으니까 말이다.

그럼에도 스스로 의미 있다고 생각하는 일을 해야 하는 이유가 있다. 오늘날 우리는 과거 어느 때보다 긴 기간 일해야 하므로 일을 지속할 내적 동기가 필요하다. 의미·가치·신념과 같은 내적 동기가 결핍되면 업무에 만족하지 못하기 때문이다. 내적 동기가 있다는 말은 돈이나 지위, 보상 때문에 일하는 것이 아니라는 뜻이다.

일에서 의미를 추구하는 것은 누구나 누려야 하는 권리다. 일이 참고 견뎌야 하는 노동이 되어서는 안 된다. 그러나 이와 관련된 통계 자료는 대단히 실망스럽다. 북미 지역에서 실시한 설문조사에 따르면 노동 인구의 30~50퍼센트가 자신의 일에 만족하지 못한다.[1] 2017년 160개국에서 실시한 갤럽의 조사 결과는 10억 명에 달하는 정규직 노동자의 85퍼센트가 자신의 일에 만족하지 못하고 있으며, 일에서 의미를 찾지 못한 것이 이유 중 하나라는 사실을 보여준다.[2]

솔로 워커가 일에서 의미를 발견하기에 더 유리한 위치에 있기는 하다. 외부에서 볼 때 '마땅히' 그래야만 하는 것처럼 보인다. 그러나 혼자 일한다고 해서 저절로 만족스러운 일을 하거나 자신의 일을 사랑하게 되는 것은 아니다. 우선 일에 대한 자신의 가치관을 한 번에 알기가 쉽지 않다. 특히 혼자서 일할 때 주어지는 무한한 선택권은 위압적으로 다가온다.

조사한 책에서는 대부분 이런 식의 이야기만 늘어놓았다. "의미 있는 일을 찾기 위해 노력하라", "자신의 일이 의미 있다고 생각할 때 더 행복하고, 더 생산적이고, 더 창조적이고, 더 열심히 일할 수 있다", "지금 하고 있는 일에서 의미를 찾아라." 그럴 때마다 책 여백에 이렇게 흘려 썼다.

"어떻게?"

이에 관해 캐나다에서 비즈니스 및 리더십 컨설턴트 회사 워크필굿을 운영하는 《최고의 일Your Best Work》의 저자 톰 모린Tom Morin

과 이야기를 나누었다. 그는 내 의문의 실마리를 가지고 있었다.

"의미는 고정불변한 것이 아닙니다. 일종의 사회적 산물이죠. 저는 사람들에게 이렇게 묻습니다. '의미 있는 일이란 무엇일까요?' 대개는 특정 직업을 나열합니다. 그러면 다시 한 번 묻죠. '아뇨, 아뇨. 직업 말고 당신이 의미 있다고 생각하는 것들에 대해 얘기해볼까요?' 우리는 의미 있는 일을 명사처럼 사용합니다. 구글에서 '의미 있는 일'을 검색하면 열 가지, 스무 가지 직업 목록이 나옵니다. 의사·간호사·자선사업가 등등. 모두 훌륭한 직업이죠. 하지만 정작 그 직업이 적성에 맞지 않는다면 어떨까요? 해당 직업에 종사하지 못하는 사람들은 평생 일에서 의미를 발견하지 못한다는 뜻일까요?"

문득 열다섯 살의 나를 떠올렸다. 나는 똑똑한 아이였고, 스스로에게 거는 기대가 높았다. 내 주변에는 다른 사람의 삶을 더 행복하게 만들어주는 어른들로 가득했다. 우리 부모는 사회복지사였다. 부모의 친구들도 대부분 보호관찰관, 교사, 치료사, 도서관 사서, 학자 등 공공분야에서 일했다. 그들을 보면서 나는 일이란 다른 이의 행복과 공공의 이익을 위한 활동이며, 개인의 기쁨을 위하는 일은 가치가 낮다고 받아들이게 되었다.

그때부터 앞으로 어떤 일을 할지 고민하기 시작했다. 그 나이쯤 되면 미래의 직업을 결정할 수 있고, 그래야만 하는 줄 알았다. 내가 생각할 수 있는 최고의 공공기관인 유엔UN에 들어가는 것을 목표로 삼았고 5년 동안 그 꿈을 달성하기 위해 노력했다. 먼저 최고의 대학 입학 지원서를 만들기 위해 최선을 다했다. 학생회 활동을 하고, 학교 기구에서 유엔의 사무총장과 같은 역할을 맡았다. 주말이나 휴일에는 체조를 하거나 스포츠 캠프에 참여했다. 프랑스어 수업도 들었다. 내 능력을 증명하기 위해 할 수 있는 모든 것을 다 했다. 마침내 런던정치경제대학교에 입학해 국제관계학을 전공했다. 졸업 후 곧바로 유엔에 들어가고 싶었다. 뉴욕에서 일할 수 있으면 좋겠지만 제네바도 상관없다고 생각했다.

그 과정은 너무나 지루하고 힘들었다. 하기 싫은 일을 계속해야 했다. 항상 긴장하고 스트레스를 받았으며 불안에 따른 과민대장증후군을 달고 살았다.

이제는 솔직하게 말할 수 있다. 나는 의미 있으면서도 멋있어 보이는 일에 너무 집착한 나머지 잘못된 선택을 했고 값비싼 대가를 치렀다. 사회적으로 만들어진 개념, 그리고 내 부모와 그 친구들의 삶에 기대어 중대한 착각을 한 것이다. 나는 정부와 비정부기구 간의 교류에 별 관심이 없었다. 홉스와 로크, 흄의 정치 이론이 어떻게 다른지 전혀 궁금하지 않았다. 국제정치와 경제학 과목은 너무 어려웠고, 결국 경제학은 점심시간을 쪼개서 보충수업까지 들어야 했다.

설상가상으로 졸업 후에는 유엔이 나를 원하지 않는다는 사실을 깨달았다. 다른 정부기관이나 비정부기구, 국제 자선단체 역시 마찬가지였다. 영국에 기반을 둔 자선단체나 싱크 탱크think tank(여러 분야의 전문가를 조직적으로 모아 연구 및 개발을 하고 그 성과를 제공하는 조직-옮긴이)도 다르지 않았다. 면접의 기회조차 허락되지 않았다. 아마도 내 지원서에는 내가 그 자리에 적합한 인물이 아니며, 진정한 관심과 열정이 부족하다는 사실이 분명하게 드러났을 것이다. 만약 유엔이 나를 선택했다고 해도 오래 버티지 못했을 것이다. 이 이야기들을 모린에게 털어놓았더니 다음과 같은 대답이 돌아왔다.

"세상에 존재하는 모든 직업은 저마다 그 일에 가치를 느끼는 사람이 분명히 존재합니다. 동시에 같은 일에 전혀 만족하지 못하고 이렇게 말하는 사람도 있을 겁니다. '유엔은 최악의 직장이야.'"

의미는 직업에서 오는 게 아니라는 뜻이다. 다시 말해 내가 그 일에서 의미를 발견한다면 어떤 일이든 가치 있다. 모린이 말했다.

"의미 있는 일이 따로 있는 게 아닙니다. 좋은 부모가 되는 것이든, 올림픽에서 금메달을 따는 것이든, 엄청나게 많은 쿠키 상자를 기부하는 것이든, CEO가 되는 것이든, 최고의 정원사가 되는 것이든 모든 의미는 그것을 찾는 사람에게 발견되는 겁니다. 사람들은 그 점을 간과하죠."

그의 주장에 의하면 어떤 일도 다른 일보다 더 의미 있다고 말할 수 없을 것이다. 이론적으로 아무것도 의미가 없거나, 모든 것이 의미 있다. 즉 절대적인 의미는 어디에도 존재하지 않으며, 찾고자 한다면 어디에서든 발견할 수 있다.

"자신에게 의미 있는 일이란 모두가 '그 일은 의미 없다'고 생각한다 해도 여전히 하고 싶어 하는 일을 말합니다."

학습된 의미를 진짜라고 착각할 때 벌어지는 일

모린의 이런 생각이 우리에게 어떤 도움을 줄 수 있을까?

"우리가 인식하는 '일에 대한 의미'가 문화적으로 학습된 결과라는 사실을 이해한다면, 자신에게 진정으로 의미 있는 일이 언젠가 모습을 드러낼 것입니다. 누군가는 이렇게 말할 겁니다. '저는 인물 사진을 찍는 사진사입니다. 그런데 제가 제 일을 좋아하지 않는다는 사실을 깨달았습니다. 제 직업을 선택한 데는 주변 환경의 영향이 컸어요. 어머니가 사진사였거든요. 사촌들은 저를 패션쇼에 데리고 다녔습니다. 그런 환경에서 자라면서 이 일이 의미 있다고 믿도록 학습되었던 거죠.'"

인정하기 힘들겠지만 그럼에도 이런 깨달음은 당신을 자유롭게 해줄 것이다. 지금 하는 일을 싫어한다면, 동시에 일을 좋아해야 한다는 의무감이 든다면 왜 그렇게 느끼는지 생각해보자. 오히려 '일을 좋아하지 않아도 괜찮다'는 태도가 도움이 될 수도 있다. 변화는 스스로에 대한 이해를 바탕으로 시작된다.

생각의 전환이 일어나면 앞이 보이지 않는 불행의 안개 속을 헤매던 느낌에서 빠져나와 합리적인 판단을 내릴 수 있게 된다. 회사를 그만두고 서평 강사로 전향하는 극적인 변화가 아니라고 해도, 얼마든지 일을 좀더 만족스러운 형태로 바꿀 수 있다.

열다섯 살의 나는 장래와 관련해 두 가지 생각에 아주 강력한 지배를 받았다. 당시에는 내가 특별한 존재며 앞으로 특별한 일을 하게 될 것이라고 믿었다(이러한 사고방식은 아주 해로우며, 특히 내게 많은 피해를 입혔다). 그리고 부모를 따라 공공분야에서 일해야 한다고 믿었다. 만약 그 생각들이 주입된 것이라는 사실을 알았다면 아마도 정치학 입문 강의 첫 시간에 주변을 돌아보며 '이런, 내가 여기서 뭘 하고 있는 거지?'라고 속으로 생각하는 일은 없었을 것이다.

아직 늦지 않았다. 부디 사회와 가족이 머릿속에 심어놓은 믿음이 아니라, 스스로 진짜 의미 있다고 생각하는 것을 바탕으로 당신의 일과 삶을 결정할 수 있기를 바란다.

나는 당신에게 어떤 일이 의미 있을지 알지 못한다(안다고 말하는 사람을 경계하자). 자신에게 의미 있는 일이 무엇인지 알고 싶다면, 먼저 가만히 앉아서 스스로에게 물어보자.

혼자 하는 일이 항상 의미 있게 느껴지지 않는다고 해서 자책하지는 말자. 일하는 시간 중 일부만이라도 의미 있다고 느끼는 것을 목표로 삼아보자.

당신 잘못이 아니다

와튼스쿨의 애덤 그랜트Adam Grant 교수는 30만 명이 넘는 트위터 팔로워를 거느린 조직심리학자다. 그는 《오리지널스Originals》,《싱크 어게인Think Again》 등의 책을 냈으며, 그가 운영하는 TED 팟캐스트 '일을 엉망으로 만들지 않는 법how to make work not suck'은 그의 책만큼이나 훌륭하다.

그랜트는 이미 하고 있는 일에서 의미를 찾으라고 조언한다. 정확한 지적이다. 솔로 워커가 스스로 일에서 의미를 찾아낸다면 그 자체로 놀라운 성공이다. 특히 경제적·환경적인 이유로 새로운 일에 도전할 수 없다면, 예를 들어 불경기에 힘들게 버티고 있거나 개인적인 책임과 청구서, 부채 때문에 새로운 모험을 하기 힘든 상황이라면 이러한 접근 방식은 대단히 가치 있을 것이다.

나와 내 배우자 스티브가 운영하는 사진 스튜디오는 주말에 보통 비어 있다. 최근 우리는 스튜디오를 빌릴 경제적 여력이 안 되는 플로리스트나 사진가들에게 소셜 미디어에 스튜디오를 언급해주는 조건으로 무료로 공간을 빌려줬다. 그때는 이 결정이 나에게 어떤 영향을 미칠지 알지 못했다.

사실 스튜디오 운영은 스티브의 꿈이었다. 스튜디오를 시작하고 1년 정도 지나자 스티브에게 내 도움이 필요해졌다. 솔직히 말하자면 스튜디오를 관리하는 데 시간을 뺏겨서 그만큼 내 일을 하지 못하는 것이 불만스러웠다. 하지만 지금은 다르다. 경제적으로 힘들어하던 지역공동체 이웃에게 새로운 기회를 주고 있다는 생각에 애정이 커졌고, 덕분에 행복하다고 느낀다. 이처럼 일에서 어떤 의미를 발견하느냐에 따라 그 일에 대한 감정도 달라진다.

그렇다면 어떻게 지금 하는 일에서 의미를 발견할 수 있을까? 펜과 종이를 들고 자리에 앉아보자. 의견이 달라도 서로 상처를 주고받지 않을 만큼 친밀한 사람과 함께한다면 더 좋을 것이다. 자신의 일에서 어떤 점을 최고라고 느끼는지 생각해보자. 어떤 일을 잘하는지가 아니라, 본인 일의 어떤 부분을 긍정적으로 생각하는지 떠올려보는 것이다. 반드시 다른 사람에게 도움이 되는 일이어야 할 필요는 없다. 무엇이든 적어보자. 그리고 자신의 업무환경에서 그 일이 더욱 확장될 수 있는지 생각해보자.

일반적으로 이 접근 방식은 잡 크래프팅job-crafting이라고 알려져 있다. 잡 크래프팅 이론은 에이미 브제스니에브스키Amy Wrzesniewski와 저스틴 M. 버그Justin M. Berg, 그리고 제인 E. 더튼Jane E. Dutton이 직장에서 업무 만족도와 행복감을 높이기 위해 주어진 일을 의미 있는 활동으로 바꾸도록 고안한 방법이다.[3] 엄밀히 말해 프리랜서 노동자에 초점을 맞추지 않았지만 업무에 활용하기에는 솔로 워커가 더 유리할 수 있다. 적어도 완고한 조직이나 상사에 얽매여 있지 않기 때문이다. 그렇다면 구체적인 방법을 살펴보자.

첫째, 과제에 집중한다. 중요한 업무를 늘리고 줄일 수 있는 일은 줄인다. 핵심 업무가 아닌데 지루하거나 번거롭거나 시간을 많이 잡아먹는 일은 외주를 주거나 날짜를 정해 일괄로 처리한다. 새로운 고객을 물색한다. 예를 들어 프리랜서 홍보 전문가는 신제품 출시 기념 파티를 열고자 하는 고객을 물색한다. 그리고 초보 프리랜서 연출자라면 포트폴리오를 쌓기 위해 경험 많은 스타일리스트의 보조로 들어간다.

둘째, 관계에 주목하라. 업무 관계망을 더욱 공고하게 만들어보자. 누군가를 속이거나 착취하지 않으면서, 또는 착취당하지 않으면서 원하는 방향으로 경력을 이끌어줄 관계를 모색해보자.

마지막으로, 그랜트가 주장한 대로 기존의 일에서 의미를 찾고 긍정적인 측면에 주목함으로써 관점을 새롭게 정립할 수 있다.

그러나 모든 솔로 워커가 잡 크래프팅으로 일의 의미를 발견할 수 있는 것은 아니다. 시간과 끈기, 그리고 주변 환경이 적절히 뒷받침해주어야 하기 때문이다. 때로는 아무리 노력해도 일에서 의미를 발견하기가 불가능하게 느껴진다. 이런 의문들을 해결하기 위해 그랜트에게 이메일을 보냈다.

첫 번째 질문은 이것이다. 일에서 의미를 발견할 수 없다면 전적으로 나의 잘못인가? 비참한 상황에 처해 있더라도 계속해서 열심히 의미를 찾아야 하는가? 그의 대답은 이렇다.

"아닙니다! 15년간 수집한 데이터에 따르면, 개인의 잘못으로 일에서 의미를 느끼지 못하는 경우는 거의 없습니다. 일의 문제이거나 조직 내 리더십 문제이거나 둘 다의 문제입니다… 일이 다른 사람에게 중요한 영향을 미치지 못할 때, 일이 쓸모없다고 느낄 때, 일에서 보람을 찾을 수 없을 때, 관리자가 일의 목적을 분명하게 설명하지 않을 때 개인이 의미를 발견하기는 힘듭니다."[4]

직접적인 관리자가 없는 솔로 워커에게도 그랜트의 주장이 의미 있는 이유는 솔로 워커 중 많은 이들이 실질적으로 자기 자신의 관리자이기 때문이다. 일의 목적을 분명하게 세우고 도움을 필요로 하는 사람과 관계를 형성하는 것은 바로 자신에게 달렸다. 자신의 일이 다른 누군가에게 도움이 되지 않는 것처럼 보인다면, 고독은 외로움으로 이어질 것이다. 자신의 일이 다른 사람의 삶에 영향을 미치는 경험을 하지 못한다면, 그 일이 의미 없게 느껴질 것이다. 공연장을 나서면서 청중과 악수를 나눴던 피아니스트 다리에스쿠를 떠올려보자. 그의 행동은 사소했으며 별다른 노력이 필요하지 않았다. 그럼에도 이 작은 변화는 그가 일을 대하는 태도를 완전히 바꿔놨다.

두 번째 질문이다. 일에서 어떻게든 의미를 찾으려는 노력은 스스로를 현재에 가둬두는 게 아닐까? 그랜트의 대답은 이렇다.

"사람마다, 또 환경에 따라 다릅니다. 일을 사명으로 받아들이는 사람은 기어코 의미를 찾아내려 할 겁니다. 반면 일을 그저 수입원으로 생각하는 사람은 삶의 다른 영역에서 의미를 찾고자 할 것입니다." 판단은 각자에게 달렸다. 중요한 것은 의미를 억지로 찾으려해서는 안 된다는 점이다. 다시 말해, 청구서 처리처럼 기계적인 일에서도 의미를 발견해야 한다고 스스로를 설득해서는 안 된다.

그랜트에게 한 마지막 질문은 다음과 같다. 언젠가 의미 있는 일을 발견할 것이라는 희망으로 끊임없이 새로운 일을 찾아야 하는가?

"일에서 의미를 발견하는 데 어려움을 겪고 있다면 잡 크래프팅을 작게 시도하는 것이 좋습니다. 일을 설계하는 입장에서 스스로를 객관적으로 관찰해 업무와 관계를 개선함으로써 더 많은 의미를 창조할 수 있습니다."

우리 주변에는 완벽한 직장을 찾기 위해 끊임없이 자리를 옮기는 사람들이 있다. 그런 노력은 일에서 의미를 찾는 데 오히려 방해가 된다. 의미 없는 일에 갇히는 것도 끔찍하지만, 시간을 충분히 들여 자신에게 그 일이 의미가 있는지 확인하기도 전에 그만두는 것 역시 바람직하지 않다.

운 좋게도 의미 있는 일을 빨리 발견했다면 축하한다. 하지만 많은 경우 자신에게 잘 맞는 일이 무엇인지 찾으려 노력하는 동시에 실제 하는 일과 이상 사이의 간격을 좁히기 위해 노력해야 한다. 그리고 이 과정은 시간이 오래 걸린다. 짧은 기간 안에 의미를 발견하려는 시도는 오히려 악영향을 미칠 수 있다. 이 말은 때로 작은 의미에 만족해야 한다는 뜻이기도 하다.

나는 15년 넘게 작가로 활동하고 있으며 프리랜서로 전환한 지는 11년이 되었다. 나는 언제나 글쓰기에 관심이 많았고 글을 잘 썼다. 글을 쓰고, 그것으로 돈을 벌 수 있으니 대단히 운이 좋다고 생각했다. 그러나 그동안 정말로 관심 있는 주제에 대해서만 글을 쓴 것은 아니다.

경력 초반에는 좋아하지 않는 일도 해야 한다. 언젠가 도움이 되리라는 희망으로 견뎌야 한다. 일과 사랑에 빠지기까지는 몇 년의 세월이 필요하다. 업무에 점점 능숙해지면서 그 일을 좋아하게 될 수 있다. 그리고 당신만이 자신의 일을 좋아하는 일로 만들 수 있다.

의미와 열정 대신 숙련도를 좇아라

요즘은 일에 열정적인 게 유행이다. '자신의 열정을 찾아라! 그 열정을 따르라! 열정을 발견하고 거기에 사람들이 돈을 지불하도록 하라!' 우리는 성공하기 위해서는 내면의 열정을 따라야 한다고 배웠다. 그래서 성공과 열정은 언제나 함께 간다고 믿는다. 하지만 사실이 아니다.

많은 이들이 열정이라는 용어를 잘못 사용하고 있다. 옥스퍼드 사전을 뒤져보면 열정passion에 대한 정의에 이렇게 나와 있다. "통제하기 힘든 강력한 감정", "강한 감정의 상태나 표출", "강렬한 성적인 사랑." 비즈니스 세상에서 쓰기에는 적합하지 않은 듯하다. 게다가 장기적인 차원에서 바라보면 열정은 몸을 망가뜨리는 요인이다.

많은 사람들이 단지 자신의 일에 익숙할 뿐이다. 그들은 자신의 일을 좋아하고 그 안에서 의미와 목적을 발견할 수 있을 만큼 능숙해질 때까지 참고 견딘다. 학습 및 커리어 전문가 칼 뉴포트Cal Newport는 《열정의 배신So Good They Can't Ignore You》에서 일의 숙련도를 높이기 위해 노력함으로써 더 행복하고 만족스럽게 살아갈 수 있다고 말한다. 또한 《그릿Grit》의 저자 앤절라 더크워스Angela Duckworth는 열정을 발견하기까지 수년의 세월이 걸린다고 말한다. 두 사람 모두 어떤 일에 정말로 익숙해지기 위해서는 오랜 시간이 필요하다고 이야기하는 것이다. 어떤 일에 능숙해지기 위해 노력할 때, 우리는 자연스럽게 그 일에 깊은 애정과 유대감을 느끼게 된다. 그러한 감정을 열정이라 부른다면 나도 적극 동의하는 바다(학계에서는 이를 '조화열정harmonious passion'이라 부른다).

처음부터 열정을 쏟을 만한 일을 발견하고, 그 일을 열정적으로 수행하고, 이를 통해 돈을 벌어야 한다는 믿음은 오히려 우리를 혼란스럽게 만든다. 당신이 대부분의 사람처럼 아직 열정을 발견하지 못했다면? 자신의 열정이 좋아하지만 잘하지 못하는 일을 향한 것이라면? 그 일로 돈을 벌기가 불가능하다면? 열정의 대상을 일로 만들어 그 열정이 시들기를 원치 않는다면?

열정에 따라 살아야 한다는 믿음은 우리를 맹목적인 커리어의 여정으로 몰아가고, 열정이 없을 때는 뭔가 중요한 것을 잃어버린 실패자가 된 것처럼 느끼게 만든다.

또한 열정에는 치명적인 부작용이 따른다. 일에 열정적일수록 착취당할 위험이 높아진다. 사람들은 그런 당신에게 더 오랫동안 일하고 업무에 포함되지 않은 일까지 하도록 요구하면서 제대로 보수를 지급하지 않아도 괜찮다고 생각하게 될 것이다(듀크대학교 연구원들이 수행한 여덟 가지 주요 실험을 통해 확인할 수 있다).[5]

스스로 열정적이라고 말하는 요리사들은 후덥지근하고, 창문도 없고, 위험하기까지 한 작업환경 속에서도 누구보다 열심히 일해야 한다고 믿는다. 그들 중 절반 이상은 과로에 따른 우울감을 호소하고, 네 명 중 한 명은 힘든 업무를 버티기 위해 술에 의존한다고 말한다.[6] 이처럼 일에 대한 지나친 열정은 일과 일이 아닌 것의 경계를 모호하게 만든다. 일을 그토록 사랑하는데 왜 휴가가 필요하단 말인가? 야근을 왜 마다한단 말인가? 이건 일이 아니라 열정이다!

맹목적인 열정 끝에는 번아웃이 있다. 목적 지향적인 일(즉 의미 있는 일)은 집착적인 열정(조화 열정과 반대되는)을 자극함으로써 번아웃의 위험을 높인다. 자신의 일과 스스로를 동일시함으로써 일과 삶 사이의 구분이 사라지면 번아웃을 피할 수 없다. 번아웃은 스트레스를 높이고 회복탄력성을 떨어트리며 삶에 대한 전반적인 행복감을 낮춘다. 일을 완전히 그만두거나, 우울·불안·불면 등 정신건강 문제로도 이어질 수 있다.[7] 게다가 직업적 사명을 중요하게 생각하는 분야일수록 번아웃이 자살로 이어질 위험이 더 높다. 실제로 사명감을 중시하는 의료 분야는 자살률이 가장 높은 직군이다.

이처럼 업무적인 열정을 칭송하는 것은 이롭지 않을 뿐 아니라 위험하기까지 하다.

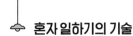

혼자 일하기의 기술

+ 어떤 이유로 솔로 워커의 길을 선택했든지 간에 이 문장을 명심하라. '절대 혼자 일하지 말라.' '솔로 워커'와 '고립'은 동의어가 아니다.

+ 혼자 일한다고 해서 모든 것을 스스로 해결할 필요는 없다. 감당할 수 없는 업무는 외주로 돌리자. 약간의 비용만 들인다면 해당 일에 당신보다 훨씬 능숙한 전문가가 기꺼이 함께할 것이다.

+ 뇌에도 휴식이 필요하다. 업무와 전혀 상관없는 취미를 가져라.

+ 지금 고립된 것 같다면 실제로 그러한지 객관적으로 파악할 필요가 있다.

+ 직업 특성상 정말 혼자 일할 수밖에 없는 환경인가? 신발을 신고 사무실 밖으로 나가라. 온라인 주문 대신 매장을 방문하고, 공원을 산책하자. 사무실 책상으로 곧장 직행하기 전에 만나는 이들에게 말을 건네라.

+ 모두가 "그 일은 의미 없어"라고 할 때조차 여전히 하고 싶은 일을 찾아보자.

+ 일에서 의미를 찾지 못하겠는가? 스스로에게 질문해보자. 내 일이 남들에게 중요한 영향을 미치는가? 주변에 도움을 청할 사람이 있는가? 관리자가 일의 목적을 분명히 설명해주었는가? 이 모든 질문에 '아니오'라는 대답이 나온다면, 일에서 의미를 찾지 못하는 것은 당신 잘못이 아니다.

+ 일에서 의미를 발견했다면, 능숙해질 때까지 견디는 시간이 필요하다.

2장

일에 잡아먹힐 것인가,
일로 성장할 것인가

과로사 시대에
살아남는 법

많이 일할수록 더 크고 좋은 가치를 만들어낼 수 있다는 고정관념이 존재한다. 그러나 우리는 거짓말에 속아왔다. 이는 사실도 아닐 뿐더러 오히려 부정적인 영향을 미친다. 과로는 창조적으로 일하고 생각하는 능력에 피해를 입힌다. 우리는 그렇게 열심히, 오랫동안 일하도록 태어나지 않았다.

어쩌다 노동시간이 일하는 사람을 평가하는 기준이 되었을까? 이러한 평가 방식은 지난 몇 세기 동안 인간의 삶을 지배했다. 이 장에서는 우리가 어떻게 지금의 상황에 이르게 되었는지 살펴보려 한다.

시간은 이해하기 어려운 개념이다. 어떤 때는 시간이 마치 모래처럼 손가락 사이로 빠져나가는 것만 같아 마음이 급해진다. 시간이 기어가는 것처럼 느껴질 때도 있다. 하지만 두 가지 사실만큼은 분명해 보인다. 첫째, 노동시간이 평가 기준이 되는 것은 잘못된 방식이며 둘째, 지나치게 긴 근무시간은 오히려 생산성에 피해를 입힌다. 오래 일하는 것이 명예의 배지가 되어서는 곤란하다.

2017년 하버드대학교의 한 연구는 소셜 미디어상에서 값비싼 물건으로 부와 높은 지위를 과시하던 유행이 지나가고 오늘날에는 시간 부족이 개인의 지위를 나타내는 새로운 상징이 되었다고 주장했다.

하버드대학교 연구원들은 가상의 소셜 미디어 계정을 만들어 실험을 했다. 참가자들은 여가 활동에 관한 글을 자주 게시하는 사람보다 바쁜 일상을 주로 업로드하는 사람이 사회적 지위가 더 높고, 더 부유하며, 고용 시장에서 인기가 더 많을 것이라 생각했다. 이에 대해 작가 아나트 케이넌Anat Keinan은 이렇게 지적했다. "전통적인 과시적 소비는 보석이나 돈, 자동차처럼 희귀하고 값비싼 재화를 소비하는 것을 말합니다. 반면에 새로운 과시적 소비는 자기 자신이 바로 그 희귀한 자원이며, 그래서 스스로가 가치 있는 존재라고 말합니다."[1] 이러한 사실은 요리를 하고 싶지만 그럴 시간이 없는 사람을 위한 반조리 음식 배달 서비스나 7분 운동법 같은 프로그램의 인기를 설명해준다. 이런 프로그램을 이용할 만큼 바쁘다는 사실을 널리 알림으로써 자신의 가치를 증명하기 때문이다. 시간 부족이 부여하

는 높은 사회적 지위를 얻기 위해 바빠 보이고 싶어 하는 것이다.[2]

프리랜서를 위한 업무 플랫폼인 파이버의 2017년 광고는 우리 사회에 여러 논의를 자극했다. 파이버가 #InDoersWeTrust 광고 캠페인에 내놨던 다양한 카피 중에 이런 것이 있었다. "점심으로 커피를 마신다. 일은 꼬리에 꼬리를 물고 이어진다. 수면 부족은 스스로의 선택이다. 우리는 바로 이렇게 일하고 있다." 이 문구는 마치 잠을 자지 않기로 결심한 듯한 여성의 사진 위에 나열되어 있다. 이 광고는 파이버를 기반으로 일하는 프리랜서들이 마치 나이트클럽 화장실에서 화상회의를 하고, 말 그대로 죽음의 신에게 쫓기는 노동의 디스토피아에서 살아가고 있다는 인상을 남겼다. 죽어서야 비로소 편히 잠들 수 있다는 생각에서 한 걸음 더 나아간 것이었다. 일부 평론가는 이 광고가 과로를 부추긴다고 지적했다. 우리는 끊임없이 일한다! 무슨 일이 있어도! 결국 해낼 것이다! 해야 할 일이 남았다면 다른 삶을 위한 여유는 없다! 그러므로 커피만이 살 길이다!

물론 이는 극단적인 사례이기는 하지만 파이버의 최근 마케팅은 비즈니스맨이라면 항상 시간이 부족하다는 사실을, 특히 지원자를 직접 만나 채용 면접을 볼 여유조차 없다는 점을 계속해서 강조한다. "아주 많은 일과 아주 적은 시간so much work, so little time"이 온라인에서 밈으로 떠돌아다니고 그 문구가 인쇄된 필통을 살 수 있는 지금, 우리 사회는 일 문화에서 위험한 단계에 도달했다.

비즈니스 및 리더십 전문가이자 기업가, 그리고 TED 강연자

(그의 강연 영상은 현재 1,100만 조회수를 기록하고 있다)인 마거릿 헤퍼넌Margaret Heffernan은 노동시간에 집착하는 태도가 나아지지 않고 있다고 설명했다. "오히려 더 나빠지고 있습니다. 저와 함께 일하는 투자자들은 매일 야근하고, 일요일에는 다음 주 업무를 준비합니다. 이러한 모습이 오늘날 정신 건강 문제를 촉발하는 주요 원인이라고 생각합니다. 모두가 너무 늦게까지, 너무 열심히, 너무 오래, 너무 심한 압박을 받으면서 일하고 있습니다. 더는 머리가 돌아가지 않는데도 책상에 붙어 있습니다. 이런 방식은 안정적인 직장인은 물론 프리랜서에게도 좋지 않습니다. 연구 결과는 오랜 노동시간이 더 높은 생산성을 보장하지 않는다고 말합니다. 그건 앞으로도 마찬가지일 겁니다. 뇌는 생각하기 위한 신체 기관일 뿐 다른 신체 기관과 다를 바 없습니다. 지치고 번아웃될 수 있습니다."

2017년 리스본대학교에서 수행한 한 연구는 오랜 근무시간(일주일에 48시간 이상)과 수면 부족 및 수면 장애 사이의 분명한 상관관계를 보여줬다.[3] 5년 동안 2,000명의 영국 공무원을 추적한 또 다른 연구 결과는 하루에 1시간을 초과하는 과로가 우울증 지속 기간을 2.5배나 증가시킨다는 사실을 보여줬다. 이러한 현상은 연구 초반에는 정신 건강상 아무런 문제를 드러내지 않았던 사람에게서도 똑같이 나타났다.[4] 주당 40시간 이상 일하는 사람들을 관찰한 또 다른 연구에서는 과로가 우울과 불안, 수면 장애, 심장 질환은 물론, 대부분의 건강 문제에 부정적인 영향을 끼친다는 사실을 보여줬다.[5] 특히 과로는 한국과 일본에서 심각한 사회적 문제이며, 과로에 따른 갑작스러운 사망을 일컫는 '과로사過勞死'라는 용어까지 있을 정도다.

혼자 일하면 일반 직장인보다 과로의 위험에 틀림없이 더 많이 노출된다. 아주 설득력이 뛰어난 배우자나 동거인과 함께 살고 있지 않는 한, 과로로 넘어갈 위험을 막아줄 장벽이 훨씬 더 낮기 때문이다. 스마트폰으로 언제나 연결되어 있는 지금 시대의 업무 문화는 일과 삶 사이의 경계를 대단히 희미하게 만들고 있다. 소파에서 텔레비전을 보면서 이메일 답장을 쓰고 있다면, 자녀와 놀이공원에 놀러 가서 벤치에 앉아 소셜 마케팅을 관리하고 있다면, 그리고 토요일에 브런치를 먹거나 저녁을 먹으러 가는 택시 안에서 왓츠앱으로 고객의 질문에 답하고 있다면 뇌는 여전히 일하는 중인 셈이다.

과로는 단지 건강에만 피해를 끼치는 게 아니다. 업무적으로 덜 똑똑하고 덜 유능하게, 그리고 역설적으로 덜 생산적이게 느끼도록 만들며, 때로는 업무 수행 수준에까지 피해를 입힌다. 과로가 행동과학자들이 말하는 '터널링tunnelling' 현상을 촉발하기 때문이다. 시간은 한정적인데 일이 끝없이 밀려온다면 긴장하고 조바심이 난다. 이 상태가 지속되면 심리적 터널 속으로 들어가게 된다. 터널 속에서는 바로 눈앞에 놓인 과제밖에 생각하지 못하며 당면 과제에만 몰두할수록 터널 밖으로 빠져나오기는 힘들어진다. 중요한 것은 터널 안에서 집착하게 되는 과제가 즉각적으로 맞서 싸우는 불, 다시 말해 목록에서 쉽게 제거 가능한 일인 경우가 많다는 사실이다.

《뉴욕 타임스》베스트셀러인《타임 푸어Overwhelmed》의 저자이자 《워싱턴 포스트The Washington Post》기자로 활동하며 퓰리처상을 수상한 브리짓 슐트Brigid Schulte는 이렇게 말했다. "마치 터널 속을 달리는 것처럼 시야는 좁아지고, 너무 겁이 나서 눈앞에 있는 일밖에 보지 못하게 됩니다. 그러나 정작 그 일은 가치가 낮은 과제일 때가 많습니다. 가령 '이메일 함 정리' 같은 거죠. 이런 과제에 몰두할 때 우리는 장기적인 전략을 세우지 못합니다. 터널 안에서 좁게 생각하고 소극적으로 행동하게 됩니다. 당신이 혼자 일한다면 이는 성공을 가로막는 결정적인 장애물이 됩니다. 솔로 워커로서 성공하고자 한다면 터널에서 빠져나오기 위한 방안을 반드시 마련해야 합니다."

우리 눈앞에 있는 과제는 대부분 창조적이지 않고, 규모가 크지 않으며, 가까운 미래를 넘어서는 장기적인 일과는 관련이 없다. 비록 여러 가지 작은 당면 과제를 처리하는 것처럼 보인다고 해도 실질적인 문제는 해결되지 않고 그대로 남는다. 뭔가를 통제하고 있다는 느낌만 줄 뿐이다. 즉 쉽게 물을 끼얹어 잡을 수 있는 작은 불길에 불과하다. 심리적 터널 안으로 진입한 솔로 워커는 좀처럼 한 걸음 뒤로 물러서지 못한다. 기어를 바꾸거나 신선한 공기를 들이마시지 못한다. 다만 두렵고 억압된 느낌을 받을 뿐이다. 우리는 늦게까지 일한다. 그러지 않으면 걱정이 많아지기 때문이다. 그리고 다음 날 어제 처리하지 못한 과제를 부여잡고 다시 한 번 터널로 진입하게 된다.

센딜 멀레이너선Sendhil Mullainathan과 엘다 샤퍼Eldar Shafir는《결핍의 경제학Why Having Too Little Means So Much》에서 정신적 대역폭mental bandwidth이라는 개념을 설명한다. 터널 속에 있을 때는 정신적 자원을 아주 많이 허비해 아이큐가 13에서 14 정도 낮아진다고 한다.[6] 이는 지능지수가 평균에서 그 이하로 떨어질 만큼 충분히 중대한 영향이다. 위의 책에 따르면 업무를 처리하기 위한 시간이 더 많이 필요하다고 느낄수록 일이 더 힘들어진다. 이런 느낌은 문제 해결 능력을 가로막고 참을성과 주의력을 갉아먹는다.

그 영향은 업무 영역에 국한되는 것이 아니라, 결핍을 경험할 수 있는 다양한 분야에서 모습을 드러낸다. 예를 들어 다이어트 중인 사람은 음식을 갈망하는 데에 정신적 자원을 사용하기 때문에 그만큼 정신적 대역폭이 좁아진다는 연구 결과가 있다. 학교 옆으로 시끄러운 열차가 지나가는 환경에서 공부하는 아이들의 학업 성과가 또래 아이들에 비해 1년이나 뒤처지는 사례에서도 정신적 대역폭의 작동 원리를 확인할 수 있다. 재정적 결핍 또한 정신적 대역폭을 크게 낮춘다. 다양한 종류의 결핍이 솔로 워커들에게 중대한 영향을 미칠 수 있다.

주 4일 근무가 가져다준 생산성 극대화

2018년 갤럽은 미국 노동자의 80퍼센트가 '시간이 충분하다고 느껴본 적이 없다'는 조사 결과를 보여줬다. 암울한 발견이다. 시간이 풍족하다는 느낌은 심리적 행복 지수를 높은 수준으로 올려주는 것은 물론, 이혼율이나 비만도를 낮추는 데 직접적인 연관이 있기 때문이다.[7] 실제로 런던비즈니스스쿨의 로라 기어지Laura Giurge와 하버드비즈니스스쿨의 애슐리 윌런스Ashley Whillans의 논문에 따르면, "시간 결핍은 물질적인 결핍만큼이나 인간의 행복에 큰 영향을 미친다."[8] 독일 기업가와 프리랜서를 대상으로 한 연구 결과에 따르면, 1인 노동자는 일반 직장인보다 시간이 부족하다는 생각을 더 많이 한다.[9]

한 가지 이상한 점은 실제로 시간(그리고 돈)이 풍족한 이들도 이를 희귀한 자원으로 여긴다는 사실이다. 선진국 사람들의 여가 시간은 일주일에 약 8시간으로, 이론적으로 볼 때 지난 50년 동안 두 배 증가했다. 그럼에도 사람들은 이를 체감하지 못한다. 그 시간을 활용하면 추가적인 소득을 올릴 수 있다고 생각하기 때문이다. 이를 상품성 이론commodity theory이라고 한다. 우리는 자신의 시간에 특정한 가치를 적용하며, 이러한 현상은 임금 노동자보다 프리랜서 노동자에게 더욱 뚜렷하게 나타난다. 가치 있는 것을 희귀하게 느끼는 희소성은 우리의 정신적 대역폭을 장악한다. 이는 결국 생산성과 함께 행복감마저 떨어뜨린다.

위 연구는 시간이 풍족하다고 느끼는 사람들이 상품성 이론을 뛰어넘는다는 사실도 보여준다. 그들은 돈을 써서 스스로에게 시간을 선물하거나(외주를 맡기는 데 돈을 쓰는 것처럼), 덜 일하고 덜 버는 방식을 적극적으로 선택한다. 물론 벌어야 할 최소한의 소득은 지키면서 말이다. 또한 이들에게는 행복감을 높이는 또 다른 특질도 나타난다. 그들은 더욱 사교적이며 높은 보수에 집착하기보다 내적 보상을 주는 일을 더 많이 선택한다.[10]

실제로 우리는 덜 일할 때 더 많은 업무를 처리한다. 이는 알렉스 수정 김 방Alex Soojung-Kim Pang의 흥미진진한 책,《일만 하지 않습니다Rest》의 부제이자 핵심 메시지다. 이 책은 천재 혹은 높은 수준의 성취를 이룬 이를 포함한 대부분의 사람이 하루 4시간, 일주일에 20시간 이상 일에 몰두할 수 없다는 사실을 보여줬다. 또한 많은 연구 결과에서 근무시간을 제한함으로써 생산성을 높일 수 있다는 사실이 드러났다. 주 4일 근무를 실시하는 뉴질랜드 신탁 부동산 관리 회사인 퍼페추얼가디언이 대표적인 사례다. 이들은 주 4일 정책을 영구적으로 규정했을 뿐 아니라, 비영리단체인 포데이위크닷컴4DayWeek.com을 설립해 다른 기업도 업무시간을 단축하도록 돕고 있다.

더 짧은 노동시간이 더 높은 생산성을 의미한다면, 오래 일할수록 생산성이 낮아진다고 말할 수 있을까? 사실인 것처럼 보인다. 특히 장기적인 차원에서는 더욱 그렇다. 이와 관련해 OECD 자료에서 몇 가지 실마리를 얻을 수 있다. 그리스의 노동자는 1년에 약 2,000시간 일한다. 유럽의 거의 모든 나라의 노동시간보다 길다. 독일의 노동자는 1년에 약 1,400시간 일한다. 그러나 생산성은 그리스보다 70퍼센트나 더 높다. 물론 근무시간 외에 다른 많은 요인이 영향을 끼칠 것이다. 그럼에도 이 데이터는 더 오래 일한다고 더 많은 일을 하는 것은 아니라는 주장에 무게를 실어준다. 애덤 스미스^{Adam Smith}도 1776년에 이 문제를 언급했다. "모든 유형의 직종에서 지속할 수 있을 만큼 적절한 정도로 일하는 사람은 오랫동안 건강을 유지할 뿐 아니라 1년 동안 더 많은 일을 한다."

이 주제와 관련해서 정희정과 나눈 열띤 논의는 엄청나게 많은 기록을 남겼다. 사회학자이자 솔로 워크 전문가인 정희정은 켄트대학교에서 사회학과 사회정책을 공부하고 있는데 그중에서도 근무시간의 유연성, 일과 삶의 균형에 대해 각국의 상황을 비교·연구하고 있다. 그는 이렇게 설명했다. "네덜란드나 덴마크처럼 전반적으로 노동시간이 짧은 국가들의 생산성이 더 높은 수준이라는 사실을 확인했습니다. 반면 미국과 한국처럼 노동시간이 긴 국가들은 시간당 생산성이 아주 낮습니다."

스탠퍼드대학교에서 존 펜카벨^{John Pencavel}이 수행한 연구 결과에 주목해보자. 그는 연구를 통해 주 48시간(하루 8시간씩 주 6일) 일하는 노동자의 생산량이 주 70시간(하루 10시간씩 주 7일) 일하는 노동자의 생산량보다 더 많다는 사실을 확인했다. 22시간의 추가 노동이 생산성을 높이는 데 전혀 기여하지 못했고, 오히려 주 6일 근무시보다 10퍼센트나 더 떨어졌다.[11] 일정 노동시간을 초과하자 노동자들은 너무 지쳐서 제대로 일할 수 없었다. 또한 긴 근무시간의 부정적인 영향은 누적되어 향후 2주 동안 지속된다.

1950년대의 한 연구 결과도 펜카벨의 주장을 뒷받침한다. 일리노이공과대학교에서 진행한 연구는 긴 노동시간이 과학자의 생산성에 부정적인 영향을 미친다는 사실을 보여줬다. 노동시간에 따른 생산성 그래프는 엠^M 자 형태를 띠었다. 생산성은 일주일에 10~20시간 지점에서 정점을 찍었다가 35시간 지점에서 약 절반 정도로 떨어졌다. 그리고 50시간 부근까지 다시 증가했다가 60시간에 다가가면서 급격하게 떨어졌다. 일주일에 60시간 일한 이들의 생산량이 가장 낮았다.[12]

다른 사람의 의도, 특히 비언어적인 표현을 제대로 읽지 못하고 의사결정을 제대로 내리지 못하는 것은 긴 노동시간의 또 다른 부작용이다.[13] 육체적·심리적으로 충분히 회복할 만한 시간을 얻지 못해 지친 한편, 수면이나 휴식 혹은 사교 활동 기회를 박탈당했기 때문이다.

실수할 위험성 또한 증가한다. 정희정은 이렇게 지적했다. "특정 근무시간을 넘어서면 생산성뿐 아니라 전반적인 성과에 부정적인 영향이 나타납니다. 과로한 의사들이 실수를 저지르는 사례처럼 대단히 심각한 결과로 이어질 수 있습니다." 오랫동안 일할 때 부상 위험이 더욱 높아진다는 증거도 많다. 이런 사실은 모두에게 중요하지만 위험한 일을 보통 혼자 하는 정원사, 운전사, 요리사, 수목 외과의, 목수 등에게 특히 더 중요하다.[14]

정희정은 유엔의 국제노동기구^{ILO}가 노동시간을 제한해야 하는 근거가 있다고 덧붙였다. "우리는 휴식을 취해야 합니다. 일상적인 휴식, 주말 휴식, 그리고 업무 사이의 휴식이 필요합니다. 과로가 심리적·육체적 행복에 미치는 부정적인 영향과 관련한 많은 연구 자료가 나와 있습니다. 과로로 행복도가 떨어질 때 생산성과 성과에도 부정적인 영향이 미칩니다. 우리는 좀더 똑똑하게 일하는 방법을 찾아야 합니다."

일주일에 몇 시간 일하면 적당할까?

일주일에 몇 시간 일해야 적절한가는 수 세대에 걸친 오랜 질문이다. 하지만 이 질문이 본격적으로 제기된 것은 최근에 와서다. 1700년대 말 이후 산업혁명이 세상을 휩쓸기 시작하면서, 그리고 부분적인 자동화와 획기적인 조명의 발명으로 역사상 처음으로 밤에도 일을 멈출 필요가 없어지면서 수많은 이들이 반복적이고 고된 노동 속으로 서서히, 그러나 분명하게 빨려 들어갔다.

지난 6,000년 동안 인간은 어둠 속에서 그리 밝지 않은 기름 램프나 양초에만 의존해야 했다. 낚시나 숙박업처럼 밤에 하는 일도 있었지만 대부분은 낮에 일했다. 중세 말과 근대 초에는 도시민들조차 대부분 농업에 종사했고, 인구 대부분이 계절에 따라 여름에는 더 오래, 겨울에는 더 짧게 일했다. 1550년 무렵 35만 명이 거주했던 유럽 최대의 중심지인 파리 같은 도시나 항구에서야 인쇄·염색 등의 다양한 직종을 찾아볼 수 있었다.[15]

그러나 1700년대 말 제네바의 발명가 프랑수아피에르아메데 아르강François-Pierre-Amédée Argand이 발명한 오일 램프는 최대 16시간 동안 불을 밝힐 수 있었다. 동시에 스코틀랜드인 윌리엄 머독William Murdoch은 가스를 태워 불을 밝히는 방식의 조명을 개발했고, 1800년 대에 들어선 후 첫 10년 동안에는 영국의 험프리 데이비Humphrey Davy 가 최초로 전기 아크등을 발명했다. 19세기 말에는 백열등과 형광등 이 거리와 가정 그리고 일터를 밝혔다.

이후 노동은 완전히 바뀌었다. 이제 공장과 사무실은 원한다 면 밤새 불을 켤 수 있었다. 산업혁명이 절대적으로 나쁜 것은 아니 었지만 스모그, 빈민가, 어린이노동, 수질오염, 전염병, 자유방임주의 등 여러 가지 측면에서 많은 이들의 삶을 더욱 힘겹게 만들었다.

도시의 공장에서 일하는 일부 노동자에게는 일 이외의 삶이 거의 주어지지 않았다. 노동자들은 종종 하루에 12~14시간씩 일해 야 했고 쉬는 날은 거의 없었다. 1802년 영국은 아동이 노역장이나 타일 공장에서 하루에 12시간 이상 일하지 못하도록 법으로 금지했 으나 거의 지켜지지 않았다. 1833년에는 보다 실질적인 법안이 통 과되었는데, 10~13세 어린이는 일주일에 48시간, 14~18세 청소년 은 일주일에 69시간으로 노동시간을 제한하는 내용이었다. 당시 노 동자는 일요일에도 쉬지 못했다. 가톨릭이 국교로서의 지위를 상실 한 1830년대 프랑스에서 노동자는 일주일에 7일 일해야 했고, 1906 년에 이르러서야 일요일이 휴일로서 법적으로 보장받았다.[16] 오래지 않아 대부분의 일터가 공장과 같은 근무시간을 도입했고, 이는 사무직 노동자들의 업무시간 역시 길어졌음을 의미했다.

1800년대를 거쳐 20세기에 이르기까지 산업화된 국가에서 노동운동은 하루 8시간, 주 40시간 기준을 쟁취하고자 필사적인 싸움을 끈질기게 이어나갔다. 일찍이 노동시간을 제한한 핀란드나 우루과이, 미국의 경우 처음에는 일부 기업으로 시작해 점차 산업 전반으로 확대되었고 결국 1920년대에 정부 차원에서 법제화했다(한발 늦었던 영국의 경우, 1998년이 되어서야 주 48시간 기준을 받아들였으며 이를 둘러싼 논란은 지금도 계속되고 있다. 게다가 몇몇 고위험 직업군을 제외하고서 노동자들은 서명 한 번만으로 쉽게 주 48시간의 울타리에서 이탈할 수 있으며, 심지어 서명을 강요받고 있다).

1930년대 영국의 평균 노동시간은 주 48시간으로 여전히 대단히 길었다. 이러한 현실 속에서 캠프리지대학교 경제학자 존 메이너드 케인스John Maynard Keynes의 혁신적인 아이디어를 내놓았다. 그가 태어났던 1880년대에 영국 노동자들은 일주일에 56시간(대부분의 유럽 국가와 미국보다는 짧은 시간이었다)을 일했다는 사실을 떠올리면 매우 대담한 예측이었다.[17] 케인스는 〈우리 후손의 경제적 가능성Economic Possibilities for Our Grandchildren〉이라는 유명한 글에서 기술 발전(특히 농업·광업·제조업 분야에서)이 이어지면서 미래의 경제는 일주일에 15시간 노동으로 충분히 돌아갈 것이라고 전망했다. 1930년에 앞으로는 '4분의 1의 노력으로' 이때까지 만들어진 모든

것을 생산하리라고 예상한 것이다.[18]

비록 오늘날 주당 평균 노동시간이 영국 약 37.5시간, 미국 34시간, 멕시코 43시간으로 개선되고 있기는 하지만(멕시코·코스타리카·한국은 OECD 회원국 가운데 가장 긴 주당 노동시간을 여전히 유지 중이다), 2030년대가 가까워지고 있음에도 케인스가 예언한 여가의 황금시대를 실현할 가능성은 보이지 않는다.[19]

케인스라 해도 지금의 기술 진보까지는 예측할 수 없었을 것이다. 그럼에도 왜 그의 비전이 실현되지 않았는지에 대해 수많은 경제적·지리정치학적·철학적 주장이 제기되었다. 가장 중요한 이유 중 하나는 일의 윤리에 근간을 둔 우리 사회의 인식 때문이다. 오늘날 많은 인구가 유대-기독교나 이슬람 전통에 뿌리내린 사회에 살고 있다. 이들 종교에서 일이란 신이 부여한 재능을 최고로 발휘하는 신성한 행위다. 즉 노동은 숭고한 것이다.

특히 유럽을 떠나 오늘날 미국 땅에 자리 잡은 청교도주의자와 칼뱅주의자들은 지극히 극단적인 개신교 교리를 따른다. 16세기 신학자 장 칼뱅John Calvin에 따르면, 물질적 번영은 자신이 신에게 선택된 사람이며 죽을 때 천국으로 올라갈 것이라는 사실을 말해주는 일종의 암시다. 이런 일 중심적인 믿음이 경제 발전기에 어떻게 미국 사회에 스며들었는지 이해하기는 어렵지 않다. 또한 노력과 그에 따른 성공을 핵심 개념으로 삼는 개신교의 노동윤리는 칼뱅주의 기독교에만 국한된 이야기는 아니었다. 물론 이를 위해서는《신약성서》

의 상당 부분을 재해석해야 했지만 말이다. 특히 아담과 이브가 받은 형벌이 노동이라는 에덴동산 이야기는 완전히 뜯어고쳐야 했다(그 이야기는 나중에 노동이 신성한 것임을 말해주는 증거로 용도가 변경되었다).

칼뱅의 주장은 400년이 흐른 지금까지 큰 영향을 미치고 있다. 최근 한 연구는 프로테스탄트 국가의 실업자는 그 밖의 다른 국가의 실업자보다 훨씬 더 심한 심리적 고통에 시달린다는 사실을 보여줬다. 연구원들은 프로테스탄트 노동윤리는 여전히 힘을 발휘하고 있으며 일이 없는 이들에게 고통을 안겨주고 있다고 결론지었다.[20] 우리는 노예로 살아가고 있다.

나는 일의 가치와 열심히 일하는 사회 구성원으로서의 내 가치에 관한 암묵적인 생각이 어디서 왔는지 알고 있으며, 이런 생각의 근간이 된 시스템을 신뢰하지 않는다. 그럼에도 여전히 일하지 않으면 무가치하다는 생각에 얽매여 있다. 노동의 신성함에 대한 믿음이 삶 곳곳에 만연하기 때문이다. 현대사회는 부지런히 일하는 노동자를 칭송한다.

동시에 일을 하지 않거나 못 하는 사람들은 용인되지 않는다. 우리 사회가 일하지 않는 혹은 일할 수 없는 사람에게 흔히 사용하는 경멸적인 표현을 떠올려보자. 게으름뱅이, 부랑자, 놀고먹는 사람, 무직자, 실업자…. 이는 일의 세계에서 떠돌아다니는 위험한 표현의 일부에 불과하다.

하지만 우리는 일이 자신보다 중요하다는 믿음에 지나치게 집착하고 있다. 스스로를 특정한 유형의 직업인으로서 바라보는 시각이 거품처럼 팽창해 현대인의 삶의 대부분을 채우고 있다.

케인스는 자유방임주의와 빅토리아 시대의 기독교에 도전했다. 그는 근본적으로 도덕적인(그러나 종교적이지는 않은) 경제학적 관점을 기반으로 삼았다. 케인스는 지난 4세기에 걸쳐 종교가 유럽과 미국 사회에서 어떻게 도덕적 기반을 창조했는지 연구했다. 그는 이렇게 지적했다. "우리는 인간의 가장 혐오스러운 자질을 가장 높은 미덕의 지위에 올려놓았다." 또 이렇게 한탄했다. "우리는 너무도 오랫동안 노력하고 인내하도록 훈련받아왔다."

사실 케인스가 일주일 15시간 노동 개념을 처음으로 주창한 인물은 아니다. 케인스가 〈우리 후손의 경제적 가능성〉을 쓴 지 30년 후, 그리고 그가 세상을 떠난 지 22년 후 인류학자들은 산업혁명보다 훨씬 앞서 기원전 인류가 수렵·채취 활동을 하며 살아가던 시절부터 일주일에 15시간 기준의 노동을 실현했다고 주장하는 논문을 발표하기 시작했다.

1968년 인류학자 리처드 B. 리Richard B. Lee가 발표한 논문은 보츠와나공화국의 !쿵족(!는 앞니 뒷부분에 혀를 튕기면서 발음하는 치경 흡착음을 나타내는 부호다-옮긴이)의 삶을 파헤쳤다. "도브의 부시먼족 성인들은 일주일에 이틀하고도 반나절만큼 일했다. 노동시간이 하루 평균 6시간 정도로, 척박한 환경임에도 식량을 구하는 데 일주일에 12~19시간만 바친 셈이다. 부족 내에서 가장 열심히 일하는 사람이 28일 중 16일 사냥했고, 식량을 구하기 위해 일주일에 최대 32시간 일했다."[21]

　　이처럼 수렵·채집사회에서 사람들은 위기나 기아가 닥쳤을 때만 필사적으로 일했다. 식량을 저장할 기술이 없었기 때문에 먹을 만큼 양식을 구하고 나면 다른 활동으로 눈을 돌렸다. 1970년대 마셜 살린스Marshall Sahlins가 오랫동안 나미비아공화국과 보츠와나공화국의 주호안시 부족을 추적하면서 쓴 논문은 그들이 일보다는 공예와 사교, 음악 같은 활동에 상대적으로 많은 시간을 보낸다는 사실을 보여줬다. 1990년대부터 주호안시 부족을 연구했던 인류학자 제임스 수즈먼James Suzman은 그들 삶의 방식이 적어도 4만 5,000년 혹은 9만 년 동안 지속되었다는 사실을 말해주는 뚜렷한 유전학적·인류학적 증거가 있다고 주장했다. 수즈먼은 이러한 삶의 방식이 주호안시 부족의 문화가 그리스 로마 문명이나 마야 문명보다, 그리고 우리의 산업사회 및 후기 산업사회보다 훨씬 더 오랫동안 존속할 수 있도록 만든다고 지적한다.[22]

일하는 인간의 탄생

그렇다면 수렵·채집사회가 솔로 워커의 삶과 무슨 관련이 있는가? 오늘날 우리는 일을 인간의 당연한 의무라고, 역사적으로 인간의 모든 활동에서 중심을 차지해왔다고 생각한다. 정말로 그럴까? 해부학적 관점에서 오늘날 인류는 30만 년 전에 처음 출현했다. 그리고 1만 년 전까지 농사를 짓지 않았다. 역사적으로 인류는 96퍼센트가 넘는 기간 동안 수렵과 채집으로 살았다는 의미다. 일주일에 15, 16시간만 일하면서 말이다.

누군가는 어깨를 으쓱하면서 이렇게 말할 것이다. "아마 더 적게 일했겠지만 모두 일찍, 고통스럽게 죽었겠지." 이는 잘못된 생각이다. 그들의 삶을 연구한 논문들은 수렵·채집사회가 끔찍하지만은 않았다고 말한다. 수렵·채집사회에서 인간의 평균 수명이 짧아 보이는 이유는 유아 사망까지 포함되었기 때문이다. 유아 사망을 제외하고 수렵·채집인의 사망 나이 최빈값(주어진 자료 내에서 가장 많은 빈도를 나타내는 값)을 살펴보면 그들의 기대수명은 70세에 가깝다. 즉 수렵·채집인은 유아기를 무사히 넘긴다면 70세 내외까지 살아남았다는 이야기다. 오늘날 선진국의 평균 기대 수명은 80세다.

우리는 일에 몰두하지 않고, 부지런하지 않고, 스트레스받지 않는 삶을 원시적이고 지적으로 열등하다고 생각하는 경향이 있다. 수렵·채집인이 끔찍하고도 짧은 삶을 연명하다가 괴롭게 죽었을 것이라는 가정은 일에 집착하는 오늘날의 문화를 보다 진화한 삶이라고 받아들일 수 있게 해준다.

물론 그때의 삶으로 돌아가야 한다는 말은 아니다. 그것은 이성적이지도 현실적이지도 않다. 연약한 초현대 인류는 백신과 항생제와 와이파이 없이 살아갈 수 없을 것이다. 그럼에도 과거 삶의 방식은 일과 인간의 관계에 대해 생각할 거리를 준다.

약 1만 년 전 인류가 유목생활에서 벗어나 특정 지역에 정착해 공동체의 삶을 시작했을 때 인간의 삶과 노동은 점차 바뀌기 시작했다. 당시 농사는 불안정한 삶의 방식이었다. 기후가 좋을 때는 풍요를 누리고 인구가 증가했지만, 기근이 발생하면 많은 이들이 목숨을 잃기도 했다.

그러나 농업이 시작되면서 역사상 처음으로 잉여생산이 가능해졌다. 잉여생산물이 있으면 기후가 나빠도, 농사가 실패로 돌아가도, 땅을 빼앗겨도 삶을 이어나갈 수 있다. 이제 노동의 목적은 충분한 먹을거리를 구하는 것이 아니라 최대한 많은 먹을거리를 생산하는 것이 되었다.

지금의 시각으로 볼 때 수렵하고 채집하는 삶은 여러 가지 측면에서 힘들었을 것이다. 다른 한편으로 여가와 휴식, 즐거움으로 넘쳐나는 길고도 좋은 삶이었을 것이다. 일은 삶에 가치를 부여하는 수단일 뿐 인류 역사상 대부분의 기간 동안 우리가 존재하는 유일한 이유는 아니었다.

앞서 살펴보았듯이 일은 새로운 현상이고, 꼭 인간적인 활동이라고 할 수만은 없다. 일이 비록 가치와 의미가 있고 보수가 좋다고 해도 반드시 삶의 핵심 축으로 삼아야 할 필요는 없다.

일이 삶에서 가장 중요하다는 믿음은 일과 시간 그리고 성취에 관한 우리의 인식에 너무나 깊숙이 스며들어서 누구도 이러한 믿음에서 자유롭지 못하다. 신문사에 다닐 때 나는 일하는 시간을 기준으로 사람을 판단하곤 했다. 회사의 공식 근무시간은 오전 10시부터 오후 6시까지였지만, 나는 남들보다 더 일찍 출근해 더 늦게 퇴근했다. 점심도 제대로 챙겨 먹지 못했다. 책상에 앉아서 먹거나 매점으로 달려가 15~20분 만에 해치웠다. 당시에는 책상에 오랫동안 붙어 있는 것이 업무에 대한 열의를 보여준다고 생각했다. 나는 부지런했고 모두가 그런 내 모습을 지켜봤다.

직장 생활에서 벗어나고 나서야 사무실이 엄청난 시간 낭비로 가득하다는 사실을, 대부분의 사무직 노동자가 그렇듯 나 또한 실제로 앉아 있는 시간의 절반도 업무에 집중하지 못했다는 사실을 깨달았다(하루에 8시간 일하는 노동자가 하루에 2시간 53분 일하는 노동자에 비해 덜 생산적이라는 사실을 보여주는 연구 결과가 존재한다).[23]

나는 성과보다 일하는 시간을 더 중요하게 생각하는 거대한 비즈니스 문화의 일부일 뿐이었다. 정희정은 이를 수행적 업무 performative work라고 부른다. "직원들에게 오후 5시까지만 일하라고 지시하는 인사 관리자는 없습니다. 대부분의 관리자는 이렇게 말하죠. '이번에는 존을 승진시킬 겁니다. 그는 주말에도 특근하고 밤새워 일했으니까요.' 이런 결정은 존이 종일 일하느라 그 과정에서 많은 실수를 저질렀고, 또한 생산성에 전혀 기여하지 못하는 야근 문화를 조장해서 조직에 피해를 입혔다는 사실에 대한 이해 없이 이뤄진 것입니다." 이처럼 노동시간이 점점 증가하는 이유는 오래 일하는 것을 그 자체로 높이 평가하는 문화 때문이기도 하다. 오래 일하는 것이 단지 그 사람이 무능해서만은 아니다.

하루 8시간 근무는 완벽한 시스템이 아니다. 이는 산업혁명의 부산물로서, 10~14시간 근무가 일반적이었던 시절에 노동조합이 만들어낸 개념일 뿐이다. 8시간은 당시에 노동조합이 고용자에게 요구할 수 있는 최선이었다. 파킨슨의 법칙은 일의 양이 언제나 주어진 시간만큼(혹은 그보다 더) 늘어난다고 말한다. 일이 언제 시작하고 끝났는지 정의하는 유일한 인물은 자신뿐이다.

특히 솔로 워커는 신성한 8시간마저 무시하기 일쑤다. 분야와 연구 데이터에 따라 다르지만 1,000명의 프리랜서를 대상으로 실시한 설문조사 결과에 따르면 프리랜서는 직장인보다 적게는 일주일에 2시간부터 많게는 14시간까지 더 일하고 휴일은 더 적다. 오랫동안 일해야 한다는 강박관념 때문에 일주일에 65시간까지 일하기도 한다.[24] 그들의 일과는 아침 8시 이메일 확인으로 시작해 저녁 9시가 되어야 끝난다.

정희정은 말한다. "흔히 집에서 일하면 언제든지 쉬거나 게으름을 피우면서 하고 싶은 대로 할 수 있을 거라 생각합니다. 하지만 저와 동료 연구원들이 대단히 정교한 데이터 분석 기법을 활용해 확인한 바에 따르면, 실제로 집에서 일하는 사람들이 더 오래 일하는 경향이 있습니다. 제대로 보수를 받지 못하면서 말이죠. 높은 불확실성과 치열한 경쟁에 직면한 그들에게 긴 노동시간은 더 높은 수입과 더 큰 생존 가능성을 의미합니다."

불확실성과 경쟁 속에서 솔로 워커들은 일을 마치 전쟁처럼 여긴다. 가령 이런 식이다. '지배해야 한다', '싸움이 치열하다', '가차 없다', '부수적 피해가 발생한다', '고통이 없으면 얻는 것도 없다.' 그러나 일터에서 영웅이 될 필요는 없다. 우리는 군인이 아니다. 사람의 생명을 살리는 의사도 아니다. 비록 생명을 살리는 일을 한다고 해도 자신이 영웅이 되어야 한다는 생각은 해롭다. 이런 생각은 과로와 번아웃으로 쉽게 이어진다. 뭔가를 증명해 보이기 위해 사무실에, 차 안에, 부엌에, 스튜디오에, 연구실에 일주일에 50~60시간 머무르는 것은 현명한 행동이 아니다(자신 외에 아무도 지켜보는 사람이 없을 때, 솔로 워커는 무엇을 증명해야 하는가?).

당신은 이렇게 항변할 수도 있다. "나는 내 일을 사랑한다. 목표를 달성하기 전까지 멈추지 않을 것이다." 물론 목표는 중요하다. 하지만 얼마나 오래 그렇게 일할 수 있는지, 정말로 스스로를 위하는 길인지 생각해보기를 권한다. 아무것도 놓치지 않고 있다고 확신하는가? 하버드비즈니스스쿨의 클레이턴 M. 크리스텐센Clayton M. Christensen 교수의 말을 빌자면, 생이 끝나는 날 돌아보았을 때 여유 없이 일만 했다는 사실에 후회하지 않을 자신이 있는가?

과로는 살인자다. 거기에는 어떠한 고귀함이나 신성함도 없다.

회복탄력성을 기르는 법

이 책을 쓰기 시작했을 무렵 내 삶은 평탄했다. 나는 마찬가지로 솔로 워커인 배우자와 함께 일주일에 나흘 동안 일했다. 첫째 아이는 초등학교에 들어갔고 막내는 일주일에 사흘 보육원에 맡겼다. 부모님은 도움이 필요할 때마다 도와주셨다. 쇼핑을 하고, 외식을 하고, 친구를 만나고, 공원에 놀러가고, 수영장과 체육관에 다녔다.

그러다 코로나 사태가 터졌다. 많은 이들처럼 우리 가족도 어려움을 겪었다. 스티브는 대부분의 일거리가 끊겼다. 결국 스튜디오 문을 닫았다. 아이들을 맡길 데도 없고 도움을 부탁할 곳도 마땅치 않았다. 심지어 첫째는 건강이 좋지 않았다. 여태껏 나는 그렇게 많은 걱정을 하면서 살아본 적이 없었다. 나뿐 아니라 아이들, 배우자, 부모, 시부모, 그리고 주변 모두의 건강을 걱정해야 했다. 내 일과 스티브의 일도 염려되었다. 수입이 없어지면 어떻게 먹고살아야 할지 막막했고, 여동생이 작은 아파트 밖을 나가지도 못하고 갓난아기와 어떻게 살지 마음이 쓰였다. 세계 경제와 사업이 위기에 처한 친구들, 바이러스 최전선에서 싸우느라 벌써 지쳐버린 이들을 걱정했다.

오늘날 우리는 모두 심각한 압박을 받고 있다. 일상은 망가졌고 정상성에 대한 인식도 달라졌다. 우리가 보상이나 세월의 이정표로서 계획해두었던 휴가와 결혼, 생일 같은 이벤트는 취소되거나 불확실해졌다. 아이를 집에서 교육하느라 애쓰면서 아직은 버틸 만하다고 하는 이들도 있는 반면 공포와 외로움 속에 사회적 격리를 겪고 있는 사람들도 존재한다. 일자리를 잃고 사회 구성원으로서의 정체성마저 잃어버린 사람도 있다. 우리는 두려움과 소문, 가짜 뉴스에 파묻혀 다른 이들과 단절되어 살아가는 중이다.

코로나 사태가 끝나면 아마도 이보다 사소한 어려움과 고통을 쉽게 이겨내고 힘든 일을 더 수월하게 해낼 수 있을 것이다. 이미 한 번 이겨냈으므로 지금껏 알지 못했던 회복탄력성과 힘든 시기를 버텨내는 능력을 발견할지도 모른다. 예상치 못하게 새로운 일에 도전하는 용기가 생기기도 할 것이다. 개인으로서, 가족으로서, 공동체로서, 사회 전체로서 힘들고 고통스러운 시기를 버텨낸다면 우리는 분명 더 나은 사람으로 성장할 것이다.

회복탄력성은 곧 생존력이다

과연 지금 상황을 어떻게 극복할 수 있을까? 다이앤 L. 쿠투Diane L. Coutu는 《하버드 비즈니스 리뷰Harvard Business Review》 기사, 〈회복탄력성이 작용하는 방식How Resilience Works〉에서 회복탄력성이 높은 사람은 현실을 충실하게 받아들인다고 말했다. 이들은 삶이 의미 있다고 믿으며, 필요할 때 즉흥적으로 문제를 해결할 줄 안다. 쿠투는 회복탄력성이란 낙관적인 전망을 만들어내는 능력이 아니라 현실을 있는 그대로 바라보는 능력이라고 말한다. 회복탄력성이 높은 사람은 어려운 상황에 처했을 때 그 능력을 발휘한다.

회복탄력성이 강한 이들은 결단력이 높고 스스로 투사의 정신을 갖고 있다고 생각한다. 회복탄력성은 단순히 이를 악물고 거센 비바람에 단호하게 맞서는 것이 아니다. 감정을 표출하고 귀를 기울여야 한다. 대처하기 어려운 상황에 처하면 재빨리 현실을 받아들이고 주변에 도움을 요청해야 한다. 혼자 끙끙대는 것은 아무 도움이 안 된다.

행복과 성공, 잠재력 분야에서 세계적으로 손꼽히는 리더이자 《빅 포텐셜Big Potential》의 저자 숀 아처Shawn Achor 역시 《하버드 비즈니스 리뷰》에서 비슷한 주장을 했다. 기사의 제목은 이렇다. 〈회복탄력성은 어떻게 견디느냐가 아니라 어떻게 재충전하느냐에 관한 것이다Resilience Is About How You Recharge, Not How You Endure〉.[1] 특히 힘든 상황에서는 자신을 끊임없이 밀어붙이기 쉽고, 그러면 일하고, 잠자고,

가만있는 것조차 힘들어진다. 에너지가 모두 소진되면 일과 삶의 다음 단계를 준비할 수 없다. 결국 우리 뇌는 투쟁 도피 모드로 진입하고 불안과 짜증 때문에 합리적 판단을 내리지 못하게 된다.

보통 상황에서는 사고·판단·통제의 역할을 하는 뇌의 전두엽이 문제없이 기능을 수행하지만, 투쟁 도피 모드에서는 뇌의 심층적인 부분인 변연계가 의사결정에 더 많은 영향을 미친다. 이 부분은 흥분·공포·불안 등의 감정을 관장해서 투쟁 도피 반응이 일어나면 몸은 긴장하고, 그러면 뇌는 다시 비상사태에 대비한다. 이 순환 고리가 점차 강화되면서 유연성과 창조성이 사라지고 충동만이 몸과 마음을 지배한다.

수많은 연구 자료가 우리에게 얼마나 회복이 절박한지, 노동자의 평균 휴식시간이 얼마나 부족한지, 그런 탓에 얼마나 큰 대가를 치르고 있는지 보여준다. 최근 미국에서 실시한 몇몇 연구 결과에서 미국 경제가 휴식시간 부족에 따른 생산성 저하로 연간 620억 달러의 비용, 즉 1년에 한 사람당 11일을 낭비한다는 사실이 밝혀졌다. 야근과 밤샘 작업은 회복탄력성을 망가뜨린다. 늦게까지 일하느라, 과제하느라 밤을 새는 바람에 다음 날 업무에 지장이 생긴 경험이 누구에게나 있을 것이다. 성과를 달성하기 위해서는 노력한 시간만큼 회복시간도 필요하다.

오늘날 회복과 재충전은 그 중요성이 더욱 높아진 반면 얻기는 더욱 힘들어졌다. 다행스러운 소식은 뇌가 회복하는 데에 무엇이 필요한지 잘 알려져 있다는 사실이다.

아처는 회복을 내적 회복과 외적 회복으로 구분한다. 외적 회복은 업무시간 밖에서 이루어지며 수면이 여기에 포함된다. 일에 관여하는 뇌의 플러그를 뽑아놨다고 생각해보자. 당신은 아마도 회복에 무엇이 필요한지 알고 있을 것이다. 헤퍼넌은 합창단 활동을 하면서 재충전한다. 달리기, 명상, 친구나 가족과의 교류, 자연에서 시간 보내기, 독서, 게임, 팟캐스트 듣기, 요리, 그림 그리기, 바느질, 공예처럼 조금은 도전적이고 감각적이며 정신적인 자극을 주는 다양한 활동으로 외적 회복을 얻을 수 있다.

특히 외출은 일에서 뇌를 분리해 회복시키는 데에 대단히 효과적이다. 짧은 시간이라도 밖으로 나갈 기회를 마련해보자. 공동체와 네트워크 역시 회복탄력성에 대단히 중요하다. 사적인 관계든 비즈니스 관계든 힘이 되는 친구나 동료와 함께할 때 우리는 위기를 더 쉽게 헤쳐나갈 수 있다. 주변에서 친구와 동료를 찾고 지금 겪고 있는 일을 함께 나누자.

텔레비전이나 영화 감상은 몸을 움직일 필요도 없는 매우 수동적인 활동이기 때문에 심리적 건강에 그다지 도움이 되지 않는다. 때로는 현실에서 도피해야 하니 텔레비전을 버려야 한다고 말할 수는 없지만, 매일 저녁 9시에 파스타를 먹으며 넷플릭스를 보는 일은 당신의 정신적 탱크를 지속적으로 채워주지 못할 것이다. 미안하지만 술 역시 마찬가지다. 때로 즐거움을 주지만, 위험하고 에너지를 고갈시키기 때문에 재충전과는 말 그대로 반대편에 위치한다.

　　내적 회복이란 일 중간중간에 갖는 짧은 휴식시간을 뜻한다. 몇몇 학자는 이를 간헐적 회복intermittent recovery이라고 부른다. 내적 회복은 투쟁 도피의 악순환을 중단시키고 전두엽이 통제력을 되찾도록 돕는다. 외적 회복과 마찬가지로 짧은 산책이나 운동, 음악 감상, 친구와의 통화 등 일과 분리되는 시간으로 이루어진다. 가령 나는 일하는 사이사이에 집 안을 돌아다니며 빨래를 하거나 종종 어머니와 통화하면서 수다를 떤다. 예전에는 그저 꾸물대는 버릇인 줄 알았지만 내적 회복을 위한 뇌의 명령에 따른 행동임을 이제는 안다.

　　나는 스트레스를 받으면 창가에 다가가 허브를 바라본다. 화분에 물을 주고, 망가진 물건을 고치고, 선반을 정리하고, 스마트폰 없이 혼자 산책하고, 고개를 들어 맑은 하늘을 한 번씩 바라본다. 또 이따금 음료수를 마시고, 요리책을 보면서 저녁에 뭘 먹을지 고민하고, 몇 시간에 한 번씩 스트레칭을 하거나, 이웃한 작업실이나 스튜디오에서 일하는 사람들과 함께 수다를 떤다. 이렇게 틈틈이 쉬다 보면 어느새 내 안의 회복탄력성이 고개를 들고 스트레스가 낮아지는 것이 느껴진다. 간단한 방법들로 더 적은 시간에 더 많은 일을 할 수 있다는 사실이 결코 놀랍지 않다.

　　수면 주기를 통제하는 바이오리듬은 호르몬의 분비와 일조량에 따라 달라지지만 90~120분 단위로 이루어지는 에너지 주기에도 큰 영향을 받는다. 그러나 많은 이들이 90분을 일하고 나서도 쉬지 않는다. 계획한 일정과 맞지 않아서, 점심시간이 아니라서, 너무 바빠서 등의 이유로 말이다. 우리는 항상 충분히 일하지 않았다고 생각하거나 마감이 코앞이라 스스로를 밀어붙여야 하는 상황에 처해 있다. 그래서 휴식이 필요할 때 몸이 보내는 신호인 하품·초조함·피로감·배고픔·불안을 외면한다. 그러나 감정을 다스리고 에너지를 충전하기 위해서는 회복이 반드시 필요하다. 간헐적으로나마 쉬지 않으면 우리는 불쾌감 혹은 짜증을 느끼거나 생리적 각성 상태로 진입하게 된다.

회복은 과정이지 정지된 상태가 아니다. 우리는 스스로 회복탄력성을 높일 수도 있고, 내일보다 오늘 회복탄력성이 더 좋을 수도 있다. 회복탄력성 전문가인 심리학자 메건 제이Megan Jay는 이렇게 말한다. "스트레스에 대처하는 능력은 운동과 비슷합니다. 훈련할수록 강해지죠." 회복탄력성은 누구나 가지고 있다. 그리고 혼자 일하는 사람들은 대개 용감하고 회복탄력성이 높다. 흥미롭게도 최고의 방송 진행자 오프라 윈프리Oprah Winfrey, 21세기 농구 황제로 평가받는 르브론 제임스LeBron James, 전 스타벅스 회장 하워드 슐츠Howard Schultz처럼 사회적으로 인정받은 유명한 성취자들은 대단히 힘든 어린 시절을 지나온 인물들이다.[2] 솔로 워커로서 살아가기 위해 과거에 어려움을 이겨냈다는 사실을 기억하자. 다시 한 번 극복할 수 있다는 믿음을 갖는 데 도움이 될 것이다.

성장형 사고방식 기르기

미국의 기자이자 작가인 드루 매거리Drew Magary가 쓴 〈일주일에 1만 단어 쓰는 방법How to Write 10,000 Words a Week〉이라는 기사를 읽고 나는 미끼를 덥석 물고 말았다. 글을 잘 쓰는 실용적인 팁이나 비법은 없었다. 매거리는 단지 글 쓰는 일을 좋아하고, 글을 쓰는 삶을 대단한 특권이자 신나는 경험으로 바라본다고 했다. 그는 밥을 먹을 때도 샤워를 할 때도 글쓰기에 대해 생각했다. 그리고 항상 공책을 들고 다니며 샘솟는 아이디어를 기록했다. 그의 이런 태도는 글쓰기는 힘든 일이라는 생각, 필립 로스Philip Roth나 조너선 프랜즌Jonathan Franzen과 같은 유명 작가들조차 고통 속에서 글을 쓴다는 널리 알려진 생각과 완전히 달랐다. 매거리는 이렇게 말했다.

"저는 글쓰기를 사랑합니다. 글쓰기는 제가 원하는 전부예요. 글쓰기를 겁내거나 억지로 하지 않고, 그 외의 다른 길은 없다고 생각하지만 않는다면 작가로서 얼마든지 성공할 수 있습니다. 글쓰기를 점점 더 높아져가는 벽이나 많은 것을 요구하는 무능한 상사라고 생각하면 결국 싫어하게 될 수밖에 없습니다. 당신이 글쓰기를 심각하게 받아들인다면 제가 어떤 조언을 하더라도 미루기 위한 구실을 어떻게든 찾아낼 겁니다."[3]

끔찍이 싫어하는 과제를 사랑할 수는 없다. 그러나 태도를 바꾸고 다른 시각에서 바라볼 수 있다면, 그 대상을 느끼는 방식도 바꿀 수 있다. 어떤 대상을 위협이 아니라 도전 과제로 인식하는 것만으로도 전혀 다른 신경 반응이 일어나, 스트레스 호르몬인 코르티솔이 아닌 에너지를 주는 아드레날린이 분비된다.[4]

무슨 일을 해야 할 때 두려운 느낌이 먼저 든다면, 한번 생각해보자. 정말로 넘기 힘든 벽인가? 무엇 때문에 그렇게 느끼는가? 실제보다 더 힘들다고 느끼도록 문화적·사회적으로 학습된 것은 아닌가? 견뎌야 할 공포가 아니라 즐길 수 있는 도전 과제로 생각해볼 수는 없을까? 도움을 요청할 사람을 찾아보았는가?

《마인드셋*Mindset*》의 저자이자 수십 년에 걸쳐 사회심리학과 발달심리학 분야에서 혁신적인 연구 결과를 낸 캐럴 드웩Carol Dweck은 성장형 사고방식growth mindset과 고정형 사고방식fixed mindset에 관한 독창적인 이론을 개발했다. 영국의 교육계는 이 이론을 전면적으로 받아들여 학생들에게 성장형 사고방식 표현을 사용하도록 독려한다. 성장형 사고방식은 지능과 재능이 바뀔 수 있다고 여긴다. 반면 고정형 사고방식은 지능과 재능이 선천적이라고 믿는다. 능력은 타고나며 인간의 성장에는 한계가 분명하다고 생각한다. 드웩은 자신이 어느 쪽인지 궁금하다면 다음 문항을 생각해보라고 말한다.

- 지능은 타고나는 것이라 크게 바뀌지 않는다.
- 새로운 지식을 습득할 수는 있지만 지능을 높일 수는 없다.
- 당신은 타고난 본성을 지닌 특정한 유형의 인간이며 실질적인 변화를 위해 할 수 있는 일은 그리 많지 않다.

- 지능은 살면서 높아지거나 낮아질 수 있다.
- 누구나 노력하면 지능을 어느 정도 향상시킬 수 있다.
- 당신이 현재 어떤 유형의 사람인지와 상관없이 다른 모습으로 바뀔 수 있다.

첫 세 문항은 고정형 사고방식, 아래 세 문항은 성장형 사고방식에 해당한다. 드웩은 여기서 '지능'을 예술적 재능이나 비즈니스 능력 등으로 대체할 수 있다고 말한다.

《마인드셋》에서 드웩은 지능과 능력은 물론 개인적으로도 우리가 얼마나 변하기 쉬운 존재인지 설명하면서 성장형 사고방식을 받아들이고 개발하는 것이 대단히 중요하다고 강조한다. 성장형 사고방식은 단지 목표에 도달하는 것이 아니라 노력하는 과정의 가치를 제대로 평가하도록 한다. 반면 고정형 사고방식은 노력을 과소평가한다.

상황이 개선될 수 있다고 믿지 않으면 회복탄력성을 발휘하지 못한다. 대학 시절에 나는 고정형 사고방식으로 사고했기 때문에 많은 어려움을 겪었다. 2학년 때는 특히 힘들었다.

그전까지는 대부분의 과목에서 최고 성적을 받을 만큼 열심히 공부했고 스스로 똑똑하다고 믿었다. 오랫동안 많은 선생들이 이런 믿음을 뒷받침해주었다. 모두가 나를 똑똑하고 성공적인 학생으로 알고 있다는 사실이 내 정체성의 한가운데를 차지했다. 그러나 열여

덟 살에 런던정치경제대학교에 입학하면서 갑작스럽게 멍청한 학생이 되고 말았다. 그곳에서 나는 나보다 훨씬 더 똑똑하고, 성공적이고, 회복탄력성 높은, 전 세계 최고의 물고기로 가득한 거대한 연못 속에 있는 미숙한 작은 물고기에 불과했다.

사실 그전까지는 어려운 과제에 도전해보라는 격려를 받은 적이 없었다. 잘하는 분야에만 집중했고 실패를 겪지 않기 위해 음악이나 팀 스포츠, 구기종목은 외면했다. 대학교에서 처음으로 실패를 경험한 나는 완전히 길을 잃고 말았다. 똑똑함(그리고 멍청함)이 고정된 자질인 줄 알았기 때문에, 당시에는 '모두가 지금껏 나에 대해 잘못 알고 있었다'는 생각뿐이었다. 똑똑함은 이제 내게 해당되지 않는 자질이었다.

그러한 깨달음은 내 마음을 온통 황폐하게 만들었다. 나는 공황장애와 불면증, 과민성 대장증후군을 달고 살았고, 심지어 몇 주일 동안 지속된 과호흡 때문에 손가락 마비 증상까지 겪었다. 다행스럽게도 교내 보건교사가 상담 치료를 권유했고, 지금껏 받은 다섯 번의 상담 치료 중 첫 번째를 그때 받았다(강력히 추천한다).

이후 다른 믿음 체계를 개발하기 위해 노력했다. 나는 이제 비판이나 피드백을 개인적인 공격이 아니라 건설적인 조언으로 받아들인다. 나의 가치는 더는 성취나 지능이라는 기준에 달려 있지 않다. 실패는 뭔가를 처리하는 방법을 아직 배우지 못했음을 말해주는 것에 불과하다. 이제는 결과보다 과정에 더 집중한다. 과정에서 행복을 느낀다면, 목적지에 무엇이 기다리든 상관없이 근본적으로 더 나은 경험을 할 수 있다. 졸업하면, 파트너를 만나면, 결혼하면, 아이가 생기면, 큰 집을 사면, 돈을 많이 벌면, 상을 받으면 행복해지리라는 착각은 우리를 고통스럽게 한다. 그럴 때는 어디를 향하든 불행해질 것이며 그 불행은 오랫동안 이어질 수 있다. 목표만 이루면 행복이 마법처럼 따라오리라는 믿음이 배신당했을 때 고통은 커진다. 과정을 중요하게 여기는 태도야말로 행복해지는 비결이다.

솔로 워커에게는 성장형 사고방식이 특히 중요하다. 성장형 사고방식을 갖춘 이들은 회복탄력성이 높고 새롭거나 두려운 일에 더 과감하게 도전하기 때문이다. 혼자 일하는 사람에게 도전은 삶의 일부다. 성장형 사고방식은 시도하고, 실패하고, 잊어버리고, 다시 계속해서 도전하도록 만들어준다. 또한 창조적으로 문제에 접근하도록 자극한다. 성장형 사고방식으로 무장한 솔로 워커는 문제가 복잡하다고 해서 쉽게 포기하지 않으며 해결 방법을 알아낼 때까지 다양한 각도에서 접근한다.

반면 고정형 사고방식으로 사고하는 솔로 워커는 기존 고객을 잃고 새로운 고객을 찾아야 하는 상황을 실패로 받아들인다. 자신이 잘못된 곳에 있으며 절대 성공하지 못할 것이라는 메시지로 받아들이고 이러한 인식 때문에 더 무력해진다.

바이올리니스트 샬럿 스콧Charlotte Scott은 세계를 돌며 연주하는 솔리스트다. 영국 왕립음악원을 최고 성적으로 졸업했고 2015년에는 옥스퍼드 필하모닉에서 부수석 바이올린 연주자가 되었으며 영국과 유럽에서 오케스트라 활동도 하고 있다.

이토록 뛰어난 바이올니스트임에도 6개월 전 그는 또 다른 수석 연주자 오디션에서 떨어지고 말았다.

"연주를 잘했다고 생각했지만 실패했습니다. 제가 그 자리를 차지할 만큼 충분히 뛰어난 연주자가 아니라는 생각이 가장 먼저 들었습니다. 사실이 아니라는 것을 알지만 다른 사람들은 그렇게 생각하겠죠. 피드백을 요구하고 싶었습니다. 하지만 피드백은 다분히 주관적인 면도 있기에 고민했죠. 정말로 알고 싶은가? 결국 저는 이렇게 결정 내렸습니다. '나는 이 오케스트라를 존경하고 훌륭하다고 생각한다. 그러니 피드백을 요청해보자.' 그렇게 받은 답신은 삶에서 받았던 최고의 피드백이었습니다."

젊은 시절의 나에게 살짝 미안해졌다. 나는 오랫동안 피드백을 외면하며 살았다. 실패를 깊이 묻어뒀고 생각하지 않으면 마음 아플 일은 없을 것이라 굳게 믿었다. 이렇게 물어보지 않았다. '어떻게 하면 더 잘할 수 있을까요?' 대신에 귀를 틀어막고 이렇게 말했다. '그런 일은 일어나지 않았어. 라라라.'

스콧은 말했다. "묻어둔 것은 언젠가 다시 떠오르게 마련입니다. 저를 움직이게 만든 것은 똑같은 실수를 반복해서는 안 된다는 생각이었습니다. 물론 피드백은 누군가의 주관적인 생각에 불과합니다. 이렇게 말할 수도 있죠. '그건 그들 생각이야. 모두를 만족시킬

순 없어.' 하지만 우리는 때로 스스로에게 이렇게 말해야 합니다. '내가 일을 망쳤군. 모두 내 책임이야. 이제 어떻게 해야 할까?'"

아무리 끔찍한 경험에서도 무언가를 배울 수 있다. 긍정적인 근육을 키우고, 끔찍한 경험으로부터 좋은 것을 발견하는 훈련을 해야 한다. 물론 모든 부정적인 경험이 개인의 성장을 위한 기회가 되는 것은 아니다. 하지만 그 가능성을 믿어야만 성장할 수 있다.

심리적 부담을 분산시키기

직업을 묻는 질문에 솔로 워커는 이렇게 답하지 않는다. "저는 유통 회사에서 일합니다", "저는 은행에서 근무하고 있습니다." 대신 이렇게 대답한다. "저는 작가입니다", "저는 디자이너입니다", "저는 가상비서(온라인상으로 사용자에게 특화된 서비스를 제공하는 직업-옮긴이)입니다." 솔로 워커 대부분이 스스로를 일과 동일시하는데다가 일에 대한 열정이 남다르기 때문이다. 그런데 일과 자신을 동일시하면 혼자 일하는 데 따르는 감정적·재정적 어려움을 버텨내기 대단히 힘들다. 이는 솔로 워커에게 치명적이다.

솔로 워커의 성공 방식을 연구하는 미시건대학교 경영관리학과 교수 수전 애슈퍼드Susan Ashford는 말한다. "저는 가르치지 않을 때도, 몇 주간 연구를 하지 않아도 여전히 미시건대학교 교수입니다. 많은 사실이 이를 입증해줍니다. 미시건대학교 교수로서 회의에 참석하고 이메일을 받죠. 그리고 연구실 앞에 제 이름이 걸려 있습니다. 하지만 혼자 일할 경우 정체성을 뚜렷하게 느끼거나 내세우기가 힘들어집니다. 그리고 의문이 들기 시작합니다. '내가 정말 나답게 살고 있을까? 스스로를 기만하고 있는 게 아닐까? 지금의 내가 본래 모습이 아니라면 나는 누구인가?'" 애슈퍼드는 이러한 느낌을 정체성 불확실성identity precariousness이라고 부른다. 이는 경제적 불확실성과 함께 솔로 워커를 힘들게 만든다.

정체성과 일 사이가 긴밀할수록 힘든 시기를 헤쳐나가기 힘들어진다. 일이 제대로 돌아가지 않을 때 우리는 스스로 잘못하고 있다고 느낀다. 이런 느낌은 특히 조직 안에서 일할 때와는 달리 비난과 피드백이 모두 자신에게 향하는 1인 노동자에게 더욱 강해진다. 킹스비즈니스스쿨 교수 우테 스테판Ute Stephan은 이에 대해 이렇게 말했다. "(솔로 워커는 비즈니스의 결과를) 자기 자신과 자신의 능력, 그리고 삶에서 그간 선택해왔던 것들에 대한 평가처럼 느낍니다."

자신을 일과 동일시하는 태도가 위험한 이유는 세계적인 전염병, 정치적인 변화, 기술 발전, 건강 문제 등 비즈니스에 큰 영향을 줄 수 있는 환경이 언제든지 변화하기 때문이다. 그럴 때마다 스스로를 탓한다면 대단히 고통스러운 결과를 초래할 수밖에 없다. 스테판은 이렇게 지적했다.

"위기가 발생할 때, 정치적으로 불안할 때, 중요한 계약이 수포로 돌아갈 때 등 통제할 수 없는 순간은 언제나 존재합니다. 이런 상황에서는 문제를 새로운 시선으로 바라보고, 일에서 자신을 분리하는 것이 중요합니다. '내 일에 문제가 생겼을 뿐, 나의 가치가 없어진 것은 아니다'라고 말이죠."

급박한 위기 상황까지는 아닐 때, 그래서 충분히 일에서 안정감을 느낄 때 미리 이런 생각을 하는 편이 낫지 않을까? 내 지적에 그는 웃으며 이렇게 대답했다. "그렇게 생각할 수 있죠. 하지만 상황이 좋을 때 솔로 워커는 일에서 이미 많은 에너지를 얻습니다. 좋을 때는 더 좋지만 나쁠 때는 더 나쁘죠." 이제 내가 웃을 차례였다. 좋을 때 더 좋지만 나쁠 때 더 나쁜 것은 솔로 워커 일의 대표적인 특징이 아니던가? 상황이 좋을 때 우리는 일과 자신을 동일시함으로써 큰 즐거움을 얻는다. 즐거움이 괴로움으로 바뀌기 시작하는 경우는 업무가 제대로 돌아가지 않을 때다.

위기의 한가운데에서 자신과 일을 분리하는 것이 불가능하게 느껴진다면, 자신의 정체성이 일과 어떻게 얽혀 있는지 이해하는 것만으로도 상황을 좀더 낫게 만들 수 있다. 그러기 위해서는 일 말고도 스스로에게 다른 정체성을 부여하는 활동에 충분히 많은 시간을 쏟아야 한다.

일과 자신을 동일시하는 것보다 훨씬 더 광범위한 차원에서 정체성을 개발해야 한다는 뜻일까? 애슈퍼드는 이렇게 말했다. "정체성 이론에 따르면, 우리의 정체성은 머릿속에 들어 있는 여러 가지 비눗방울로 생각할 수 있습니다. 대부분의 머릿속에는 비눗방울이 여러 개 존재합니다. 가령 솔로 워커이면서 동시에 누군가의 딸이자 친구입니다. 그리고 각각의 방울은 중요도에 따라 크기가 다릅니다. 솔로 워커 방울이 엄청나게 크고 그 주변에 여러 개의 작은 방울이 있다면, 심리적 부담이 1인 노동자라는 정체성에 집중될 것입니다. 하지만 비슷한 크기의 방울이 여러 개라면 부담을 충분히 분산시킬 수 있습니다.”

안아주는 환경을 구축하기

애슈퍼드 교수는 지안피에로 페트리글리에리^{Gianpiero Petriglieri}와 에이미 브제스니에브스키^{Amy Wrzesniewski}와 함께한 논문에서 경제적으로 성공하고 자신의 일에 만족하는 솔로 워커들이 ‘안아주기 환경^{holding environment}’[5]의 필요성을 잘 이해하고 있다고 지적했다. 안아주기 환경은 자라나는 아이들처럼 다양한 시도를 할 수 있는 안전한 환경에서 처음으로 세상을 경험하는 것과 유사하다. 오늘날 이 개념은 성인 심리학 이론으로 광범위하게 받아들여지고 있으며, 인간이 성장하고 발전하는 공간을 의미하게 되었다. 기업은 내부 노동자에게 이러한 환경을 제공하며, 조직 내에서 일하는 사람들은 정체성을 얻는다.

　　그러나 솔로 워커는 안아주기 환경을 스스로 만들어야 한다. 그럴 수 있다면 불안과 스트레스를 줄이고 불확실성을 이겨내면서 더 창조적으로 사고할 수 있을 것이다. 솔로 워커가 성공하는 방법에 대한 연구에서 애슈퍼드는 활력 있게 일하는 솔로 워커가 네 가지 연결을 효과적으로 활용한다는 사실을 발견했다.

가장 먼저 사람과의 연결이다. "그들은 다양한 관계를 정기적으로 혹은 산발적으로 유지합니다. 그런 관계에서 지속적으로 에너지를 얻죠. '잘하고 있어. 더 많이 도전해봐'라고 말하며 지지해주거나, 필요할 때 조언해주며, 열정과 확신을 가져다주는 사람이 꼭 필요합니다."[6]

두 번째는 장소와의 연결이다. 애슈퍼드는 이렇게 말했다. "노련한 솔로 워커는 일하는 장소를 신중하게 선택하고 필요한 것을 스스로 찾아 나섭니다." 그는 새벽에 침대 위에서 초고를 작성한 후에 책상으로 이동해 컴퓨터로 나머지 작업을 마무리하는 시나리오 작가를 예로 들었다. 마당에 작은 공간을 마련해 그곳에서만 일하기로 한 작가의 이야기도 들려주었다. 이렇게 마음이 평온해지는 작업 공간을 스스로 만들어보자.

세 번째는 목적의식과의 연결이다. 목적의식이 뚜렷한 솔로 워커는 잠깐 슬럼프에 빠져도 곧 원래 궤도로 쉽게 돌아온다. 또한 어떤 일을 받아들이고 거절해야 할지 잘 알고 있고, 고객이나 잠재적 고객에게 자신의 일을 더 정확하게 설명할 수 있다.

네 번째는 루틴과의 연결이다. 이는 이후에 따로 자세히 다루겠다.

애슈퍼드는 이렇게 설명했다. "혼자 일하면 누구나 불안합니다. 다만 불안에 잘 대처하는 방법을 익히면 수용하기가 한결 쉬워집니다. 나아가 불확실성으로부터 배울 수 있습니다. 불확실성에는 분명 생산적인 측면이 있거든요."

두려움과 함께 나아가기

코로나바이러스가 전 세계를 덮치면서 많은 직장인들이 불안해했다. 이때 솔로 워커들은 어깨를 으쓱하며 이렇게 말했다. "코로나바이러스 때문에 불안의 강도가 좀 커질 수는 있겠지만 기본적으로 저는 언제나 불안합니다. 다음번에 언제 돈이 들어올지 알 수 없죠."

이처럼 솔로 워커에게 두려움은 삶의 일부이기에 두려움을 억제하기보다는 이해하고 더불어 살아가는 방법을 배워야 한다. 두려움은 낯선 상황에 대처하는 자연스러운 반응이자 뇌가 위험을 알리는 유용한 방식일 뿐이다.

솔로 워커는 다양한 방법으로 두려움을 극복할 수 있다. 헤퍼넌은 어려운 과제를 모아두었다가 한꺼번에 처리한다. "프리랜서라면 보통 자신의 제품을 판매하기 위해 모르는 사람에게 전화를 걸거나 대금 지불을 요청하는 일들을 부담스러워하죠. 이렇게 시작하기 어려운 일들을 정해진 시간에 일괄적으로 처리하면 스트레스를 훨씬 덜 받습니다. 저는 어렵게 생각되는 일들은 어느 정도 쌓일 때까지 기다렸다가 특정한 시간대에 몰아서 한꺼번에 처리합니다. 작정하고 한 번에 끝내버리죠." 역설적으로 일을 보상으로 삼을 수도 있다. 자신이 정말로 좋아하는 일을 선택해보자. 그다음 하기 싫은 일을 먼저 처리한 뒤에 조금 쉬었다가 휴식이 끝나면 좋아하는 일을 함으로써 스스로에게 보상하자. 이상하게 들리겠지만, 비스킷보다 더 달콤한 만족감을 얻을 수 있다. 참고로 그 반대는 아무런 효과가 없다. 좋아하는 일을 한 뒤에 싫어하는 일을 진행하는 방식은 싫은 일을 더 싫게 만들 뿐이다.[7]

멀케이는 자신의 책 《긱 이코노미》와 MBA 과정의 긱 경제 강의에서 두려움 감소 전략을 소개했다. 그는 이 전략의 개념을 이렇게 설명했다. "아주 구체적인 접근 방식으로 두려움을 해소합니다. 가령 낯선 이에게 전화를 거는 게 두렵다면, 그 과정에서 벌어질 만한 최악의 일을 상상해보는 겁니다. 떠올린 최악의 시나리오를 종이에 적어서 구체화해보라고 합니다. 그러고 나서 이렇게 묻습니다. 이 일이 발생하면 어떻게 될까요? 그런 일이 일어날 가능성은 얼마나 될까요? 위험을 줄일 방법은 뭘까요?"

이를 통해 현재 처한 상황에서 한 걸음 물러설 수 있다. "종이에 써보면 실제로 그렇게 나쁜 일은 아니라는 사실을 알 수 있습니다. 두려움은 머릿속에 있을 때 훨씬 더 커 보입니다. 막연하게 두렵다는 생각으로 가득할 때 우리는 무력해집니다. 이럴 때 이 메모법이 많은 도움이 됩니다. 가령 '돈도 못 벌고 집도 빼앗길까봐 걱정이다'라고 쓰인 문구를 눈으로 직접 볼 때, 그것이 원초적인 무의식에서 비롯된 두려움이라는 사실을 깨닫게 됩니다."

멀케이는 이런 훈련은 혼자서도 할 수 있지만 다른 사람과 함께하면 더욱 효과적이라고 한다. "아마도 이런 말을 듣게 될 겁니다. '농담하시는 거죠? 그런 일은 절대 일어나지 않아요.' 타인의 관점을 빌리면 자신의 두려움을 보다 객관적으로 바라볼 수 있습니다."

다음 단계는 그 일이 실제로 일어나려면 어떤 조건이 필요한지 떠올려보는 것이다. 돈을 벌지 못해서 집을 빼앗길지 모른다는 생각이 현실이 되려면 어떤 일련의 사건이 벌어져야 하는가? 필요한 조건들을 면밀히 검토하며 구체적으로 이야기하다 보면 그 생각이 얼마나 허무맹랑한지 자연스레 깨닫게 될 것이다. 혹시 정말 두려워할 만한 일이라면 해결 방법을 찾을 시간을 벌게 될 것이다. 예컨대 실제 집을 잃을 정도로 재정이 위태롭다면 프리랜서 생활을 이어갈 것이 아니라 충분한 자금 확보를 우선순위에 두어야 할 것이다. 직장을 다니면서 사이드잡을 구한다든지, 부수입을 창출할 다른 방안을 모색해야 한다.

멀케이는 비현실적인 공포가 아닌 실제적인 위험에 대비해 두려움을 관리해야 한다고 주장한다. 가령 몸담고 있던 분야에서 비즈니스를 시작하거나, 기존 일자리의 비중을 조금씩 줄여나가다가 그만두는 방식으로 위험을 낮추는 것은 어떨까? 몸이 안 좋아질 것을 대비해 보험에 가입하는 것은 좋은 대비책이 될 수 있다. 단기 프로젝트 대신 장기 프로젝트에 집중함으로써 위험을 낮추는 방법도 가능하다.

멀케이는 회피도 때로는 좋은 해결책이라고 말한다. "삶의 모든 측면에서 영웅이 될 필요는 없습니다. 입금을 독촉하기가 두렵거나 힘들게 느껴진다면 다른 사람에게 맡기면 됩니다! 굳이 골치 아픈 문제까지 직접 관리할 필요는 없어요."

때로는 큰일을 피하는 편이 좋다. 솔로 워커는 모든 제안에 '예'라고 대답해야 할 것 같은 압박감과 조바심에 늘 시달리지만, 종종 거절이 당신을 더 행복하게 만든다. 예를 들어 제품 시연회에서 직접 제품을 소개하는 연설을 한다면 비즈니스에 큰 도움이 될 것이다. 그러나 그 연설문을 준비하느라 3주 동안 불안과 불면으로 고통받아야 한다면 너무 지나친 대가가 아닐까? 위험을 경계하는 것과 위험에 압도당하는 것 중 어느 쪽에 설지는 자신에게 달렸다. 행동하고, 생각하고, 느끼는 것에 대한 자신의 선입견을 의식적으로 버려야 한다는 뜻이다. 어떤 제안을 거절했을 때 후회 대신 안도감이 든다면 그것으로 충분하다. 모두가 자신에게 버거운 일을 강요한다는 느낌이 든다면 하나만 기억하자. 사람들은 자신 없거나 하기 싫은 일을 소셜 미디어에 자랑하지 않는다.

비즈니스를 주제로 하는 이야기의 대부분은 성장과 확장, 매출과 영업이익, 새로운 고객과 계약에 관한 것이다. 물론 자신의 일이 동력을 잃도록 방치해서는 안 된다. 그러나 자영업 관련 보고서 〈행복으로 가는 길The Way to Wellbeing〉은 최근 영국 정부가 성장에 지나치게 치중하고 있다고 비판했다.[8] 이 보고서는 대다수의 자영업자들이 자신의 소규모 비즈니스를 키워야 할 필요성과 욕망을 느끼지 못한다고 지적한다. 물론 열 명의 단골 고객이 있고 팀을 꾸릴 생각이 없다면, 그리고 더 많은 일을 할 시간이 부족하다면 굳이 사업을 확장할 이유는 없다. 모두가 성장과 확장을 외친다고 해서 당신도 그래야 하는 것은 아니다. 솔로 워커는 1인 사업체인 동시에 한 사람의 인간이기도 하다. 이를 받아들이기 위해서는 용기가 필요하다. 두렵다고 느끼는 일은 하지 않아도 된다. 거절은 당신을 곤경에서 해방시켜줄 것이다.

일단 한번 시도해보기

'벽에 페인트 뿌리기'는 후퍼와의 대화에서 영감을 받은 이후 쭉 내 컴퓨터 앞에 붙어 있는 문구다. 후퍼는 영화 및 텔레비전 프로그램 음악을 250여 곡 작곡했고 영국 아카데미 시상식에서 두 번이나 수상했으며 그래미 상 후보에도 올랐다. 무엇보다 그는 〈해리 포터와 불사조 기사단〉과 〈해리 포터와 혼혈왕자〉 오리지널사운드트랙의 작곡가로 잘 알려져 있다.

그러나 이처럼 짤막한 소개로는 그의 파란만장한 커리어의 여정을 제대로 설명할 수 없다. 후퍼는 자신의 경력에 정점을 찍었던 〈해리 포터〉 시리즈 작업 과정에서 특히 많은 어려움을 겪었다. "당시 압박감에 시달렸고 너무 두려웠습니다. 빠져나올 구멍이 보이지 않았죠. 그 영화에 참여했던 모든 사람이 아마도 한 번은 그랬을 겁니다. 〈해리 포터〉는 거대한 산과 같았으니까요. 팬이 어마어마하게 많고 사람들의 기대는 엄청나게 높았습니다. 게다가 저는 할리우드와 일한 경험도 많지 않았죠."

〈해리 포터와 불사조 기사단〉 음악을 작업할 때는 새벽까지 매진했다. 작업의 흐름이 막혔을 때 후퍼는 가만있지 않았다. "마치 벽에 페인트를 뿌리는 것처럼 일했습니다. 이렇게도 해보고 저렇게도 시도해보면서 어떤 결과물이 나오는지 확인했죠. 실제로 제가 작곡한 많은 음악이 바로 그런 방식으로 만들어졌습니다. 그건 아무 쓸모없는 12시간 분량의 추가적인 음악이 워너 브라더스 데이터베이스에 쌓여 있다는 뜻이기도 하죠."

두려움에 쫓겨 일하는 것은 오히려 낮은 성과로 돌아온다. 두려움이 목을 조른다면 벽에 페인트를 뿌려보자. 가령 빈 종이에 프로젝트 목록을 적어보는 것이다. 아니면 작업에 필요한 도구를 준비하고 주변을 정리해보자. 과제를 작게 나눠서 이 가운데 가장 쉬운 것부터 시작하자. 그리고 점점 더 어려운 부분을 해결해나가자. 소제목과 색상을 배치해보자. 그러다 보면 어느 순간 자신도 모르게 일하고 있을 것이다.

와인 작가 빅토리아 무어Victoria Moore도 이런 방법을 활용한다. 그는 매년 수십만 단어 분량의 글을 쓴다. 그렇게 왕성하게 작품 활동을 하다니, 선뜻 믿기 어려웠다. 그는 이렇게 말했다. "중요한 것은 전체 과제를 잘게 쪼개는 일입니다. 저는 선천적으로 게으르고 미룰 수 있을 때까지 미루는 편입니다. 글쓰기는 언제나 힘든 일이죠. 그래서 마치 색칠이 필요한 상자를 바라볼 때처럼 전체 과제를 부분으로 나누는 것부터 시작합니다. 예를 들어 조사하는 일과 글 쓰는 일을 구분합니다… 제게 글쓰기는 힘들지만 조사는 즐거운 과제거든요! 그리고 이미 조사를 마쳤다면 글쓰기는 쉬워집니다."

《뉴욕 타임스》에서 리빙 관련 코너를 담당하고 있는 팀 헤레라Tim Herrera는 이 방법을 '시작의 마법'이라고 부른다. 그는 뉴턴의 관성의 법칙으로 해당 개념을 설명한다. 움직이는 물체는 계속해서 움직이려 한다.[9] 마찬가지로 일하는 사람은 계속해서 일하려 한다.[10] 첫 번째 장애물, 즉 시작하는 문제를 처리할 수 있으면 쉽게(어쨌든 시작하지 않는 것보다 훨씬 더 쉽게) 계속해서 나아갈 수 있다. 무어처럼 작은 목표부터 달성한다면 뇌는 소량의 기분 좋은 도파민을 보상으로 제공할 것이다. 이는 소셜 미디어에서 '좋아요'를 받을 때마다 분비되는 중독적인 도파민과 비슷하다.

정체되었다는 느낌이 들 때, 스스로 너무 심각해질 때 후퍼의 말을 머릿속에 떠올려보자. '이건 심각한 일이 아니다. 나는 그저 벽에 페인트를 뿌리고 있을 뿐이다.' 이 방법은 꼼짝달싹할 수 없다는 느낌이 들 때 완벽한 탈출구가 되어줄 것이다.

감사 일기 쓰기

5년 동안 불임과 시험관 시술을 반복한 끝에 첫 아이를 임신했을 때 덜컥 겁이 났다. 유산되면 어쩌지, 무사히 출산할 수 있을까, 내가 먹는 호르몬제와 약물이 나와 아기에게 나쁘게 작용하지는 않을까, 특정 음식이 아이 몸에 안 좋은 영향을 미치면 어쩌지, 내가 지금 필수 영양분을 제대로 섭취하고 있는 걸까 등등.

응급 상황 교육 분야의 글로벌 전문가이자 언제나 올바른 말을 해주는 나의 친구이기도 한 메리언 호지킨Marian Hodgkin은 감사하는 마음을 가지려 노력해야 한다고 강조했다. 불안과 감사를 동시에 느끼기가 대단히 힘들기 때문이다. 즉 진심으로 감사해할 때 불안감은 줄어든다. 감사함을 느낄 때 더 잘 자고, 긍정적인 감정은 증가하고 부정적인 감정이 줄어들며, 더 사회적으로 행동하고, 창조성이 높아진다. 외로움이 줄어들고 혈압이 떨어지며, 우울감을 느끼는 빈도도 줄어든다.[11] 단점은 하나도 없어 보인다.

감사 일기는 아마도 감사의 힘을 키우는 가장 효과적인 방법일 것이다. 나는 감사 일기를 쓰지는 않지만 지난 5년 동안 매일 밤마다 스티브와 함께 감사한 일 세 가지를 꼽은 뒤에 잠자리에 들었다. 덕분에 우리는 짜증나는 날에도 대화를 나누고 좋은 이야깃거리를 발견할 수 있었다. 고객을 대하는 것이 악몽 같았던 날, 값비싼 장비가 망가졌던 날, 인터넷이 끊어지고, 아이들이 후무스(으깬 병아리콩과 오일, 마늘을 섞은 중동 지방 음식-옮긴이)로 새로 칠한 벽을 엉망으로 만든 날에도 우리 부부는 침대에 누워 감사한 일을 찾기 위해 이리저리 머리를 굴린다. 역설적이게도 힘든 하루를 보낸 날에 감사한 일을 더 쉽게 발견한다. 가령 우리가 살아가는 집에 대해, 아이를 키울 수 있음에, 모두가 하루를 잘 버텨냈다는 사실에, 살아 있다는 것에, 그리고 지금 이 순간에 감사하다고 느낀다.

도움 요청하기

고통을 혼자 감당하려고 해서는 안 된다. 이 말은 아무리 강조해도 지나치지 않다. 스스로 해결하기 힘든 업무, 깊고 오래된 우울과 불안 같은 정신적인 문제 등 어떤 것이든 문제가 생겼다면 주변에 도움을 구하자. 많은 솔로 워커들이 외로움을 느끼기 쉬운 환경 속에서 남들은 혼자서 잘들 처리하는데 본인만 못하다고 자책한다. 아주 큰 착각이다. 성공한 모든 솔로 워커 뒤에는 보이지 않는 팀이 존재한다. 당신도 팀의 조력을 받을 자격이 있다. 사람들은 쓸모 있는 존재이고 싶어 한다. 타인에게 도움을 주고 싶어 한다는 말이다. 하지만 도움을 얻기 위해서는 먼저 요청을 해야 한다. 다시 한 번 강조한다. 일과 삶이 힘겹다면 주변에 도움을 청하자.

카페인 줄이기

사무직 노동자는 물론 많은 솔로 워커에게 카페인은 일상적인 보상이자 휴식의 수단, 일종의 각성제로 자리 잡았다. 그러나 동시에 지속적인 불안을 가져다주는 가장 주된 원인이기도 하다. 땀을 흘리거나, 손이 떨리거나, 가슴이 두근대거나, 호흡이 빨라지는 등 일하는 동안 종종 겪는 신체적 증상의 원인은 당신이 플랫 화이트를 하루에 서너

잔씩 마시기 때문이다. "저는 만성이 돼서 커피 마셔도 잠 잘 오던데 요"라고 말할 게 아니다. 체내에서 카페인의 반감기는 최대 24시간에 이른다. 카페인은 낮에 일시적으로 집중력을 끌어올렸다가 밤에는 휴식을 방해하고 수면의 질에도 영향을 미친다.

카페인의 노예로 살던 때가 있었다. 덕분에 오랫동안 불면증에 시달렸다. 20대에는 보통 새벽 1시가 넘어서야 잠들었고, 커피를 너무 많이 마신 날에는 새벽 3시쯤 잠에서 깨어 이런저런 사소한 고민들에 휘둘리거나 각종 계획을 세우다가 시나브로 잠이 들었다. 물론 아침이 되면 하나도 기억나지 않는다.

요즘은 아침 일찍 커피 한 잔을 마시고 오후에는 차를 포함해서 카페인이 들어간 음료를 전혀 마시지 않는다. 놀랍게도 이렇게만 했는데도 마법 같은 효과를 맛봤다. 더 일찍 잠들고 더 오래 잘 수 있게 되었다. 불안과 두통도 크게 줄어들었다. 스티브도 나를 따라 카페인을 완전히 끊었는데, 덕분에 수십 년 동안 달고 살던 만성 불면증을 치료했다. 이제는 나보다 더 열성적으로 카페인 끊기의 효과를 주변에 알리고 있다.

당신만 모르는
집중력 소환 기술

아자 래스킨Aza Raskin은 인스타그램이나 트위터, 페이스북에서 우리가 늘 사용하는 스크롤 기술을 발명한 인물이다. 그는 인도주의기술연구소가 주최한, '더 나은 기술 활용을 위한 캠페인' 출범식에서 이렇게 말했다. "이 기술이 어떻게 사용될지 충분히 고민하지 않았던 게 후회스럽습니다."[1] 그는 자신이 발명한 기술 때문에 사람들이 스마트폰에 중독되고 정신 건강에 위기를 맞는 현실이 여전히 안타깝다고 했다.

이 장을 쓰기 위해 정말 많은 조사를 했지만 결론은 한 문장으로 요약할 수 있다. '집중력을 높이고 싶다면 스마트폰을 서랍에 집

어넣어라.' 이렇게 덧붙일 수도 있겠다. '이메일과 소셜 미디어 계정에서 로그아웃하고 모든 알림을 꺼라.'

나 역시 스마트폰 문제로 어려움을 겪고 있다. 그나마 괜찮을 때는 하루에 3시간 정도 스마트폰을 사용한다. 그러나 하루에 무려 7시간 동안 스크롤을 내리고 있을 때도 있다. 스크린타임 데이터에 따르면 거의 매일 소셜 미디어상에서 2, 3시간씩 보낸다. 나는 인플루언서도 아니고 온라인 비즈니스를 운영하지도 않는다. 그러면 대체 뭘 하는가?

스마트폰은 주의를 분산시키고 계속해서 다른 일로 넘어가도록 만들 뿐 아니라 아이큐마저 10이나 더 낮춘다.[2] 40초마다 업무를 방해하고 3, 4분마다 다른 일을 하도록 만든다. 우리는 하루 평균 74회 이메일을 확인한다. 어떤 사람은 400회를 넘기기도 한다.

이렇게 방해받은 뒤 다시 과제로 돌아가기까지 23분 15초가 걸린다. 하루에 스무 번만 방해를 받아도 업무시간 동안 전혀 집중을 못 하게 되는 셈이다.[3] 이러한 상황에서 우리 몸은 코르티솔을 증가시키고 이는 무력감과 설명하기 힘든 스트레스로 이어진다.

애플과 마이크로소프트에서 경력을 쌓고, 기술 및 집중력 분야에서 작가이자 컨설턴트로 활동하는 린다 스톤Linda Stone은 이 현상을 이렇게 설명한다. "계속 방해받아 집중력이 분산될 때 우리 몸은 지속적으로 위기감을 느낀다. 이는 우리를 24시간 경계 태세로 만든다."[4]

애슈퍼드 교수는 솔로 워커들이 '실제' 업무에서 멀어지거나 일을 미룰수록 더 불안해한다는 사실을 발견했다. 프리랜서는 의미 없는 회의나 이메일 혹은 통화에 쓴 시간에서 보수를 얻지 못하기 때문에 집중력을 유지하면서 제 시간에 업무를 처리하는 것이 더욱 중요하다.

멀티태스킹이라는 미신

흔히 여러 가지 일을 동시에 관리할 수 있다고 믿지만, 사실 우리 뇌는 멀티태스킹을 할 수 없다. 적어도 업무적으로는 그렇다. 실제로는 하나의 미결 과제에서 다른 미결 과제로 이동하는 것에 불과하다(인스타그램-일-인스타그램-온라인 뱅킹-일-온라인 쇼핑-페이스북-일-전화-일). 뇌는 새것 편향novelty bias, 즉 새로 시작한다는 기분에 취약하다. 새로운 일을 시작할 때 우리는 생산적이라고 느끼지만 사실은 그렇지 않다. 첫 번째 과제를 미결 상태로 내버려두고 다른 과제로 넘어갈 때마다 집중력은 떨어진다.

워싱턴대학교 소피 리로이Sophie Leroy 박사는 이 문제에 '주의력 잔여물attention residue'이라는 이름을 붙였다. 어떤 일을 마무리하지 않고 다른 일로 넘어갈 때, 뇌는 마치 장난감 배터리가 닳는 것처럼 집중력을 서서히 잃어버린다. 뇌는 다중 탭, 읽지 않은 이메일, 임박한 마감 등 집중력을 놓고 경쟁을 벌이는 수십 가지 일에 제대로 대처하지 못한다. 물론 아주 쉽거나 습관적인 일은 멀티태스킹 비슷하게 할 수 있다. 예를 들어 요리하면서 대화하기, 빨래하면서 팟캐스트 듣기, 영화 보면서 밥 먹기 등. 나도 라디오를 들으면서 스튜디오를 청소하거나 설거지를 한다. 하지만 인스타그램을 하면서 연간 매출 보고서를 준비하거나, 요리하면서 소셜 미디어 마케팅 플랜을 작성하고, 아이를 돌보면서 교정 작업을 하는 것은 불가능하다.

해야 할 일이 기억나지 않아서 애를 먹는가? 혹은 종종 무언가를 잊어버리는가? 멀티태스킹을 시도하거나 앞선 과제를 끝내지 않고 새로운 과제를 시작해서 집중력이 떨어질 때, 우리는 말 그대로 덜 기억하게 된다.[5] 스마트폰을 집어 들었다가 무슨 일을 하려고 했는지 기억하지 못하는 일이 종종 일어나는 이유는 뇌가 할 수 있는 것보다 더 많은 대상에 집중하라고 요구하기 때문이다. 그러므로 한 번에 하나씩만 집중하는 것은 분명 업무에 도움이 된다. 그러면 생일이나 감사 메시지 전하기, 각종 요금 납부, 가족 행사 등 업무 외의 할 일도 더 잘 기억할 수 있게 된다.

집중력 분산은 생산성을 낮출 뿐 아니라 더 많은 실수를 유발한다. 크리스 베일리Chris Bailey는 《하이퍼포커스Hyperfocus》에서 우리 뇌는 초당 1,100만 개의 어마어마한 정보 폭격을 맞고 있다고 말한다. 하지만 우리는 한 번에 약 40개의 정보만 처리할 수 있다. 뇌의 능력은 우리가 살아가는 복잡한 세상에 비해 지극히 제한적이다.

또한 뇌는 자이가르닉 효과Ziegarnik effect(마치지 못한 일을 마음속에서 쉽게 지우지 못하는 현상-옮긴이)의 영향을 받는다. 자이가르닉 효과는 할 일이 많이 남았지만 처리할 시간이 부족하다는 인식을 강화함으로써 우리를 위협하고 정신적 대역폭을 축소시킨다.

이처럼 세상이 던지는 모든 것을 받아들이고, 처리하고, 돌려보낼 수 있다고 믿지만 정작 매순간 우리는 정보의 물결에 휩쓸려 제대로 대처하지 못한다. 《타임 푸어*Overwhelmed*》의 작가 슐트는 이렇게 표현했다. "다양한 전략과 요령, 기술을 동원하여 생산성을 높이고 업무를 처리할 수 있습니다. 하지만 명심해야 할 가장 중요한 사실은 이것입니다. 현실적인 기대를 세우고 우선순위를 정하고 스스로를 용서하는 법을 배우세요. 우리는 초인이 아닙니다."

텅 빈 컵으로는 물을 부을 수 없다

조직 심리학자 그랜트는 종종 이렇게 지적했다. "생산성은 덕목이 아니라 수단이다. 우리를 어딘가로 데려가는 방식이다." 종이 집게를 생산적으로 분류하고 필기도구를 효율적으로 정리할 수 있다고 해서 업무를 효과적으로 처리하는 것은 아니다. 그랜트는 생산성 그 자체가 아니라, 생산성이 우리를 어디로 데려다주는지 보라고 강조한다. 그리고 누군가 내 일의 도움을 필요로 하는지, 혹은 우리의 일이 사소하게나마 세상을 어떻게 바꿀지 생각해보라고 권한다. 내가 만든 결과물을 가치 있게 생각하고 즐기는 잠재적 청중을 떠올릴 때 더 강한 동기를 부여받을 수 있다. 이러한 동기야말로 업무 생산성을 높이고 하루를 더 멋지게 가꾸어준다.

큰 성공을 거둔, 흑인 여성을 대상으로 하는 천연 모발 관리 서비스 업체 트레저 트레스의 설립자 자멜리아 도널드슨Jamelia Donald-son은 이렇게 말했다. "끊임없이 창조해야 한다는 압박감에서 벗어나야 합니다. 텅 빈 컵으로 물을 부을 수는 없어요. 노트와 펜을 들고 생각을 정리하면서 보낸 며칠은 이메일에 답장하느라 바쁘게 보낸 며칠보다 장기적인 차원에서 더 의미 있고 생산적일 수 있습니다. 해야 할 일의 목록에 둘러싸이느라 스스로를 속이지 마세요."

선택권을 최소화하는 루틴의 놀라운 힘

처음 회사를 떠날 때는 환상적인 기분이 든다. 그러나 곧 문제에 부딪힌다. 헤퍼넌은 이렇게 말했다. "매일 아침마다 새로운 계획을 세우고 자유의지만으로 과제를 수행하는 일은 상상하는 것보다 훨씬 더 힘듭니다. 압도적인 선택권과 맞닥뜨리기 때문입니다. 100만 가지 다른 일을 할 수 있습니다. 침대에서 글을 써도 되고, 휴가를 계획하거나 친구에게 전화를 걸 수도 있죠. 감시하거나 지시하는 사람은 아무도 없습니다. 그러나 그처럼 방대한 자유는 관리하기 정말 힘듭니다. 그러고 나서 기이한 상황이 펼쳐집니다. 이런 생각이 들기 시작하죠. '원하는 모든 것을 할 수 있다니 이상한 일이야. 무슨 일이든 할 수 있지만 무엇부터 시작해야 할지 모르겠어.' 그럴 때 사람들은 다급해 보이는 일에 주목하는 경향이 있습니다. '돈을 벌어야겠군', '마감을 해야겠어.' 어쨌든 중요한 일들이기 때문에 큰 문제는 없습니다. 하지만 매일 아침마다 선택을 내려야 하는 상황은 시간이 흐를수록 우리를 지치게 만들죠." 그래서 헤퍼넌은 하루의 루틴을 짜서 엄격하게 지킨다. "저는 더 많이 일하려는 성향이 강합니다. 9시에 책상 앞에 앉는 루틴을 꼭 지키죠. 이런 루틴은 게으름을 걱정하는 사람에게도 마찬가지로 큰 도움이 됩니다."

생산성 코치 캐런 에어화이트Karen Eyre-White의 설명에 따르면, 루틴은 우리에게 구조를 가져다준다. "제 고객 대부분이 구조를 이해하지 못합니다. 그게 문제라는 사실을 인식조차 못하죠. 다만 뭔가 잘못되었다고만 생각합니다. 압박감을 과도하게 느끼고, 일에 집중하지 못하거나 일을 시작하지 못합니다. 많은 사람이 출퇴근하면서 일하는 이유가 있습니다. 우리는 구조와 리듬이 필요하기에 루틴을 만들어냅니다. 하지만 집에서 일하는 솔로 워커들은 그러한 루틴을 쉽게 잃어버리죠."

최근 사무직을 그만두고 프리랜서로 새 삶을 시작한 그의 고객 하나는 항상 열심히 일하면서도 도무지 집중하지 못해서 스트레스를 받고 있었다. 에어화이트는 그에게 '집에서 일하지 않는다'는 규칙을 제안했다. 그 고객은 집에서 일하면 격리되었다는 느낌, 외롭다는 느낌을 받았다. 업무 시작 시간이 불확실했고, 때로는 아예 시작조차 하지 못했다. 에어화이트는 고객에게 매일 아침 7시 30분에 집 밖으로 나가 공동 작업실이나 카페에 가라고 권했다. 이후 그는 더욱 쉽게 일을 시작하고 효율적으로 일하게 되었다. 이처럼 집에서 루틴을 만들 수 없을 때는 집 밖에 작업 공간을 따로 마련하는 것도 방법이다.

루틴이 중요한 이유는 집중을 습관으로 만들어주기 때문이다. 일단 습관화되면 최소한의 의지로 유지 가능하다. 매일 사용할 수 있는 의지력은 한정적이다. 언제 책상 앞에 앉아 일을 시작할지 자신과 논쟁을 벌이느라 의지력의 일부를 써버린다면, 정작 더 중요한 일에 쓸 의지력이 바닥나버릴지도 모른다.

의지력은 언제나 당신을 배신한다

책상 앞에 오래 앉아 있으려면, 정해진 근무시간을 넘기지 않으려면, 소셜 미디어를 확인하지 않거나 컴퓨터 게임을 그만하려면, 무엇을 먹고 마실지 올바른 결정을 내리려면, 그리고 잠시 일에서 벗어나 휴식을 취해야 한다는 사실을 기억하려면 의지력이 필요하다. 그러나 오후에 비스킷의 유혹을 떨쳐버리기는 힘들다. 저녁에 체육관에 가고 밤에 와인을 마시지 않겠다고 다짐해도 정작 그 시간이 되면 지키기가 힘들어진다. 의지력은 한정된 자산이기 때문이다.

슐트는 이렇게 말했다. "인간은 장기적으로 도움이 되는 의사 결정을 내리는 데에 대단히 서툽니다. 단기적으로 생각하고 선불리 판단하죠. 이를 '현재 편향'이라고 합니다." 하루의 구조를 미리 마련해놓으면 눈앞에 닥친 상황에 치우쳐 결정하지 않아도 된다. 장기적으로 도움이 되는 결정을 할 수 있다는 뜻이다. 더 많은 일을 하고,

많은 사람을 만나고, 제시간에 마감할 수 있다.

　루틴은 이 모든 일을 훨씬 더 쉽게 만들어준다. 하루나 일주일 단위로 루틴을 짜놓으면 매일 아침 그날의 계획을 새로 세우는 것보다 훨씬 적은 의지력으로 일상을 유지할 수 있다. 일은 9시 30분에 시작해서 5시 30분에 끝내기, 이메일은 오후에만 확인하기, 비스킷 사지 않기, 주중에 술 마시지 않기, 주 3회 친구와 같이 1킬로미터 뛰기 등 미리 의사를 결정해두면 다시 고민할 필요가 없다.

　루틴을 짜놓아도 개입이나 방해, 예기치 않은 사건이 등장하겠지만 무엇을 해야 하는지 알고 있다면 얼마든지 회복 가능하다. 루틴이 깨졌을 때 어떻게 방해받기 전으로 되돌아갈 것인지 계획을 세워두자. 간단하다. 전화가 올 때마다, 회의를 위해 잠시 자리를 비울 때마다 무엇을 하고 있었는지, 어디서 다시 시작하면 되는지 기록해놓으면 된다. 소설책에 책갈피를 꽂아놓는 것과 비슷하다. 어디서 다시 시작해야 할지 안다면 안심하고 멈출 수 있다. 리로이 박사의 논문에 따르면 방해받기 직전에 어디까지 일했는지 적어놓고 어떻게 다시 집중할지 미리 계획해둔 사람들은 방해를 받아도 원래 일로 곧장 돌아왔으며 이전만큼 일에 집중했다. 반면 아무런 대책 없이 방해를 받은 이들은 하던 일로 돌아오기까지 더 오랜 시간이 걸렸고 성과도 떨어졌다.[6]

　의사소통의 경계선을 마련하는 것도 도움이 된다. 업무에 몰두해 일이 잘 진행되고 있다면 걸려온 전화를 받거나 메시지에 즉각

응답할 필요가 없다. 사회적 접촉과 새로움을 갈망하는 우리에게 이런 방해 요인은 하루의 일을 완전히 망치고, 필요한 시간보다 더 오래 일하도록 압박을 가한다.

자신에게 맞는 루틴을 어떻게 발견할 것인가? 슐트는 이렇게 말했다.

"처음부터 올바른 루틴을 발견하는 사람은 없어요. 다양한 루틴을 적용해보고 자신에게 맞게 바꾸는 과정이 필요합니다. 우선 중요한 것을 먼저 확인합니다. 목표와 의도, 가치를 정의하세요. 그리고 해당 루틴이 이를 실현해줄 시스템인지 확인합니다. 작은 실험을 하는 거죠. 일주일 동안 루틴을 실천한 뒤에 판단해봅니다. '효율적이었나? 어떻게 바꾸면 더 나을까?' 혹은 '이제 X를 해봤으니 Y에 도전해보자'라고 말이죠. 인 데이in day와 아웃 데이out day를 정해두세요. 인 데이는 실무를 하는 날, 아웃 데이는 관계를 형성하고 아이디어를 얻고 새로운 비즈니스를 시도하는 날입니다. 이런 구분이 솔로 워커에게는 특히 더 중요합니다. 일주일에 하루쯤은 새로운 사람과 점심을 먹으면 좋겠죠. 요일을 정해보세요. 수요일은 인맥을 쌓기 위한 날, 목요일은 새로운 일을 시도하는 날, 월요일은 글 쓰는 날 등. 장기적인 목표를 이루는 데 도움이 되는 결정을 적시에 내릴 수 있도록 시스템을 미리 마련해두면 훨씬 더 편할 겁니다."

텔레비전 진행자이자 탐험가인 우드는 군대를 떠난 뒤 3년 동안 루틴 없이 살았다. 우드는 내게 말했다. "너무 많은 것들이 예측 불가능하고 불안정해서 무척 힘들었습니다. 시크릿컴패스라는 작은 여행사를 설립한 후로 3년 동안 거처가 없었습니다. 동료들과 함께 사무실에서 잠을 청해야 했죠. 온종일 일했습니다. 새벽 3시에 이메일 답장을 쓰고 아침 7시에 일어났습니다. 일이 제 삶의 전부였죠. 몇 년간 휴가도 가지 못했습니다."

이대로는 삶이 망가지겠다고 느낀 우드는 자신만의 루틴을 개발하기 시작했다. 이제 우드의 루틴은 확고하게 자리 잡았다. 그는 일하는 날과 일하지 않는 날을 따로 지정했다. "저는 12개월 단위로 계획을 세우고 휴가 기간을 따로 잡아둡니다. 마치 직장인처럼 쉴 시간을 미리 정해놓죠. 이 방법은 개인의 행복은 물론 사회적인 관계를 위해서도 좋습니다. 온종일 일만 하면 어떤 관계도 유지할 수 없습니다. 사람들이 더는 당신에게 청첩장을 보내지 않겠죠." 이제 우드는 일과 휴식의 균형을 잡는 데에 능숙하다. "일하는 시간을 지키기 위해 애씁니다. 일이 끝나면 다음 날까지 전혀 생각하지 않죠. 엄격하게 구분해야 합니다."

퍼스널 루틴 설계하기

스스로 어떤 유형의 루틴이 적합한지 판단하기 어렵다면 다른 사람들이 일하는 방식을 관찰해보자. 영화음악을 만드는 후퍼는 아주 엄격한 일정표에 맞추어 일하는 작곡가 벤저민 브리튼Benjamin Britten에게 영감을 받아 자신만의 루틴을 실천하고 있다. 아침 9시부터 점심

시간까지 일하고, 점심을 먹은 후 산책하고 메일을 쓴 뒤 다시 저녁 8시까지 일한다. 그리고 저녁을 먹고 일찍 잠자리에 든다. 회사원의 업무시간에 비해 지나치게 빠듯해 보이지만 후퍼에게는 최적의 루틴이다.

누구나 자신만의 삶의 패턴이 있다. 당신은 올빼미족일 수도 있고, 전화가 걸려오지 않는 밤 시간에 더 집중이 잘될지도 모른다. 일반적인 루틴을 선택할 필요는 없다. 매일, 매주 똑같은 방식으로 움직이지 않아도 된다. 일을 시작하고 끝내는 시간처럼 몇몇 중요한 변수만 고정해놓고 그때그때 상황에 맞추는 편이 더 적합할 수도 있다.

와인 작가 무어는 매일 밤에 다음 날의 계획을 세운다. "모든 일을 잘게 나눕니다. 할 일 목록과 자잘한 마감 목록을 매일 밤 잠들기 전에 작성합니다. 이 일을 아침에 하는 게 제게는 효율적이지 않더군요. 할 일 목록을 작성하느라 아침의 신선한 에너지를 써버리고 싶지 않아요."

에어화이트는 '이상적인 일주일Ideal Week'이라고 이름 붙인 기술로 고객의 루틴을 개발하고, 다이어리나 온라인 달력을 활용해 주 단위로 계획을 설계하도록 돕는다.

"이 방법은 주어진 시간이 얼마나 남았는지 똑바로 바라보게 합니다. 그리고 어떤 일에 시간이 얼마나 걸릴지 파악하도록 도와줍니다. 반드시 9시부터 5시까지 일을 해야 한다는 고정관념에서 벗어나면 주어진 시간을 다르게 바라볼 수 있습니다. '나는 언제 일하는 게 좋을까? 시간을 어떻게 활용할 수 있을까? 이와 관련해서 함께 사는 사람과 어떤 이야기를 나눌 수 있을까?'"

첫 번째 과제는 매주 해야 할 일을 적절한 시간에 할당하는 것이다. 이렇게 하면 집안일이나 쇼핑처럼 쉽게 침범해 들어오는 일을 막을 수 있다. 무슨 일을 언제 할지 현실적으로 생각하자. 예를 들어 에어화이트는 휴식시간까지 설거지를 미루라고 조언했지만 나는 아침 설거짓거리가 남아 있으면 신경이 쓰여 오전 업무를 시작하지 못한다. 나 같은 사람에게 설거지는 생산성을 망치는, 처리하지 않은 과제인 것이다.

"일단 일주일 단위로 할 일을 정하고 일하는 시간과 일하지 않는 시간을 분명하게 구분했다면, 언제 가장 생산적이고 집중이 잘되는지 생각해볼 것을 권합니다. 이때 해야 할 일은 글쓰기나 전략적 사고, 까다로운 고객의 질문에 응대하는 것이 될 수 있습니다. 일반적으로는 아침 시간이 가장 좋지만 어떤 이들은 오후나 저녁이 더 적합할 수 있습니다. 이렇게 집중력이 높아지는 시간을 확보했다면, 덜 중요한 일을 다른 시간대로 미룹니다."

일하지 않는 시간도 정할 수 있다. 중요한 과제가 남았을 때 기계적으로 '주말이니 일하면 안 돼'라고 생각하는 것이 아니라, 일정한 단위로 일과 휴식시간을 배치하는 것이다. 가령 일요일 밤이나 토요일 아침 2시간을 일에 할당할 수 있다. 그러면 뇌가 그 일을 계속해서 생각하지 않도록 프로그래밍된다. 그런 일은 가급적 빨리 처리하기를 권한다. 그래야 압박감에서 벗어나 제대로 쉴 수 있기 때문이다.

설계를 마쳤다면 다음 단계는 현실적인 방식으로 실행에 옮기는 것이다. 에어화이트는 말했다. "삶의 매 순간을 계획하고 어떤 일에 10분 늦었다고 자책하라는 말이 아닙니다. 예상치 못한 상황은 언제나 일어납니다. 하지만 이상적인 일주일에 대한 그림이 분명하다면 자연스럽게 습관과 루틴을 그 이상향에 맞추기 시작할 겁니다. 그리고 그에 어울리는 방식으로 의사결정을 내리게 됩니다. 저는 특정한 요일에만 고객을 만납니다. 고객과 미팅 날짜를 조율할 때 제 스케줄에 따라 먼저 약속을 제안하죠. 선호하는 날을 먼저 제시함으로써 효과적인 업무 패턴을 유지할 수 있습니다."

이 방법은 업무를 효과적으로 처리하기 위해 무엇이 필요한지 정확하게 알고, 스스로에게 너그러운 태도를 갖고 목적지로 나아가기 위한 것이다. "상황이 계획대로 돌아가지 않았을 때를 대비해 플랜 B를 마련하는 것은 매우 중요합니다. 지난 밤 잠을 설친 당신은 아마도 아침에 일을 시작하면서 까다로운 고객 업무를 들여다보는 대신에 자동적으로 이메일 함을 열어보려 할 겁니다. 그리고 1시간 후에야 상황을 깨닫고는 이렇게 생각하겠죠. '또 실패했군. 계획대로 하지 못했어.' 이럴 때는 자기만의 특정한 의식을 해결책으로 삼을 수 있죠. 가령 차를 한잔 타오는 겁니다. 따뜻한 차를 들고 책상으로 돌아오면 원래 계획으로 돌아가기로 정해놓는 거죠."

에어화이트는 특히 집에서 일한다면 휴식에서 일로 넘어가는 순간을 위해 특별한 의식을 개발하라고 권고한다. "가령 옷을 갖춰 입음으로써 뇌에게 이제 일하는 모드라는 신호를 보낼 수 있습니다. 일을 할 때마다 초를 켜두는 방법도 있습니다. 기분이 좋아지는 것은 물론 일하는 동안 타들어가는 초를 지켜볼 수 있죠."

오랫동안 나는 아침 시간을 낭비하는 문제와 씨름했다. 아침 6시 30분에 일어나는데도 책상 앞에 앉으면 보통 9시 45분에서 10시 사이였다. 이 상황이 나를 미치게 만들었다. 그때까지 대체 뭘 하고 있었던가? 왜 스티브처럼 샤워를 끝내자마자 자리에 앉아 8시에 일을 시작하지 못한단 말인가?

나는 그를 따라해보기로 했다. 머리를 다듬지 않고 화장을 건너뛰었으며, 무엇을 입을지 신중하게 고르지 않고 그냥 청바지에 셔츠를 걸쳤다. 덕분에 시간을 '절약'할 수 있었다. 그러나 왜인지 좀처럼 업무 모드로 넘어가기 힘들었고 평소만큼 능률도 오르지 않았다.

사실 스티브는 나와 하는 일도, 일하는 방식도, 정체성도 많이 다르다. 그를 기준으로 내 자신을 판단해서도 안 되고 판단할 수도 없었다. 중요한 것은 오로지 내가 일하는 방식이었다. 내 업무 효율을 위해서 무엇이 필요하든 상관없다. 나에게 머리를 다듬고 옷을 갖추어 입는 시간은 직장인들이 일을 시작하기 전에 커피를 내리거나 동료와 인사를 나누는 시간과 같았다.

머리를 만지고 화장하는 습관은 어떤 면에서 자기만족을 위한 활동이다. 그럼에도 이런 활동은 내게 중요하다. 항상 그리는 검정색 아이라인은 내 정체성의 일부다. 그처럼 사소한 것을 모두 포기한다면, 나는 누구인가? 그런 존재론적 질문을 계속해서 던져댄다면 많은 일을 하기는 힘들 것이다.

코로나바이러스로 인해 갑자기 집에서 일하게 된 사람들은 초반에 많은 어려움을 겪었다. 지금까지 무심결에 해왔던 출근 전 특별한 의식을 더는 할 수 없게 되었고, 일하는 시간과 공간의 경계가 허물어졌기 때문이다. 이로 인해 집중력과 성과가 떨어졌다. 이 출근 전 의식은 일하는 동안 집안일 같은 방해 요소에 휘말려 드는 것을 예방하기 위한 유용한 도구가 된다.

많은 이들이 요가나 명상, 일기 쓰기로 하루를 열고 업무를 시작한다. 꽤나 멋져 보이지만 많은 가정에서 아침 시간이 얼마나 정신없는지도 잘 안다. 꼭 특별하지 않더라도 자신이 좋아하는 일을 의식으로 삼을 수 있다. 가령 커피를 한잔 들고 현관에 나가서 사람들이 걷고 뛰는 것을 바라보거나, 혹은 디지털 전략가 비비언 누네즈Vivian Nunez처럼 아침을 먹으면서 전날 밤 스티븐 콜버트Stephen Colbert가 출연한 〈더 레이트 쇼〉를 시청할 수도 있다. 그 프로그램이 끝나면 그는 일할 시간이 되었음을 안다. 당신에게 효과적이라면 어떤 방법이든 상관없다.

하루를 마감하는 의식도 정해보자. 가령 내일 할 일 목록 작성하기, 업무 장비 전원 끄기, 이메일 계정에서 로그아웃하거나 슬랙과 같은 업무 관련 앱 끄기, 옷 갈아입기, 샤워하기 등이 될 수 있다. 이 모든 행동은 일하지 않는 삶으로 돌아가서 거기에 편안히 머무를 수 있도록 돕는다.

30분 단위로 일정표를 짜라

지금 무엇을 하며 하루를 보내는지 알아야만 개선된 루틴을 구축할 수 있다. 보고해야 할 사람 없이 일하는 척하며 시간을 때우고 쉬운 과제만 우선적으로 처리하면서 충분히 생산적이었다고 자찬하기 쉽다. 실제로는 명함을 정리하거나 모든 이메일에 답장하면서 하루 대부분의 시간을 보냈음에도 말이다(나는 스팸 필터를 비롯해 할 수 있는 모든 관리 시스템을 동원하고도 매일 150개의 이메일을 받는데, 이를 모두 읽어보는 것은 시간 낭비라고 생각한다).

　　이런 일로 하루를 보내면 장기적인 차원에서 만족감을 얻지 못하며, 게다가 솔로 워커는 이런 일에 보수가 없다. 큐비츠 대표 브로턴은 이렇게 말했다. "이메일을 보내면 뭔가 일을 했다는 느낌이 듭니다. 하지만 이메일로 커뮤니케이션하는 방식에는 문제가 있습니다. 더 열심히 일할수록 더 많은 이메일을 받는다는 사실입니다. 그러면 더 많은 답장을 보내야 하죠. 결론적으로 더 많은 일을 만들어내는 겁니다."

　　시간 관리 전문가 로라 밴더캠Laura Vanderkam은 2주 동안 일상생활 전반을 30분 단위의 시간표로 기록해보라고 권한다. 그 일은 삶이 어떻게 흘러가는지, 일주일 168시간을 실제로 어떻게 보내는지 차분하게 들여다보게 해준다.

나는 회의를 하러 돌아다니느라 일주일에 7시간이나 허비했다는 사실 외에도 흥미로운 점을 발견했다. 그전에는 일주일에 60시간 정도 일한다고 믿었다. 그렇지 않았다. 나는 일주일에 6일 동안 38시간 일했다. 이 깨달음 덕분에 통제 불가능한 위압적인 상황에 놓여 있다는 생각에서 벗어날 수 있었다. 밴더캠의 고객들 역시 비슷한 경험을 한다. 일주일에 75시간씩 일한다고 말하는 사람은 실제로 50시간쯤 일한다는 사실을 발견한다. 밴더캠은 이렇게 말했다. "일주일에 80시간 일한다고 생각한다면, 55시간 일한다고 생각할 때와는 다른 방식으로 업무를 최적화하게 될 겁니다."[7] 일이 삶을 크게 침범하지 않는다는 사실을 깨달으면 일을 다른 시각으로 바라볼 수 있다.

하루 동안 한 일을 기록해보자. 이메일을 주고받는 데 2시간? 소셜 미디어 업데이트에 1시간? 점심 먹는 데 10분? 이렇게 실제로 시간을 어떻게 쓰는지 관찰하면 보다 잘 활용할 수 있게 된다. 물론 남은 시간을 더 많은 일로 채워 넣어야 하는 것은 아니다. 하루를 기록하지 않았다면 여분의 시간이 있는지도 몰랐을 것이다.

생산성 리듬을 연구하는 학습 전문가 뉴포트로부터 또 다른 기술을 배웠다. 그는 나의 생산성을 30분 단위로 평가했다. 그 결과

내게는 오전이 까다로운 일(청구서 작성, 물품 주문, 조사)을 처리하기에 최적의 시간이라는 사실을 알게 되었다. 창조적인 업무는 오후 2시부터 저녁 8시까지가 적합했다. 육아와는 맞지 않는 패턴이다. 이로써 내가 창조적이고 지식을 다루는 일을 먼저 처리해야 하는데, 왜 할 시간이 없다고 느끼는지 알 수 있었다. 나는 이제 스스로에게 관대하고 좀처럼 자책하지 않는다.

하지만 모두가 이 패턴에 적합한 것은 아니다. 당신에게는 반대 패턴이 더 적합할 수 있다. 대부분 이른 아침에 가장 창조적이다. 그래서 많은 이들이 아침 시간을 최대한 많이 확보하기 위해 일찍 일어난다. 소설가 무라카미 하루키村上春樹는 새벽 4시에 하루를 시작하고, 앤서니 트롤럽Anthony Trollope은 우체국에서 정규직으로 근무를 하면서 새벽 5시 30분에 일어나 글을 써서 총 예순세 권의 책을 펴냈다. 무엇보다 뇌의 생체리듬을 이해하고 그에 따라 하루를 설계하는 것이 더 중요하다. 19세기의 공장 소유주가 만들어놓은 일정에 스스로를 억지로 끼워 넣을 필요는 없다. 선택의 자유가 있는 솔로워커에게는 더더욱 어울리지 않는다.

할 일 목록 작성 노하우

당신이 쓴 할 일 목록에 대해 생각해보라. 일정한 작성 방식이 있는가? 항목마다 제목이 있는가? 무엇이 우선 과제인지 판단했는가? 대부분은 할 일 목록을 그저 쓰기만 하고 제대로 활용하지 못할 것이다. 나도 그랬다. 적어도 냇 리치Nat Rich와 인터뷰하기 전까지는 말이다. 그는 신선한 접근 방식을 제안하는 개인 코치다.

그 무렵 좀 지친 상태였다. 이 책의 원고를 쓰는 와중에 《가디언Guardian》에 실릴 방대한 보도 기사를 맡은 데다가 아이들의 등굣길과 하굣길까지 어떻게든 함께하려 고투했다. 생일 선물을 챙긴다거나 따로 시간을 내어 운동하는 것은 상상도 못 했다. 업무 관련 할 일 목록과 개인적인 할 일 목록은 마치지 못한 일로 가득했다. 리치와의 인터뷰는 인생 수업이나 마찬가지였다. 인터뷰가 끝날 무렵에는 거의 울 뻔했다.

나의 두 가지 할 일 목록은 총 스물일곱 가지 항목으로 구성되어 있었다. 리치가 말했다. "당신의 목록은 중요도와 관계없이 죽 나열되어 있네요. 마치 이렇게 말하는 것 같군요. '젠장, 100만 가지 일을 해야 하는군.'" 정확히 내가 느끼는 바였다. 아주 사소한 과제까지 목록에 마구 집어넣는 바람에 스물일곱 가지 할 일에 치여 과도한 압박감을 느끼고 있었다. 더 큰 문제는 중요도가 낮고 처리하기 쉬운 과제들에 손이 먼저 간다는 것이다. 그러면 결국 중요한 과제를 처리하지 못해 곤경에 처하게 된다.

리치는 하루에 세 가지 항목을 우선순위로 정해 매일 실행하고, 나머지는 일종의 선택 사항으로 생각하라고 조언했다. 이를 3의 법칙이라고 한다. 핵심은 가장 중요한 한 가지 과제를 먼저 처리하는 것이다. 그 이유는 해당 과제를 해결하는 것이 궁극적으로 최고의 보상을 가져다주기 때문이다. 유의할 점은 가장 중요한 과제가 반드시 가장 급박한 과제는 아니라는 사실이다. 때로는 구체적인 마감 기한이 없는 과제가 장기적으로 가장 커다란 보상을 가져다준다. 예를 들어 웹사이트를 새로 설계하거나 포트폴리오를 다시 만드는 일처럼 말이다.

더 결정적인 문제가 있었다. 내 할 일 목록은 아무런 구분 없이 뒤죽박죽이었다. 나는 항상 목록 위쪽에 매일 하는 기본적인 일을 쓰고 그 밑에 중요한 과제를 적고 동그라미나 별 표시로 강조해두었다. 하지만 별로 효과적이지 않았다. 개인적인 목록은 언제나 업무 목록에 밀리기 일쑤고, 아주 중요하고 급한 개인 용무가 있을 때면 예외 없이 문제가 생겼다. '스티브의 마흔 번째 생일 선물 구매' 같은 항목이 계속해서 미뤄지다가 결국 잊었다.

리치의 조언에 따라 할 일 목록을 새로운 형태로 설계했다. 우선 전체 페이지를 마감 그룹, 자금 그룹, 연락 그룹 세 부분으로 나눴다. 일과 관련된 것이든 아니든 중요한 항목은 모두 '마감' 그룹 안에 적는다. 재정과 관련된 항목은 '자금' 그룹에 들어간다. '청구서 발행'이나 '아이들 수학여행비 납부' 항목이 여기에 포함된다. 마지막으로 대화나 이메일 관련 일은 '연락' 그룹에 넣는다. 이 가운데 급한 일은 '마감' 그룹으로 이동시킨다. 이렇게 만들어진 목록은 무엇을 먼저 처리해야 하는지 분명하게 보여준다.

나는 일과 삶은 철저히 분리해야 한다는 원칙주의자다. 그러나 정작 일 관련 목록과 개인적인 목록을 따로 작성했을 때는 문제가 발생했다. 일할 때는 일에 집중하려다 보니 자연스럽게 개인적인 업무가 우선순위에서 밀려났다. 하지만 이 새로운 업무 구분법 덕분에 일과 삶을 통틀어 가장 중요한 일이 무엇인지, 당장 처리해야 할 일은 무엇인지 명확히 안다. 우선순위를 깨달으면 중요하지 않은 쉬운 일로 도피할 수 없게 된다.

남아 있는 과제는 죄책감을 불러일으킨다. 내 목록에 '죄책감 항목'은 총 여덟 가지였다. 대부분 이전 목록에서 계속해서 넘어온 과제였다. 그 항목들만 보면 스스로가 부족한 것만 같다. 리치가 말했다. "죄책감은 무거워서 당신을 강하게 짓누를 겁니다. 죄책감을 느끼게 만드는 모든 항목을 최대한 빨리 없애야 하는 이유죠. 우선 목록에서 죄책감을 자극하는 항목이 어떤 것인지 살펴보세요. 그것을 우선순위로 삼고, 그날이 저물기 전에 모두 처리해야 합니다."

죄책감의 원인은 다양했다. 얼마 남지 않은 배우자의 생일 선물을 준비하지 못해서, 여동생에게 휴가에서 함께 쓴 비용을 돌려주지 못해서, 소셜 미디어에 스튜디오 홍보용 게시물을 올리지 못해서, 인터넷 요금을 두 군데에 중복으로 납부해서. 그런데 정말로 이상한 점은 내가 죄책감의 원인을 확인하자마자 모두 해결 가능한 과제로 보였다는 사실이다. 실제로 그날 그 모든 과제를 해치워버렸다.

이렇게 가장 힘들고 거대한 과제로 하루를 시작하면서 제일 먼저 처리하는 방식을 '개구리 먹기'라고 한다. 개구리 먹기란 브라이언 트레이시Brian Tracy가 《개구리를 먹어라Eat That Frog》에서 제시한 생산성 향상 기술이다. 이 기술을 활용해 어려운 과제가 할 일 목록에 계속 남아서 부담으로 작용하는 것을 막을 수 있다.

이 목록에서 저 목록으로 옮겨 다니며 힘든 과제를 외면하는 이유를 여기서 찾았다. 나는 그 과제들을 얼른 처리해야 한다고 스스로에게 계속해서 말하고 있었지만 개구리들의 위협 때문에 마비되고 말았던 것이다. 여동생에게 돌려줄 만큼 돈이 충분하지 않으면 어쩌지? 인터넷 서비스 한쪽을 제대로 해지하지 못해서 비즈니스 이메일 계정에 접근할 수 없게 되면 어쩌지? 내 안의 죄책감과 두려움을 직면하자, 모든 일을 가뿐하게 처리할 수 있었다.

죄책감이나 두려움 자체가 나쁜 것이 아니다. 해당 과제에 대한 감정을 최대한 많이 느껴보는 것이 중요하다. 핵심은 그 일을 해냈을 때 누구에게 기쁨과 도움이 될지 깨달으면 할 일 목록이 더는 위압적으로 느껴지지 않는다는 것이다. 이제 할 일 목록은 해결해야 할 과제 더미가 아니며, 우리는 그 일을 함으로써 심리적으로 만족감을 얻는다.

할 일 목록을 '장기 프로젝트'와 '단기 프로젝트'로 구분하는 방법도 유용하다. 지금껏 나는 그 모든 항목을 종이 한 장에 욱여넣곤 했다. 그러다 보니 목록은 항상 복잡하고 부담스러워 보였다. '두 달 뒤 마감인 《내셔널 지오그래픽National Geographic》 기사 작성'이나 '6개월 뒤 만료 예정인 여권 갱신' 항목처럼 장기적인 과제는 리마인

더 기능이 있는 온라인 달력으로 넘긴다. 알림이 오면 다시 할 일 목록에 포함시킨다.

목록을 어디에 적는가도 중요하다. 다양한 앱과 프로그램을 이용해도 되지만 펜으로 종이에 직접 쓰면 더 잘 기억할 수 있다.[8]

표현 방식에 특히 유의하자. '웹사이트 재정비 작업 끝내기'는 마치 불가능한 과제처럼 보인다. 대신 '웹사이트 마지막 페이지에 들어갈 콘텐츠를 선택하고, 업로드하고, 최종 확인하기'처럼 작은 단위로 쪼개 구체화하면 실천하기 쉬워진다. 연구 결과에 따르면 사람들은 목표가 구체적일 때 훨씬 더 좋은 성과를 거둔다. 가령 '더 자주 운동하기'는 '월요일·목요일·토요일에 달리기'로, '프로젝트 끝내기'는 '프레젠테이션에 이미지 삽입하고, 오타 확인하고, 인쇄하기'로 표현하면 실현 가능성이 더 높아진다. '돈 더 많이 벌기', '소비 줄이기', '더 잘 먹기'도 마찬가지다.[9]

매일 일정을 정해놓고 할 일을 일정에 추가하는 방식 역시 효과적이다. 메일이 올 때마다 답장하지 않고 이메일 작성 일정에 그 일을 추가한 후 한꺼번에 처리하는 것이다. 그리고 다음번 일정까지 받은 편지함을 그대로 내버려둔다. 전화 통화, 청구서 작성, 제품 포장 및 발송, 소셜 미디어, 글쓰기, 제품 제작 및 준비 등의 일에도 똑같이 적용된다. 이 방법을 활용하면 과제도 보다 빨리 처리할 수 있는 데다가 집중력 저하도 막을 수 있다. 해당 시간에 무엇을 해야 하는지 분명히 알기 때문이다.

이때 두 개의 타이머를 사용한다. 하나는 2시간짜리 세션이 끝날 때 울리고, 나머지 하나는 그 세션 안에서 약 45분마다 한 번씩 울린다. 알람이 울리면 15분 휴식한다. 이 방법의 단점은 마음만 먹으면 얼마든지 타이머를 무시하고 중간에 다른 일을 하거나 알람이 울린 후에도 더 일할 수도 있다는 것이다. 하지만 꾸준히 원칙을 지키는 훈련을 한다면 운동으로 근육을 키우듯 집중력이 커질 것이다. 시간이 길어 부담스럽다면 체육관에서 조금씩 중량을 늘려나가는 것처럼 30분짜리 짧은 세션으로 시작해서 서서히 늘려나가자.

어떤 방식을 선택하든 하루에 할 수 있는 일의 양을 철저하게 현실적으로 바라봐야 한다. 특히 일정을 세션별로 짜기로 했다면 말이다. 슐트는 내게 이렇게 말했다. "계획 오류planning fallacy라는 놀라운 현상이 있습니다. 오랜 세월 동안 축적된 수많은 행동과학 실험 결과 익히 아는 사실이 과학적으로 드러났습니다. 바로 우리가 어떤 일에 시간이 얼마나 걸릴지 예상하는 데 대단히 무능하다는 사실입니다. 사람들은 실제보다 빨리 일을 끝낼 수 있을 거라 생각하는 경향이 있습니다. 그래서 늘 정신없이 허둥대죠. 약속을 과도하게 많이 잡거나 계획을 지나치게 빡빡하게 짜는 것은 인간의 본성입니다. 항상 이렇게 생각하죠. '이번 주 목요일까지는 할 수 있어.' 하지만 금요일이 되어서도 시작도 하지 못했죠. 그러고는 실패라고 생각해버리는 겁니다."

솔로 워커의 하루는 처음에는 아주 길어 보인다. 많은 약속과 계획으로 가득 차 있다. 하지만 얼마 지나지 않아 시간에 쫓기는 상황에 맞닥뜨린다. 어떻게 대처할 수 있을까? 슐트는 말한다. "기대는 종종 경험을 압도합니다. 혼자서 일할 때는 더 심합니다. 기대하는 사람이 바로 자신이기 때문이죠. 이에 맞서는 방법은 '계획대로 안 되는 일은 종종 일어난다'는 사실을 떠올리는 겁니다. 과도하게 약속을 잡고 실행하기 힘든 계획을 세우다가 더 많은 스트레스와 공포에 사로잡힌다는 사실을 인식하는 거죠. 당신이 부족해서가 아닙니다. 단지 인간의 본능일 뿐입니다."

여유 공간을 할애할 때 생기는 이점

슐트는 흥미로운 연구에 대해 들려주었다. 아주 바쁜 병원이 있었다. 수술실은 언제나 예약이 꽉 차 있고 응급 환자는 계속 밀려들었다. 응급 환자가 들어오면 예정된 수술이 취소되었기 때문에 일정을 새로 잡아야 했다. 의사들이 장시간 일했음에도 환자들은 오랫동안 기다렸다. 모두 스트레스에 시달리고 있었다. 완전히 엉망이 된 이 시스템을 해결하기 위해 고용한 컨설턴트는 이렇게 조언했다. "시스템에 여유 공간을 만들어야 합니다. 응급 환자를 위한 수술실 하나를 항상 비워두세요." 의사들은 지금도 바쁜데 그럴 수 없다며 반발했지만 컨설턴트는 단호했다. 결국 병원은 그 조언에 따랐다. 신기하게도 이후 상황은 개선되기 시작했다. 예약된 수술이 미뤄지지 않았고, 의사들은 더는 오랫동안 일하지 않아도 되었으며, 서류 작업도 제대로 이뤄졌다. 여유 공간이 생기자 시스템 전체가 더 효과적으로 돌아가게 된 것이다.

슐트는 같은 방식을 일정에 적용했다. "저는 지금도 여전히 시간 계산을 잘 못합니다. 그래서 일주일에 2시간씩, 금요일 오후 2~4시를 스스로에게 여유 시간으로 주기로 했습니다. 그 시간 동안 뒤처져 있는 과제를 따라잡거나 미처 못 끝낸 프로젝트를 마무리 지을 수도 있고, 중요한 일에 대해 깊게 생각할 수 있습니다. 저는 이 시간을 여유 공간slack이라고 부릅니다. 숨 가쁜 일상을 헤쳐나가기 위해서 여유 공간을 마련하고 활용하는 습관을 들여야 합니다. 장기적으로 일을 더 효과적으로 처리하도록 만들어주니까요."

'내일의 내가 하겠지'의 함정

당신이 일을 시작하지 못하는 것은 게을러서가 아니다. 요즘 세상에 일을 지나치게 적게 할 정도로 게으를 수 있는 사람은 흔치 않다. 앞서 한 일에 에너지를 많이 써서 지쳤으나 충분히 쉬어주지 못하는 바람에 번아웃이 온 것일 수도 있다. 이미 에너지 탱크가 텅 비었는데 미처 다시 채우지 못한 것이다. 어떤 일은 그냥 하기 싫다. 사람마다 유달리 지루하거나 싫은 일이 있다. 나는 벽이나 가구에 페인트칠하는 일, 잡지 과월호 정리가 너무 까다롭고 힘들게 느껴진다. 클라우드 계정 관리도 마찬가지다. 아마 정말 더는 미룰 수 없을 때가 되어서야 손댈 것이다.

때로 우리는 쓸데없는 일에 집중하면서 열심히 일하고 있다고 스스로를 속인다. 그때는 분명 뭔가를 미루고 있다. 당신은 아마도 온라인 게임을 하느라 일을 미뤘다고 생각할 것이다. 하지만 게임은 그저 대체 활동에 불과하다. 그렇다면 과연 무엇을 대체한 것일까?

미루는 과제는 대부분 감정적으로 무거운 일들이다. 우리는 두려움에 떨면서도 과제를 미룬다. 나는 웹사이트 디자인 수정 작업을 오래전에 마치고도 도메인을 이전하지 못했다. 서비스 이전 방법을 알아낼 수 없었기 때문이다. 만약 웹사이트가 제대로 옮겨지지 않는다면 아무런 목적 없이 무의미한 작업을 한 게 될까봐 두렵기도 했다.

이처럼 일을 미루는 진짜 이유는 과제에 대한 두려움, 능력에 대한 두려움, 언젠가 사기꾼으로 밝혀질지 모른다는 두려움, 도움이나 지원을 요청하는 것에 대한 두려움, 혹은 성공하지 못하는 것에 대한 두려움 때문이다.

그리고 시간이 좀 지나면 마음가짐이 달라질 거라 기대한다. '내일의 내가 알아서 하겠지.' 어리석게도 미래의 내가 현재의 자신과 다른 존재라 믿는다. 마치 다른 사람에게 일을 떠맡기는 것처럼 말이다. 하지만 지금 당신이 시작하지 않는다면 완벽하게 마음의 준비가 되는 날은 영영 오지 않는다. 결과를 책임지는 것은 다른 누구도 아닌 당신의 몫이다.[10]

나중에 지나치게 큰 대가를 치르고 싶지 않다면 그 과제를 싫어하는 실질적인 이유를 분석해볼 필요가 있다. 해당 과제가 얼마나 부담스러운가? 당신의 하루에 얼마나 영향을 주는가? 솔로 워커는 혼자서 다양한 역할을 수행하며 사업을 굴리기 때문에 두렵게 느껴지는 일은 물론 지루한 일도 어떻게든 해내야 한다. 할 일을 회피하며 계속 자책만 한다면 생산성과는 거리가 점점 멀어질 것이다.

재미있는 이야기를 들려줄까 한다. 이 글을 쓰고 나서 잠시 휴식한 뒤 내 도메인을 새로운 사이트로 넘겼다. 이 일을 마무리하기 위해 이메일을 써서 보내는 데 고작 5분밖에 걸리지 않았다. 그리고 24시간 뒤에 웹사이트는 살아났다. 내 염려와 달리 아무런 문제도 일어나지 않았다. 이 일은 할 일 목록에 무겁게 자리 잡고서 1년 넘게 나를 조롱한 바로 그 일이었다.

일을 떠안은 채 시작하지 못하고 있다면 창밖을 한번 내다보자. 어쩌면 날씨가 좋아서일 수도 있다. 날씨가 궂을 때 오히려 생산성이 높아진다는 연구 결과가 있다.[11] 날씨가 환상적이라면 일하는 사람 입장에서 그리 좋은 소식은 아닐지 모른다.

체계적으로 미룰 것

미루기의 함정에 빠졌을 때 미루기는 창조성을 높인다는 연구 결과를 떠올리자. 어떤 과제를 시작하기 전에 이와 상관없는 일을 먼저 하면, 곧장 착수하는 것보다 창조성이 16퍼센트나 더 높아진 것으로 나타났다.[12] 스티브 잡스Steve Jobs와 마거릿 애트우드Margaret Atwood,

트루먼 커포티Truman Capote와 같은 위대한 인물들 역시 의도적으로 일을 미뤘다.

뇌는 다른 일을 하는 동안에도 마무리 짓지 못한 과제를 완전히 잊지 못한다. 핵심은 유레카의 순간을 기대하며 밤을 새는 것이 아니라 어느 정도 통제된 방식으로 미루는 것이다. 과제가 주어졌을 때 당장 시작하지 않더라도 일에 익숙해질 때까지 어느 정도 시간을 갖는 것이 중요하다. 그래야 지뢰 찾기 게임 같은 딴짓을 하는 동안 뇌가 곰곰이 생각할 수 있다.

안타깝게도 과제를 끝까지 미룬다고 해서 항상 좋은 아이디어를 얻는 것은 아니다. 마감에 임박해서 일을 시작하면 창조성은 높아지지 않는다. 뇌가 공황 상태에 빠져들기 때문이다.

당신이 미루는 유형이 아니라면 철학자 존 페리John Perry가 제안한 '체계적인 미루기structured procrastination'를 시도해볼 수 있다. 할 일 목록에 있는 다른 일을 먼저 시작함으로써 생산성을 높이고, 내적 긴장감을 활용해서 과제를 보다 효과적으로 처리하는 방법이다.

딴생각하기의 창조적 힘

딴생각하기mind-wandering는 미루기와 비슷하지만 덜 활동적이다. 일을 시작하기에 앞서 책상 정리를 하거나 인스타그램을 들여다보는 것이 '미루기'라면, 설거지를 하면서 사촌 결혼식 때 어떤 신발을 신을지 생각하는 것이 '딴생각하기'다. 몸과 마음이 따로 노는 것이다.

2010년의 연구 결과에 따르면 사람들은 보통 하루의 절반, 정확히 47퍼센트의 시간 동안 딴생각을 한다. 하지만 스마트폰이 빠르게 상용되면서 상황은 달라졌다. 이제는 딴생각에 빠져 있을 시간조차 없다. 우리는 끊임없이 스크롤을 내리며 외부의 자극을 받아들인다. 2012년 미국에서 실시한 시간 활용 조사 결과에 따르면, 미국 성인의 80퍼센트 이상이 응답 직전부터 24시간 동안 긴장을 풀고 느긋하게 쉬거나 무언가를 골똘히 생각하는 활동을 하지 않았다.

딴생각에 빠질 수 있도록 스스로를 내버려두자. 동시에 생각이 지나치게 극단적인 방향으로 흘러가지 않게 조금만 주의를 기울인다면 가장 이상적이다. 우리는 딴생각하는 것을 억지로 멈출 수 없고 그래서도 안 된다. 이는 미루기와 마찬가지로 창조성과 생산성을 높이는 것은 물론, 미래의 계획을 세우는 데에도 도움을 주기 때문이다. 딴생각하기는 수동적인 정신 활동이 아니다. 어떻게 운전해서 왔는지 모르게 슈퍼마켓에 도착하고 나서 느끼는 당황스럽고 섬뜩한 순간처럼 우리 마음이 자동항법으로 작동하는 것과는 다르다.

《하이퍼포커스》에서는 딴생각하기의 세 가지 모드에 대해 이야기한다.

① 인식 모드Capture mode: 마음이 돌아다니도록 내버려두면서 어디로 흘러가는지 확인하고 무엇이 떠오르는지 인식하기

② 문제를 곰곰이 생각하는 모드Problem-crunching: 문제를 '느슨하게', 마

음이 가는 대로 인식하기

③ 습관 모드Habitual mode: 관련 없는 습관적인 일을 하는 동안 어떤 아이

디어와 계획이 떠오르는지 인식하기

저자 베일리는 세 가지 모드를 신중하게 실행해보았다. 첫째, 커피와 공책을 들고 앉아서 마음속에 떠오르는 것을 바라봤다. 둘째, 오랫동안 문제에 대해 생각하면서 해결책이 떠오를 때마다 공책에 받아 적었다. 셋째, 쉽고 습관적이고 즐거운 일, 예를 들어 화창한 날 카페 가기 같은 일을 하면서 뇌가 스스로 이야기하도록 내버려뒀다. 그는 이러한 모드가 창조적 결과를 모색하는 과정에서, 특히 문제를 해결하는 과정에서 종종 나타난다고 말했다. 샤워를 하거나, 달리기를 하거나, 케이크를 굽는 도중에 '유레카!'를 외치는 순간이 찾아오는 이유일 것이다. 훈련된 딴생각하기의 효능은 연구 결과에서 뚜렷하게 드러나고 있다.

하지만 우리는 딴생각을 충분히 하지 않는다. 생산성 관련 책들은 마지막 한 방울까지 짜내서 일하라고 한다. 더 많이 집중하라고 강조한다. 게다가 지금 우리를 둘러싼 기술 환경은 딴생각할 기회를 대부분 앗아가고 있다. 과거에 사람들은 화장실에서, 버스에서, 매장에서, 친구를 기다리면서, 혼자 술을 마시면서, 산책하면서 마음껏 딴생각을 할 수 있었다. 스마트폰을 들여다보지 않고 딴생각에 빠졌던 마지막 순간은 언제였던가?

러닝메이트를 구하라

솔로 워커로서 책임감 있게 일하고 싶다면 러닝메이트를 두는 것도 추천한다. 무어는 마감이 다가올 때마다 다른 작가와 짝을 이뤄 서로를 독려한다. 가령 두 사람은 이런 메시지를 주고받는다. "오전 11시 37분까지 원고지 450매를 완성시키겠어", "오후 2시까지 A4 세 장짜리 원고를 끝내겠어." 이 과정은 마감이 끝날 때까지 계속된다.

동료를 실망시키지 않고 사회적 기대를 충족시켜야 하는 조건들이 주어졌을 때 더 큰 능력을 발휘할 수 있다. 현실적으로 그런 환경을 만들기 힘들다면 '대역 기법body doubling'을 활용해보자. 일을 시작하고 집중력을 유지하기 위한 촉매로 가상의 타인과 연결되어 있다고 상상하는 방법이다(이 기법은 원래 ADHD 환자를 위해 개발되었지만 오늘날 광범위하게 활용되고 있다). 누군가와 함께 일하고 있다는 사실을 인식함으로써 심리적 위안을 얻고 동시에 책임감을 느끼게 된다.

꾸준함이 쌓아 올린 몰입의 힘

몰입flow은 대단히 집중된 상태로 혼자 하는 일, 특히 음악이나 미술처럼 창조적인 분야에서 종종 등장하는 주제다. 이는 복잡하면서도 드문 경험이다. 몰입이라는 개념은 1990년 심리학자이자 창의성과 행복에 대해 연구하는 미하이 칙센트미하이Mihaly Csikszentmihalyi가 동명의 책 《몰입Flow》에서 처음으로 제시했다. 몰입할 때 우리는 자기 일에 완전히 빨려 들어서 그 밖의 일은 전혀 눈에 들어오지 않는다. "특정한 활동 그 자체에 완전히 몰입해 있다. 에고는 사라진다. 시간은 날아간다. 모든 행동과 움직임, 생각이 필연적으로 그 이전의 것으로부터 흘러나온다… 자신의 존재 전체가 집중하고 최고 수준으로 기술을 활용한다."[13] 이때 우리는 추구하는 목표가 분명하고, 거기에 도달할 수 있다고 믿는다. 스스로 능력을 최대치로 발휘하고 있다는 사실을 전적으로 인식하고, 이로부터 선순환이 시작된다. 자신이 하는 일이 잘 흘러간다는 사실을 알아차린다. 칙센트미하이에 따르면 몰입하는 순간에 최고의 행복감을 맛본다.

이는 대단히 설득력 있는 개념으로서 학술적·대중적으로 많은 관심을 받았다. 솔로 워커가 일에 몰입하는 것은 대단히 긍정적인 현상이다. 그러나 불안으로 고통을 겪고 있다면 몰입을 경험하기 힘들 것이다. 끊임없이 걱정거리를 늘어놓는 뇌가 집중을 방해하고, 의식적으로든 무의식적으로든 불안에 빠져 있을 때는 자기중심적인 관점에서 벗어나기가 힘들다. 세심한 사람, 또는 돈이나 지위 같은 외적 요인보다 내적 요인에서 동기를 부여받는 사람은 몰입하기가 더 쉬워 보인다. 나 역시 후자 유형이지만(부유한 프리랜서 작가는 아직 만나보지 못했다), 동시에 불안으로 어려움을 겪고 있다.

몰입하기 위해서 주의를 집중하고 흩뜨리지 않는 방법을 이해해야 한다. 스마트폰에서 자신을 부르는 알림이 끊임없이 울릴 때 몰입도는 깨진다. 동시에 적합한 활동을 발견하는 것 역시 중요하다.

쉬운 일은 관심을 자극하지 못하고 지루함만 안겨다준다. 성인용 컬러링 북에 색칠하다가 도달하는 차분한 심리 상태는 사실 몰입이 아니다. 일이 너무 어려워도 마찬가지다. 몰입은 멋진 일을 멋지게 해낼 때 일어난다. 여기서 멋진 일이란 심리적 위안이 아니라 자극을 주는 일이다.

더크워스는 자신의 책 《그릿》에서 몰입의 개념을 집중적으로 조명한다. 더크워스는 무엇이 그릿을 강화하는지, 즉 무엇이 사람들을 더 유연하고, 끈기 있고, 실패와 장애물에 직면해도 계속해서 도전해 위대한 성취를 이루도록 만드는지를 연구했으며, 그 과정에서 몰입이 어떤 역할을 하는지 밝혀내고자 했다.

그의 그릿 이론은 다음과 같다.

재능+노력=기술
기술+노력=성취[14]

재능은 있지만 노력하지 않을 때 기술 수준은 향상되다가 어느 지점에서 멈춘다. 그러나 그릿이 강한 사람은 타고난 재능에(모든 유형의 재능이 해당된다. 반드시 그림 그리기나 달리기, 수학과 관련된 재능일 필요는 없다) 노력을 더해 기술을 계속해서 발전시켜나간다. 그리고 그릿이 가장 강한 사람은 더 많이 노력해서 기술을 지속적으로 향상시켜 위대한 성취를 이룬다. 더크워스는 "노력이 두 배 더 중요하다"고 말한다. 그는 특히 몰입이 노력하는 과정의 어디쯤에서 나타나는지에 관심을 기울였다. 수영 선수들을 분석한 결과, 그들이 열심히 훈련하는 과정에서 몰입은커녕 어떤 즐거움도 경험하지 못함에도 계속 노력한다는 사실을 확인했다. 하지만 시합에서 때로 몰입을 경험하거나 세계 기록을 갱신했다. 혹은 둘 다를 동시에 달성했다. 여기에 무슨 상관관계가 있을까?

더크워스는 비록 매일 새벽 4시에 일어나 수영장에 뛰어드는 과정에서는 몰입 상태를 경험하는 경우가 대단히 드물지만, 장기적으로는 몰입을 경험할 가능성이 높다고 한다. 그가 지적한 대로 훈련은 즐거워 보이지 않으며, 훈련 수준이 높을수록 즐거운 정도는 더 낮아진다. 그러나 힘들게 훈련하는 시간이 몰입을 경험할 가능성을 높인다. 연주자나 오케스트라 지휘자 등 스스로 몰입을 경험했다고 증언하는 사람들 역시 기술을 완벽하게 익히기 위해 극단적으로 열심히 노력한다. 그럴 때 그들은 게임의 정상에 서고 몰입 상태에 진입한다.

몰입이 어느 순간 갑자기 나타나기를 기대할 수는 없다. 또한 반복적인 일을 하면서 느끼는 즐거움을 몰입이라고 생각할 수 없다(나는 설거지를 명상이라고 생각하는 작가, 빨래를 널면서 마음을 다스리는 극작가를 알고 있다. 그러나 누구도 몰입을 경험하지는 않았다). 몰입하는 수준에 도달하기 위해서는 많은 시간과 노력이 필요하다. 음악을 듣거나, 컴퓨터 게임을 하거나, 스포츠 시합을 하거나, 춤을 추고, 혹은 여러 다양한 취미 활동을 하면서 몰입을 경험했다는 보고를 감안할 때, 일이 아닌 활동에서 몰입을 경험하는 사람이 더 많은 듯하다.

얼마든지 몰입의 가능성을 높일 수 있다. 만일 몰입을 경험했다면 그때 무엇을 하고 있었는지 어떤 환경이었는지 주의해서 관찰하자. 뇌의 집중을 요구하는 활동과 마찬가지로 몸의 집중을 요구하는 활동 또한 몰입으로 이어질 수 있다. 그리고 새롭고 예측 불가능한 환경 역시 몰입 상태를 촉발할 수 있다. 휴가지에서 훌륭한 아이디어가 떠오르는 이유다.

뇌의 기억 능력을 향상시키는 명상 효과

일의 효율을 높이는 또 하나의 방법은 마음챙김과 명상의 실천이다. 이는 앞서 언급한 병원 수술실을 비워 여유 공간을 마련한 것과 같은 효과를 낸다. 내면에도 이와 같은 여유 공간을 만들어 정신 건강에 도움을 주는 것이다. 지친 마음에 한 템포 쉬어가는 시간을 선물함으로써 내 삶과 일이 좀더 여유롭게 돌아갈 수 있다.

마음챙김과 명상을 하는 구체적인 방법은 많이 알려져 있다. 나는 일주일에 두 번 정도 캄Calm이라는 앱의 도움을 받아 명상을 실천한다. 수면에 도움을 주는 명상이 필요할 때는 바디스캔 명상을 활용한다.

마음챙김 훈련과 명상은 뇌의 작업 기억 능력도 향상시킨다.

스트레스를 받거나 뇌의 기능이 떨어져 있을 때 명상을 하면 안정과 회복에 도움이 된다. 한 연구 결과에 따르면, 시험을 보기 몇 주 전부터 꾸준히 명상을 한 학생은 그렇지 않은 학생들에 비해 성적이 향상되었다고 한다. 명상은 미루는 습관을 개선하는 데 도움이 된다. 꾸준히 실천하면 불안을 관리하는 데에도 효과적이다. 마지막으로 명상은 현재의 순간에 집중하는 훈련이기 때문에 집중력을 향상시키는 데 도움을 준다.

당신의 상사는
당신뿐이다

당신은 스스로에게 어떤 사람인가? 솔로 워커는 자신의 비즈니스 전반을 책임져야 한다. 마케팅 책임자이자 소셜 미디어 관리자고, 회계 담당자이면서 화장실을 청소하고, 프린트 잉크를 구매하고, 컴퓨터와 인터넷을 관리하는 직원이다. 이 모든 역할을 전부 잘해내기란 쉽지 않다.

솔로 워커로서 자신의 비즈니스를 책임지는 비공식 CEO가 된 지 얼마 되지 않았다면, 무턱대고 상황에 부딪히려 하기 쉽다. 슐트는 프리랜서 기자가 된 친구 이야기를 들려주었다. "그는《뉴욕 타임스》에서 몇 년간 일하다가 독립했습니다. 만나자마자 이렇게 말하더군요. '세계 최악의 상사를 모시고 일한다는 사실을 깨달았어.' 그는 항상 열정이 넘쳤으며 더 많이 일해야 한다고 스스로를 강하게 몰아붙였어요. 유연하게 일하고 싶어서 조직을 나왔는데 오히려 더 많은 일을 하고 있었죠. 회사로부터 자유로워졌지만 스스로의 비현실적인 기대에 부응하느라 하루하루 아주 힘들게 일했습니다." 프리랜서로서 스스로를 관리하는 일에 서툴렀던 나머지 그는 세상 어떤 상사보다 자신을 혹독하게 대한 것이다.

아웃소싱의 중요성

자신이 이 작은 조직의 책임자라는 사실을, 얼마나 중요한 역할인지를 기억하자. 당신이 바로 당신의 상사다. 우리는 업무에서 만족감을 얻고, 쾌적한 공간에서 일하고, 필요한 도구를 사용할 수 있도록 스스로를 도울 책임이 있다. 또한 충분히 휴식하고, 적절한 시간에 업무를 마치고, 현실적인 업무량을 부여받고, 비현실적인 마감이나 지나치게 낙관적인 목표를 세우지 않도록 도와야 할 책임이 있다. 이렇게 말하기는 싫지만, 업무에서 지속적으로 압박감을 느낀다면… 그건 당신의 실수다.

'일이 들어오면 모두 다 받아야 해. 물 들어올 때 노 젓지 않으면 곧 일감도 떨어지고 생활비도 부족해지겠지. 돈 못 벌고 노는 것보다 차라리 조금 스트레스받더라도 바쁜 게 나아. 그리고 일을 많이 해야 프리랜서로 성공할 수 있겠지.'

솔로 워커의 업무환경을 고려하면 일리가 없는 생각은 아니지만 다양한 면에서 피해가 나타난다. 우선 일의 품질이 떨어진다. 일에 대한 흥미는 낮아지고 스트레스는 높아진다. 성공을 정의하라고 했을 때 이렇게 적는 사람은 없을 것이다. '매일 일만 하면서 즐겁지는 않은 삶.'

최근 7,500명의 노동자를 대상으로 한 여론조사에서 번아웃의 핵심 원인으로 직장에서의 불공정한 대우, 소화 불가능한 업무량, 시간 부족, 역할의 모호함, 관리자의 무관심, 커뮤니케이션 부족 등이 꼽혔다.[1] 조직 안에서 일하는 사람을 대상으로 한 조사지만 솔로 워커 역시 유사한 문제를 겪는다. 우리는 목표를 추상적으로 세우고 일정을 주먹구구식으로 잡는다('많이', 그리고 '지금 당장'). 스스로에게 너무 많은 일을 부과하면서 시간을 충분히 주지도 않는다.

이러한 문제를 해결하기 위해서는 거절하는 법 혹은 더 많은 시간을 요구하는 법을 배워야 한다. 마감은 절대 불변의 법칙이 아니다. 일정 조정이 필요한 경우도 생긴다. 일단 고객에게 제시간에 일할 수 있음을 보여주고, 다음번 프로젝트부터는 좀더 여유롭게 작업하기를 요구해보자.

프리랜서는 비즈니스 개발 관리자이기도 하다. 새로운 영역을 개척할 시간을 확보하기 위해 가능한 한 많은 과제를 아웃소싱으로 넘겨야 한다. 매사추세츠 보스턴에 있는 뱁슨대학교 MBA 과정에서 긱 경제를 주제로 강의하는 멀케이는 이렇게 말했다. "혼자 일하면서 모든 역할을 제대로 해내기란 대단히 힘듭니다. 많은 시간이 필요하고 좋아하지 않거나 익숙하지 않은 일도 해야 합니다. 특히 이런 일은 아웃소싱이 더 유리합니다."

외주를 주면 자신을 중심으로 간헐적인 팀이 구축된다. 덕분에 가장 잘하는 일에 집중할 시간을 확보할 수 있다. 아웃소싱 팀을 구성하는 게 처음에는 대단히 까다롭고 장기적으로 큰 비용이 들 것처럼 보이지만 꼭 그렇지만은 않다. "쉽게는 주변 사람에게 소개를 부탁하는 것으로 시작할 수 있습니다. 아니면 업워크와 같은 플랫폼을 활용해서 필요한 기술자를 섭외할 수도 있죠. 소셜 미디어 관리자의 경우 비용도 크게 부담스럽지 않고 일주일에 2시간 정도로 짧게 업무를 요청할 수도 있습니다. 비즈니스가 성장하면서 더 많은 일을 맡고 작업 단가가 올라가면 시간과 돈을 교환하는 이런 시스템은 더욱 합리적인 선택이 될 것입니다." 하버드비즈니스스쿨에서 시간과 돈의 상관관계에 관해 연구하는 월런스는 아웃소싱에 연간 5,000달러를 투자해서 1만 8,000달러가 넘는 수익과 맞먹는 행복을 누릴 수 있다고 말한다.

하기 싫은 일을 남에게 맡기기가 불편할 수도 있다. "다른 사람을 고용하는 일에 익숙하지 않아서 자기가 할 수 있는 일이면 직접 해야 한다고 생각할 수 있습니다. 그들에게 저는 이렇게 말합니다. 누군가를 고용했다고 생각할 필요는 없습니다. 상대를 독립적인 비즈니스 운영자로 바라보세요. 고객으로서 상대의 비즈니스가 성장하는 데 도움을 주고 있다고요. 새로운 고객이 생겼을 때 얼마나 기뻤는지 생각해보세요. 상대방 역시 똑같이 느낄 겁니다."

자기 자신의 비즈니스 코치 되는 법 다섯 가지

재정이 여유롭다면 비즈니스 전문가를 고용해 비즈니스의 목표와 의미, 미래 계획을 새로운 시각으로 바라보도록 도움을 얻는 방법을 생각해볼 수 있다. 하지만 대부분의 솔로 워커들은 시간도 돈도 부족하다고 느끼며, 특히 프리랜서 생활을 막 시작했다면 더욱 그럴 것이다.

전문가를 고용할 여력이 없다면 자신이 구축한 팀 내에서 비즈니스 코칭의 주요 원칙을 배우면 된다. 헤퍼넌은 팀을 만들어 활동하는 솔로 워커들의 이야기를 들려줬다. "공식적인 조직은 아니지만 친구이자 동료로서 전문적인 지식과 금융, 인간관계 및 가정에 관한 이야기를 함께 나눌 모임을 만듭니다. 이를 통해 삶의 궤도를 유지하고 스스로를 관리합니다. 그 조직을 뭐라고 부르든 간에 다른 사람과 함께한다는 사실이 중요합니다. 그들 덕분에 일에 함몰되지 않고, 공황이나 과로에서 벗어나고, 인간적인 삶을 유지할 수 있습니다."

여기서 몇 가지 원칙을 스스로 활용해볼 수 있다.

- 비즈니스 전체를 아우르는 방침을 세우자. 무엇을 가치 있게 여기는가? 비즈니스의 목적은 무엇인가? 이 일이 누구에게 도움을 주는가?

누구의 문제를 해결해주는가? 무엇에 기여하고 싶은가? 꼭 거창할 필요는 없다. 슐트는 이렇게 말했다. "솔로 워커의 삶을 시작한 이유를 분명히 이해하고 기억하면 초심을 잃지 않습니다. 또한 위기에 봉착했을 때 계속해서 나아갈 수 있습니다."

- 개인으로서의 목표, 직업인으로서의 목표, 경제적 목표는 무엇인가? 5년 혹은 10년 단위로 계획을 세워보자. 목표는 미래의 거주지부터 연간 수입 및 지출 금액에 이르기까지 모든 것이 될 수 있다. 개인적인 목표와 직업적인 목표는 서로 긴밀하게 얽혀 있다. 두 가지 목표를 동시에 세우면 하나를 지나치게 강조하느라 다른 하나를 희생하는 위험을 피할 수 있다.

- 이 목표를 달성하기 위해 무엇을 해야 하는가? 우선 크고 추상적인 목표를 작게 쪼개보자. 그래야 달성하기 쉽다. '돈 많이 벌기'보다는 '올해 1분기까지 새로운 고객 두 명 더 확보하기', '단가 3퍼센트 높이기', '미수금 청구하기'가 훨씬 좋다. '여행 더 많이 가기' 대신 '6월 하순에 파리 숙소 예약하기'라고 하자. 실행할 확률이 높아진다.

- 갑자기 일을 못 하게 될 때를 대비하자. 저축으로 여유 자금 마련하기, 소득 흐름 다각화하기, 건강보험 들기 등등.

- 자신을 감독해줄 사람을 찾자(되도록 가족이나 반려자는 제외하자). 팀을 구성해 스스로 세운 작은 목표들을 달성해나가고 있는지 정기적으로 확인받을 수 있다면 가장 좋다.

이러한 형태의 계획 수립과 관련해서 두 가지 중요한 점을 명심해야 한다. 목표를 달성하는 최고의 방법은 한 번에 하나씩 시작하는 것이다. 너무 많은 것을 한꺼번에 시도하려 든다면 과제에 압도당해 포기하기 쉽다. 새해 결심과 비슷하다. '살을 빼고, 운동을 시작하고, 더 나은 부모가 되고, 우쿨렐레를 배우겠어.' 그러나 새로 태어나기 위해 분투하며 며칠을 보내고 난 뒤, 의지력은 고갈되고 결국 원래대로 돌아가고 만다. 전보다 더 위축된 상태로 말이다.

계획은 야심차게 세우자. 하지만 하루하루 실천 과제는 보수적으로 잡자. 하나를 완성하고 다음 과제로 넘어가자.

대표이자 인사 관리자, 그리고 운영 책임자로서 비즈니스와 자기 자신을 현실적이면서도 부드럽게 대해야 한다. 솔로 워크 전문가 정희정은 이렇게 말했다. "오로지 재정 책임자의 입장에서 스스로에게 '내년에 수익을 두 배로 늘립시다'라고 말한다면 인사 관리자이기도 한 나는 이렇게 대응해야 합니다. '현재 인력 충원은 불가능합니다. 목표 달성을 위해서는 기존의 직원을 쥐어짜야 합니다. 이 방식이 지속 가능할까요?' 전반적인 요소를 고려해야 합니다. 다른 부분에 어떤 영향을 미칠지 고려하지 않고 오로지 재정 책임자의 입장에서만 말해서는 곤란합니다."

일로
만난 사이

혼자 일한다고 해서 관계를 소홀히해서는 안 된다. 누구든 고객이나 협업자가 될 수 있기 때문이다. 다른 사람과 교류하고 인간관계를 관리하는 방식이 일의 결과를 좌우한다. 혼자 일한다면 필히 알아야 할 몇 가지 원칙을 소개한다.

친절의 미학

사람들에게 친절하게 대하자. 친절하다고 만만해지는 것은 아니다. 누구나 삶 속에서 각자의 문제를 겪고 있다는 사실을 명심하자. 무심한 반응이 돌아오더라도 정중하게 부탁하고 감사를 표하자. 그냥 짧게 '괜찮습니다'라고 대답하지 말자. 도울 수 있는 사람을 돕자. 도움을 줄 수 없다면 다른 사람을 소개해주자. 그리고 상대에게 너무 많은 것을 바라지 말자.

우리는 대화를 일종의 테니스 게임처럼 생각한다. 내 차례, 상대방 차례, 내 차례, 상대방 차례. 그러나 그런 대화 방식으로는 상대에 관해 잘 알 수도 없고, 함께 좋은 아이디어를 만들 수도 없다. 다른 사람의 말에 귀 기울이자. 상대방이 이야기할 때 다음에 무슨 말을 할지 생각하지 말자. 그가 말을 다 마친 듯해도 잠시 기다려주자. 이때 사람들은 종종 예상치 못한 말을 하곤 한다. 더 많이 질문하고 더 많이 듣자.

'꼭 한번 같이 일해보고 싶었어요'라는 말 듣는 법

솔로 워커는 부하 직원이 아니라 고객과 함께 일한다. 회사에서 부하 직원과 상사 사이에는 합법적인 권력관계가 작용한다. 리더십 전문가 모린은 "프리랜서에게는 합법적 권력, 즉 조직을 기반으로 한 권력이 없다"고 말한다. 타인에게 명령을 내릴 일이 없고, 함께 일하는 사람이 매번 달라지기 때문이다. 이런 관계에서는 회사와 달리 신뢰와 협력을 기반으로 관계를 만들어야 한다.

"권력 없이도 영향력을 행사하려면 부드러운 힘이 필요합니다. 그들에게 영감을 줘야 하죠. 놀라운 점은 이렇게 일하는 솔로 워커일수록 다양한 사람과 훨씬 많은 일을 할 수 있다는 사실입니다.

돈을 지불하고 외주를 주거나 어렵게 고객을 찾을 때보다 더 많은 일을 말이죠. 타인에게 영감을 주고 자신의 가치를 보여줬기 때문에 상대가 함께하고 싶어 합니다. 저와 함께 일하는 많은 이들은 이렇게 말합니다. '당신과 꼭 한번 같이 작업해보고 싶었어요.'"

모린은 이렇게 덧붙였다. "혼자 일하기 시작한 사람들이 부디 혼자서는 원하는 바를 이루기 어렵다는 사실을 빨리 깨닫기를 바랍니다. 솔로 워커는 상호의존관계의 한가운데에 서 있습니다. 본격적으로 비즈니스가 커질 무렵에 자연스럽게 깨닫게 될 것입니다."

협력자를 존중하는 법

나는 스물세 살 때부터 일했기 때문에 업무에 일찍 능숙해진 편이다. 이 모든 것에 내가 이미 능숙해졌다는 사실, 그리고 내가 일하는 방식이 유일하지 않다는 사실을 잊었을 때 비즈니스는 어려워졌다.

상대가 나처럼 일하기를 기대했다. 그래서인지 상대가 일을 망쳤을 때 그가 마치 나인 것처럼 화가 났다. 그 사람만의 장점을 발견하려 애쓰지 않았다. 그가 누구인지, 무엇을 원하는지, 이 일을 왜 하는지 생각해보지 않았다. 그게 내가 일하는 방식이었다. 나는 함께 일하는 사람을 초라하고 주눅 들게 만들었다. 이런 내가 정말 싫었다.

함께 일하는 상대를 협력자로 바라보지 못하는 태도는 결국 일을 그르치게 만들고 종국에는 자기혐오에 빠진다. 이러한 태도를 인식하고 변화하려 노력해야 한다. 함께 일하는 사람들을 있는 그대로 바라보자. 쉽지 않겠지만, 일에 서투른 스스로를 다독이고 용서하고 받아들여 결국 오늘의 내가 있는 것처럼, 남들에게도 너그러운 자세가 필요하다.

단순한 친절함이 아니다. 한 걸음 더 나아가야 한다. 내가 만든 틀에 상대를 억지로 끼워 맞추는 것이 아니라, 상대가 누구이고, 어떤 일을 하는지 진심으로 이해하려 노력해야 한다.

이메일로 커뮤니케이션 역량 높이는 법

이메일은 대표적인 커뮤니케이션 수단이다. 솔로 워커로 일하려면 효과적인 이메일 작성법을 필히 익혀야 한다. 이메일은 한번 보내고 나면 상대방의 받은편지함에 영원히 존재한다. 마주보고 대화할 때처럼 실수를 재빨리 정정할 수도 없다. 그러니 가능하면 임시저장 기능을 사용해보자. 혹시 다른 사람에게 보낸 것은 아닌지, 숨은 참조로 해야 할 사람을 그냥 참조로 넣은 것은 아닌지 다시 한 번 확인할 수 있다.

답장이 늦어지면 걱정하거나 자신이 쓴 메일을 곱씹는 유형이라면, 여러 개의 이메일을 일괄 발송하는 방법을 사용해보자. 필요할 때 수시로 이메일을 작성하되, 곧바로 발송하지 말고 임시저장했다가 정신이 또렷할 때 쓴 내용을 다시 한 번 확인하고 발송한다. 급하게 작성하고 서둘러 전송 버튼을 눌렀다가 두고두고 후회하는 일을 방지할 수 있다.

이메일로 어조나 말투까지 전달하기란 쉽지 않다. 그래서 나는 메일을 쓸 때 간결함보다 명쾌함을 더 중요시한다. 간결함은 자칫 퉁명스럽고, 냉정하고, 무례하고, 위압적으로 느껴질 수 있다. 말하고자 하는 바를 분명히 이해시키기 위해서 두 문장쯤은 길어져도 좋다.

팀원이나 프로젝트 구성원과 같은 공간에서 일하지 않을 때는 특히 연락 가능 시간의 한계를 정하자. 범죄 전문 기자이자 팟캐스트 진행자인 알렉스 하나포드Alex Hannaford는 온종일 쉬지 않고 메시지를 보내는 바람에 협력자들을 엄청나게 몰아대는 실수를 한 적이 있다고 인정했다. 이후 하나포드는 주말 동안 구글 독스에 안건을 기록했고 협력자들은 월요일 아침에 일을 시작하면서 일괄적으로 메시지를 확인했다.

나의 고객 중 하나도 금요일 저녁이나 토요일에 문자 메시지를 보내곤 했다. 한 회사의 임원인 그는 주중에 무척 바빴고, 나는 수년 동안 업무시간 이후에 받은 연락에 답했다. 이런 업무 스타일에 대해 상대와 허심탄회하게 대화를 나눠보자. 업무시간이 아닐 때는 문자 메시지가 아닌 이메일을 보내달라고 요청하자. 그리고 되도록 공식적인 근무시간에만 답장하도록 하자. 반대로 주말에 불가피하게 이메일을 보내야 할 경우, 제목에 '긴급 사항 아님. 차주 회신 요망'이라고 덧붙여보자. 일과 휴식시간의 경계를 지키는 사소한 행동이 쌓여 양쪽의 업무성과에 긍정적인 영향을 미친다.

프로답게 화상회의 하는 법

요즘 줌^{Zoom}이나 구글 미트^{Google Meet} 등 영상통화 서비스의 인기가 어느 때보다 높다. 그 덕분에 프리랜서나 재택근무자와 같은 솔로 워커들은 이동 시간을 절약하고 있다. 하지만 장점만 있는 것은 아니다. 화상회의는 왜 대면회의보다 힘들게 느껴질까? 화면 속 사람들이 왜 낯설게 느껴지는지, 왜 사람들이 어떻게든 화상회의를 피하려하는지 이해할 필요가 있다.

가만히 들여다보면 화상회의는 우리의 작은 뇌가 감당하기에 믿을 수 없을 만큼 어렵다. 뇌는 음성과 영상으로 쏟아지는 방대한 정보에 어떻게 대처해야 할지 갈피를 잡지 못한다. 실생활에서 언제 한 번에 네다섯 사람의 얼굴을 보는가? 일상적인 대화에서 우리는 한 사람씩 쳐다보고 표정을 읽어낸다. 표정뿐 아니라 비언어적 의사소통에 결정적인 역할을 하는 손짓이나 몸짓, 자세, 옷차림을 바탕으로 상대방의 심리를 짐작할 수 있다. 그러나 영상통화에서는 불가능한 일이다. 또한 평소 대화할 때는 자기 자신의 얼굴을 보지 못하지만 화상회의 중에는 일그러지거나 찌푸린, 생각보다 훨씬 더 늙고 피곤해 보이는 자신의 얼굴까지 대면해야 한다. 게다가 영상은 종종 끊기거나 흐려진다.

화상회의는 종종 아무런 신호 없이 시작된다. 누구도 음료를 권하지 않는다. 누가 회의를 책임지고 이끄는지 꼬집어 말하기도 어렵다. 잡담으로 회의 분위기를 부드럽게 만들려는 시도도 없다. 한 사람 이상이 동시에 말할 때 나머지는 소외된다. 사람들은 회의실에서 논의할 때보다 더 소극적으로 임한다. 실제 대화에서는 그리 어색하지 않은 침묵도 화상회의에서는 화면이 정지되었나 의심하게 된다. 사람들은 인터넷 연결 상태를 확인하거나, 공백을 메우려고 조급하게 달려든다. 이런 환경 때문에 활발하고 유의미한 논의는 어려워진다.

어떤 이들은 화상회의를 비공식적인 대화쯤으로 여긴다. 가령 쩝쩝거리며 음식을 먹거나 해변에서 입을 법한 옷차림으로 등장해서 동료들을 당황하게 만든다.

난감한 실수가 벌어지기도 한다. 가령 마이크가 꺼져 있다고 착각하고 상사 욕을 한다거나 지나치게 사적인 이야기를 주고받을 수도 있다. 벌거벗은 아이들(혹은 배우자)이 갑자기 방으로 뛰어들어 화면에 등장하기도 한다.

화상회의가 힘든 과제라는 사실을 인정하자. 화상회의는 집중을 요구하고 긴장을 유발한다. 회의가 끝나고 나면 녹초가 되는 이유다. 회의를 시작하기 전에 충분히 준비하고, 끝난 뒤에는 여유 있게 쉬자.

성 고정관념

아직도 많은 가정이 전통적인 성 역할에서 벗어나지 못하고 있다. 이런 환경은 솔로 워커에게 큰 영향을 미친다. 정희정은 이렇게 설명했다. "미국의 경우 전체 가구의 약 절반은 여성이 주로 경제활동을 합니다. 이러한 현실과 달리 유럽과 미국에서(심지어 맞벌이 가정에서도) 돈을 버는 일은 남성의 역할이고, 여성의 역할은 가정을 돌보면서 자녀와 고령의 부모를 보살피는 일이라는 생각이 여전히 팽배합니다."

그러나 이 구조는 누구에게도 도움이 되지 않는다. "재택근무나 탄력근무제로 일하는 많은 여성이 아이를 교육 시설에 데려다주고, 집에 돌아와 일하고, 오후 3시에 다시 아이를 데려오고, 차를 마시고, 집안일을 하고, 씻고, 자고, 다시 아침 8시에 일과를 시작하고, 밤늦게까지 일합니다. 반면에 많은 남성이 홈오피스로 들어가 문을 닫고 나오지 않습니다. 가끔 산책도 하지만 오후 5, 6시까지 계속해서 일만 합니다."

그의 경험에 비추어볼 때 남성은 여성보다 더 오래 일하는 경향이 있고 그로 인해 업무적으로 우대를 받는다.

정희정은 이렇게 말했다. "남성은 집에서 일하면서도 일과 집안일 사이의 경계를 유지할 수 있습니다." 하지만 여성은 사회적으로 집안일을 해야 한다는 압박을 남성보다 더 많이 받는다. 특히 업무시간이 길어질수록 집안일 할 시간이 줄어듦으로 부담이 더 커진다. 안

타깝게도 재택근무를 하는 여성의 고용주는 여성 노동자가 가사와 일을 병행하리라 예상하며 오래 일하기를 기대하지 않는다.

"재택근무 하는 여성이 주의 깊게 생각해야 할 것은 가사와 일을 동시에 수행함으로써 성 규범을 고착화시킨다는 사실입니다. 많은 워킹맘이 그걸 알면서도 유연근무에 감사해합니다. 여성들은 보통 자신의 업무를 조절함으로써 둘 다 해내려 합니다. 하지만 이런 노력은 압박감을 느끼고 지치게 만들며, 아주 좋지 않은 결과로 이어지게 됩니다. 시간은 한정적인데 해야 하는 일만 늘어나기 때문입니다. 착취당하지 않으려면 배우자에게 자신의 몫을 다하라고 요구하는 것이 옳습니다."

정신적 부하mental load라는 개념에 익숙하다면 정희정의 말을 이해할 것이다. 정신적 부하는 가정을 꾸려나가는 데 수반되는 보이지 않는 무형의 일을 뜻하며 인지 노동이라고도 한다. 즉 여성은 관계에서 감정 노동을 더 많이 떠맡는 경향이 있음을 의미한다. 생필품을 챙기고, 아이들의 옷을 사고, 생일 파티를 준비하고, 카드나 선물을 보내고, 쇼핑을 하는 등등… 각종 연구 결과가 이를 뒷받침한다.

이 문제를 제기하는 이유는 모두가 자신의 상황을 파악할 수 있기를 바라기 때문이다. 누군가 기존의 작업환경에서 벗어나 재택근무 혹은 탄력근무를 한다는 이유로 가정 내에서 더 많은 짐을 떠안고 있지는 않은가? 그것은 공정한가? 이는 업무능력과 성과에 따른 사회적 지위에 어떤 영향을 미치는가?

솔로 워커와 협업 시 지켜야 할 원칙

조직 안에서 일하는 사람들은 혼자 일하는 게 어떤 것인지 잘 모른다. 사람들은 내게 이렇게 말한다. "부지런하시네요. 저라면 온종일 텔레비전이나 보고 일은 하나도 하지 않을 겁니다." 그러나 조금만 생각해보면 말도 안 되는 소리라는 사실을 깨닫게 될 것이다. 하루나 일주일 정도는 축 늘어져 있을 수 있다. 하지만 우리 사회가 공유하는 노동윤리와 월세를 비롯한 각종 공과금이 밀릴지 모른다는 두려움은 아무리 게으른 사람이라도 부지런히 일하도록 만든다.

여기서는 솔로 워커와 함께 살아가는 사람, 함께 일하는 사람에게 도움이 될 몇 가지 지침을 제시한다.

솔로 워커와 함께 산다면…

- 솔로 워커가 일반적인 업무환경이나 업무시간에 일하지 않는다고 해서 그들의 일이 자신의 일보다 덜 중요하다고 생각하지 말자.
- 솔로 워커에게 '평일에 놀아서 좋은 날씨 만끽하고 좋겠다'며 부러워하지 말자. 당신과 마찬가지로 그들도 열심히 일하고 있다.
- 솔로 워커가 언제나 택배를 받고, 세탁물을 맡기고, 아이들을 데려오고, 식료품을 사러 나갈 수 있다고 생각하지 말자.
- 솔로 워커의 업무시간이 유연하다고 해서 모든 일정을 당신에게 맞출 수 있다고 기대하지 말자. 솔로 워커 역시 자신의 일을 가장 중요하게 여긴다.

- 방학 때 아이를 돌보고, 고령의 가족을 챙기고, 저녁 식사를 준비하고, 병원이나 미용실을 예약하고, 교사와 면담을 하는 일은 솔로 워커의 전유물이 아니다.
- 솔로 워커의 사무실이기도 한 집에 비스킷을 사두지 말자.
- 솔로 워커가 쉬지 않고 일만 한다면 제동을 걸자.
- 성공을 축하하고 성취를 충분히 인정해주자. 굳이 선물을 살 필요는 없다. 다만 그들이 해낸 일을 자랑스럽게 여기자. 많은 솔로 워커는 다른 사람들에게 인정받기가 힘들다.
- 이야기를 나누자. 비록 당신이 사무실에서 정신없이 바쁜 하루를 보냈다고 해도, 고요한 시간이 그립다고 해도 솔로 워커와 함께 이야기를 나눔으로써 정신 건강을 챙겨주자(스스럼없이 대화가 필요하다고 요청할 수 있도록 해주자).
- 때로는 함께 외출하자. 비록 당신이 온종일 밖에 있어서 나가고 싶은 생각이 들지 않는다고 해도 말이다.
- 솔로 워커에게 상사가 없다고 생각하지 말자. 그들은 아마도 수십 명, 혹은 수백 명의 상사가 있는 것처럼 느낄 것이다.

솔로 워커를 고용했다면…
- 알맞은 보수를 제때 지급하자.
- 보수를 지급하자.
- 그렇다. 보수를 지급하자.

- 요구 사항을 무시하지 말자. 솔로 워커가 한 일에 대해 감사를 표하자. 피드백을 주자. 질문에 대답하자. 그들의 존재를 인정하자.
- 솔로 워커가 여러 가지 프로젝트를 동시에 추진하고 있으며, 모두 잘 해내기 위해 필사적으로 노력하고 있음을 이해하자.
- 햇볕을 만끽하고 있는지 묻지 말자.
- 솔로 워커가 오랜 시간 일한다는 사실을 알자. 프리랜서라서 여유 있을 것이라 짐작하지 말자.
- 이메일에 답장하자. 가능하다면 적절한 마감 시한을 제시하자. 솔로 워커가 요구한다면, 그리고 가능하다면 마감일을 늘려주자.
- 가끔씩 점심을 함께하자. 크리스마스카드를 보내자. 중요한 프로젝트가 끝났을 때, 혹은 생일에 꽃을 보내자. 이메일 너머에 인공지능 소프트웨어가 아니라 인간이 있다는 사실을 알고 있음을 보여주자.
- 한 번 더 명심하자. 보수를 제때 지급하자.

일하는 공간이 바뀌면
업무성과가 바뀐다

오늘날 사무실 환경은 효율적으로 일하는 데에 필요한 모든 조건과 정반대로 이루어져 있다. 회색 카펫, 검은색 의자, 흰색 책상, 흰색 벽, 선팅한 창문, 인공조명, 모니터와 키보드, 그리고 전화기 등 합성 물질과 금속 재질로 가득하며 모서리가 날카로운 단색 가구와 집기가 빼곡히 들어서 있다. 마치 바이오리듬을 망치고, 생산성을 낮추고, 더욱 산만하고 암울하게 만드는 것들만 모아서 사무실을 꾸민 듯하다. 좁은 사무실에 어떻게든 많은 사람을 집어넣다 보니 일하는 사람에게 필요한 자극은 찾아보기 힘들고, 대신 일을 방해하는 것들로 가득하다. 이런 환경에서 일하면 답답해질 수밖에 없다.

전 세계 사무실의 47퍼센트는 자연광이 들지 않는다.[1] 비단 사무실만 그런 것은 아니다. 병원이나 공장, 작업실, 잡화 매장, 슈퍼, 혹은 우리가 즐겨 찾는 레스토랑 뒤편의 탕비실이나 도서관, 체육관 같은 공공시설은 어떤가? 많은 장소가 최소한의 자연광과 최대한의 인공광으로 실내를 밝힌다. 많은 데이터에서 이런 공간에서 일하는 사람이나 고객 혹은 환자들이 편안함을 느끼지 못한다는 사실이 드러난다.

어디서 일할지, 작업 공간을 어떻게 꾸밀지는 솔로 워커에게 대단히 중요한 문제다. 효과적으로 일하고 집중력을 높이기 위해서, 행복과 정신 건강을 위해서는 삭막한 환경에서 벗어나려는 노력이 필요하다. 통유리 창문이 있고 다양한 화분을 배치해 식물원처럼 보이는 공동 작업실은 어떤가? 유행하는 인테리어를 좇자는 게 아니다. 효율적으로 일하기 위해 인간의 뇌에 무엇이 필요한지 알아보자는 것이다.

일하고 싶은 환경은 무엇이 다른가

일하는 공간에 대해 얼마나 고민해보았는가? '어떻게 일해야 하는가'만큼 '어디서 일해야 하는가'도 신경을 써야 한다. 때로는 선택의 여지가 없어 보인다. 나 또한 몇 년 동안 식탁 앞 딱딱한 의자에 앉아 일했다. 그러나 환경을 개선하는 방법은 얼마든지 있다. 집중이 잘 되도록 식탁 위치를 바꿔볼 수도 있고, 하루를 마무리하면 업무 자료를 보이지 않게 치워둘 수도 있다. 이렇게 사소한 변화로 일할 때는 뇌에 에너지를 공급하고 쉴 때는 재충전할 수 있다. 만약 일하는 공간이 아주 협소해서 전혀 개선할 수 없다면 휴식시간에 밖으로 나가 자연을 즐기는 것이 무엇보다 중요하다.

에마 몰리Emma Morley는 2008년 상업용 인테리어디자인 연구소인 '트리플*'을 설립한 이후로 여든 곳이 넘는 사무실을 설계했다. 그가 설계한 명함 디자인 회사인 무닷컴의 거대한 작업 공간에는 회색 카펫이나 형광등이 없다. 몰리는 작업 공간이 일하는 사람의 행복과 불행에 어떤 영향을 미치는지 연구하고, 이를 바탕으로 정말로 일하고 싶어 하는 아름다운 공간을 창조한다. 몰리의 원칙은 부엌 식탁을 포함해 어느 공간에나 적용할 수 있다. 그 역시 오랫동안 집에서 혼자 일했기 때문에 솔로 워커가 무엇을 원하는지 정확하게 알고 있다. 몰리는 이렇게 말했다.

"혼자서 일할 때 좋은 점은 스스로 이렇게 물어볼 수 있다는 겁니다. '내게 필요한 것은 무엇일까?', '나의 하루를 더 행복하게 하려면 어떻게 해야 할까?'"

그는 한 프로젝트 이야기를 들려주었다. 직원 가운데 일부는 내향적이고 일부는 외향적이라 업무 공간에 대해 서로 요구하는 바가 전혀 달랐다. 몰리는 내향적인 사람은 소박하고 단순한 디자인을 선호하고, 외향적인 사람은 에너지 넘치는 디자인을 더 좋아한다는 사실을 알고 있었다.

"저마다 원하는 것이 다르기 때문에 각각의 요구가 무엇인지, 어떻게 조율할지 고민해야 합니다. 그리고 해답을 찾기 위해서 다양한 환경에 직원들이 어떤 반응을 보이는지, 그 환경이 직원들에게 무엇을 의미하는지 관찰해야 합니다."

사람마다 취향은 제각각이지만 모두에게 적용되는 공통점이 있다. 인공적인 환경에서 일할수록 스트레스가 높아진다는 것이다. 몰리는 이렇게 말했다.

"햇빛과 신선한 공기와 같은 자연환경은 아주 중요합니다. 생각하고 느끼는 방식뿐 아니라 생산성에도 중대한 영향을 미치니까요."

사무용 건물 내에서 일조권은 다분히 제한적이며, 고위 관리자만이 자연광을 누리는 특권을 얻는다고 잉그리드 페텔 리Ingrid Fetell Lee는 말했다. 리는 산업 디자이너이자 《조이풀Joyful》의 저자며, 그의 TED 강연 조회수는 1,700만 회를 넘어섰다. 그의 목표는 작은 변화로 모두가 일상생활 속에서 즐거움을 창조하도록 돕는 것이다. 그는 몰리의 주장을 지지하듯 이렇게 말했다.

"인공조명보다 자연광 아래에서 일할 때 노동자의 행복도가 크게 올라간다는 연구 결과가 이미 충분히 나왔지만 많은 사람이 아직 잘 모릅니다. 구체적으로 한 연구 결과는 햇빛이 잘 드는 창가에서 일하는 사람이 그렇지 않은 사람보다 수면 장애를 덜 겪는다는 사실을 보여줍니다. 창문이 없는 공간에서 일하는 사람에 비해 하루에 46분 이상 더 자고, 낮 시간에 더욱 활동적입니다."

여기서 솔로 워커가 배워야 할 교훈은 뭘까? 리는 이렇게 지적했다.

"창가에서 일하라는 겁니다. 만약 그럴 수 없다면, 공간을 활기차고 살아 있게 만들어주는 조명을 활용합니다. 그러면 하루의 리듬을 조율해 낮에 더욱 활기차고, 밤에 깊은 잠을 자도록 도움을 줍니다. 간단하게 일하는 시간을 더 행복하게 만들 수 있습니다. 게다가 온종일 기분이 좋아지고 카페인에 덜 의존하게 되죠."

한 걸음 더 나아가서 나무와 물을 볼 수 있는 창가 자리라면 더 좋다. 이런 환경에서는 스트레스에 반응해 분비되는 코르티솔 수치가 낮아져 마음이 평온해지고 창조성이 높아진다는 연구 결과가 있다.[2]

만약 지하 공간에서 일하거나 살아야 한다면? 몰리는 이렇게 조언한다. "색 온도가 높은 주광전구를 사용하면 됩니다. 색온도가 낮아 아늑한 느낌을 주는 조명은 사람을 편안하게 해줍니다. 저도 집에 그런 조명을 썼지만 최근에 사무실 책상을 아늑한 조명으로 밝히는 것은 좋은 아이디어가 아니라는 사실을 깨달았습니다! 그래서 모두 주광색 조명으로 바꿨습니다. 효과는 즉각적이더군요. 돈도 많이 들지 않았죠."

일조량은 단순히 규칙적인 바이오리듬과 활력에만 영향을 미치지 않는다. 바이오리듬은 수면 외에도 다양한 요소와 관련되어 있기 때문에 규칙적인 리듬을 깨지 않는 것이 중요하다. 최근 연구 결과는 수면 주기가 면역 시스템을 건강하게 유지하고, 도파민·세로토닌·코르티솔·멜라토닌과 같은 호르몬을 적절히 분비해 감정을 조절하며, 적정 혈압을 유지하고, 식품에서 영양소와 에너지 흡수율을 높이는 데 대단히 중요하다는 사실을 보여준다. 가령 우리는 햇빛에서 비타민D를 얻는다. 심장마비로 입원한 환자를 대상으로 한 임상 연구에서는 햇빛에 많이 노출될수록 빨리 회복하고 퇴원율이 높아지는 것으로 나타났다. 또 다른 연구는 최근 근시 아동이 증가한 이유가 실내에서 많은 시간을 보내기 때문이라는 사실을 말해준다.

일반 직장인은 물론 솔로 워커들 역시 낮 시간에 자연광을 충분히 받지 못하고, 밤에는 스크린에서 뿜어져 나오는 자극적인 블루라이트에 과다 노출되어 있다. 많은 솔로 워커들이 모니터나 스마트폰의 환한 불빛을 받으며 창백한 얼굴로 늦게까지 일하고, 밤에는 제대로 잠을 이루지 못한다. 뇌가 낮에서 밤으로 넘어가는 갑작스러운 변화에 제대로 대처하지 못하기 때문이다. 뇌는 해가 지면서 서서히 어두워지는 점진적인 변화에 익숙한데, 우리는 어두워지자마자 조명을 켜고 늦은 밤까지 텔레비전이나 스마트폰을 들여다본다. 게다가 낮에 어두침침한 사무실에서 일하면, 밝은 빛을 충분히 받아들이지 못한 눈이 밤을 대비하지 못한다. 이런 악순환이 계속되면 심각한 불면으로 이어진다. 미국 질병통제연구소는 수면 장애를 사회에 퍼져 있는 유행병으로 지목했다. 수면 장애가 불러오는 사회적 피해가 자동차 사고, 의료 과실, 당뇨, 비만만큼이나 실로 막대하기 때문이다. 또한 불규칙한 식습관 역시 신체 주기를 망가뜨리는 데 일조한다. 늦은 저녁 폭식하고 나면 잠들기 힘든 것이 단지 배가 불러서만은 아니다.

다행스럽게도 이 문제는 어렵지 않게 해결할 수 있다. 특히 스스로 루틴을 짤 수 있는 솔로 워커에게는 더욱 그렇다. 낮에 밖으로 나가자. 가능하다면 자주 나가자. 엔도르핀을 분비하고, 마음을 가라앉히고, 질병을 예방하는 마법을 부리는 자연광을 마음껏 쬐자. 조명이 충분하지 못한 환경에서 일한다면 특히 더 노력해야 한다. 솔로 워커라면 혼자 해가 잘 드는 방을 차지한 상사가 없으니 되도록 자연광이 풍부한 창가에서 일하자. 그럴 수 없다면 주광전구를 사용하자. 그리고 해가 지고 나면 주광전구를 끄고 보다 따뜻한 저조도 조명으로 바꾸자. 잠들기 1, 2시간 전에는 모든 형태의 블루스크린을 피하자. 그래야 뇌가 아직 밤이 오지 않았다고 착각하지 않을 것이다.

작고 소소한 자극으로 회복력 높이기

책상에 화분을 놓자. 놀라운 일이 일어날 것이다. 집 안 식물이 정신적·육체적 스트레스 수치를 낮춘다는 연구 결과가 있다.[3] 시드니 공과대학교에서 수행한 또 다른 연구는 작업환경에 화분을 배치한 이후 긴장과 불안 수치가 37퍼센트 떨어졌고, 피로도 역시 38퍼센트

감소했음을 보여줬다. 식물은 사람을 더 친절하게 만들고, 생산성과 창조성을 증가시킨다.[4] 엑시터대학교의 연구에 따르면, 1미터당 하나의 화분을 놓으면 기억력 향상에 도움이 된다. 나사의 공기 정화 연구는 식물이 프린터기와 같은 사무기기가 방출하는 유해물은 물론 공기 중의 독소도 제거한다는 사실을 보여줬다. 다육식물은 낮은 조도에서도 잘 자라고 어두침침한 사무실을 얼마든지 푸르게 만들 수 있다. 화분이 곁에 있을 때, 풍성한 녹색 이파리가 타이핑 소리에 맞춰 부드럽게 흔들릴 때, 더 잘, 더 오래, 그리고 더 행복하게 일할 수 있을 것이다.

식물 자체가 이로움을 주는지 아니면 식물의 색감과 미묘한 움직임이 만드는 특유의 분위기 덕분인지는 정확하게 밝혀지지 않았지만 하나만큼은 확실하다. 리는 이렇게 말했다.

"아무 무늬도 없는 베이지 색 벽으로 둘러싸인 건조한 작업환경에서 일하는 사람보다 예술품과 식물, 그리고 직물 제품이 다채롭게 존재하는 환경에서 일하는 사람이 15퍼센트 더 생산적입니다. 또한 사람들에게 직접 환경을 선택할 수 있도록 하자 생산성은 32퍼센트나 뛰어올랐습니다. 많은 작업 공간이 노동자가 일에 최대한 집중하고 주의를 분산시키지 않도록 하는 데에만 초점을 맞췄습니다. 하지만 우리의 마음은 그렇게 움직이지 않습니다. 일에 집중하는 동안 무의식은 주변 환경을 평가하고 이렇게 묻습니다. '나는 안전한가? 지금 편안한가? 이 공간은 무해한가?' 눈에 보이는 것이 단조로운 벽뿐일 때 무의식은 불안을 느낍니다. 걱정이 시작되는 거죠. 주변에 어떤 소재가 쓰였는지는 분명히 영향을 미칩니다. 흰색 플라스틱 책상보다 목재 책상을 선택하세요. 경제적으로 여유가 없다면 중고를 구매하거나 참나무 혹은 밤나무 합판으로 만든 책상을 선택하세요. 의자나 쿠션 등 천 재질에는 녹색을 쓰면 좋습니다." 이러한 몰리의 취향에는 영국의 문화적 특수성이 묻어나는 것으로 보인다. 호주나 덴마크, 스페인 사람은 사무실에 푸른색이 있을 때 더 생산적이다. 호주 사람은 나무색을 사랑한다. 프랑스인은 오렌지색으로 둘러싸여 있을 때 더 생산적이고, 독일인은 돌 재질을 좋아하며, 인도 사람은 녹색을 선호한다.[5]

무의식의 불안을 달래는 또 다른 방법은 바깥 풍경의 이미지를 들이는 것이다. 이런 작은 노력으로 뇌와 몸이 회복하는 환경을 만들 수 있다. 몰리는 이렇게 설명한다. "하늘 이미지를 작업실에 두는 것은 대단히 좋은 아이디어입니다." 그때 나는 내 사무실을 세 장의 거대한 하늘 사진으로 장식해놓았다는 사실을 깨달았다. 문제에 봉착하거나 글의 흐름이 막힐 때 나는 종종 하늘 사진을 쳐다보곤 한다. 리는 이렇게 말했다.

"작은 회복이라는 개념은 대단히 중요합니다. 온종일 컴퓨터 앞에 앉아 타이핑할 때 자신의 일부를 어둠 속에 방치해두게 됩니다. 그리고 일하는 동안 후각이나 청각 등의 감각을 사용하지 않습니다. 촉각도 마찬가지죠. 많은 감각은 온종일 아무런 자극도 받지 못합니다. 일하는 공간에서도 어떤 감촉이나 향기를 자극하는 요소가 있다면, 무의식은 좀더 차분하고 편안해질 것입니다.

이렇게 생각할 수도 있죠. '지루하군. 냉장고에 가서 먹을 게 없나 찾아봐야겠어.' 이런 낮은 수준의 기분 좋은 자극은 큰 도움이 됩니다. 작은 기쁨들이 지금 힘든 노동이 아니라 즐거운 일을 한다는 느낌을 주기 때문입니다. 저는 아침에 책상 앞에 앉을 때마다 설렙니다. 저를 기분 좋게 만들어주는 것들에 둘러싸이게 되기 때문이죠. 집중하지 못할까봐 걱정하는 대신 말이죠. 혼자 일하기로 결정했다면 그 선택을 스스로 축하하고 이렇게 말하세요. '내가 일하는 하루하루를 즐겁게 만들 거야.' 당신이 그렇게 하지 못하도록 막는 것은 하나도 없으니까요."

비슷한 이유로 나는 사무실 의자 등받이를 양모 직물로 덮었다. 처음에는 단지 아늑하고 따뜻한 느낌이 좋아서라고 생각했지만, 어쩌면 딱딱한 분위기를 부드럽게 만들고 싶다고 무의식적으로 느꼈던 것 같다. 어떤 솔로 워커들은 따뜻함과 편안함을 느끼려고 포근한 담요로 무릎을 덮는다.

적절한 온도도 중요하다. 특히 나처럼 외풍이 심한 낡은 주택에서 일한다면 말이다. 혼자 일할 때 집 전체에 난방을 하기 부담스러워 항상 추운 곳에서 일한다는 사람이 많다. 환경적·경제적 관점에서 이해할 만하지만 너무 비참해지지는 말자. 비교적 경제적인 휴대용 히터를 활용하자. 날이 춥다면 캐시미어 손목 워머를 착용해서

서늘한 벽에 가장 가까운 손이 차갑고 뻣뻣해지지 않도록 한다. 그리고 두껍고 부드러운 카디건을 맨 위에 걸치고 추운 날에는 스카프까지 두른다.

사무실 온도에 대한 연구들이 많지는 않지만 놀라운 결과를 보여준다. 한 연구 결과는 기온이 22도로 오를 때까지 생산성도 함께 오르지만, 그보다 높아지면 오히려 떨어진다는 사실을 보여준다.[6] 또 다른 연구는 추운 사무실에서 일하는 사람이 따뜻한 사무실에서 일하는 사람보다 점심 때 더 많은 칼로리를 섭취한다는 사실을 말해준다.[7] 따뜻한 환경에서 일하는 사람들이 더 창조적이라는 연구 결과도 있다.[8] 보통 22도가 일하기에 최적의 온도다. 하지만 많은 집과 작업실, 사무실, 스튜디오가 더 낮은 온도에 머물러 있다. 이런 환경이라면 사람들의 집중도가 낮아도 이상하지 않다.

오래 앉아 있기는 흡연만큼 해롭다

대부분의 시간을 앉아서 일하는가? 몰리는 이렇게 말한다.

"사업을 시작하거나 첫 사무실을 얻은 사람에게 가장 먼저 이렇게 묻습니다. 어디에 앉아서 일할 겁니까? 세상에는 참으로 다양한 종류의 사무용 의자가 있습니다. 그중 어떤 것은 집 안에 절대 들여놓고 싶지 않을 만큼 끔찍합니다. 오늘 아침에는 50파운드(한화 약 9만 원)짜리 사무용 의자를 온라인에서 발견했습니다. 평이 아주 좋더군요. 당신은 어쩌면 의자에 그만큼 투자할 생각이 없다고 말하겠지만, 몸에 맞지 않는 의자 때문에 지압사나 안마사 혹은 물리치료사를 찾아가야 한다면 더 큰 돈이 들 겁니다. 좋은 의자를 사는 것은 아주 좋은 투자입니다."

자신의 타이핑 스타일에 적합한 키보드와 편안한 마우스 역시 마땅한 투자 대상이다. 함께 일하는 사람이 고통과 불편함을 견디기를 바라지는 않을 것이다. 자신도 그와 똑같이 존중해줘야 한다.

몰리는 내게 "앉아 있는 것은 흡연만큼이나 몸에 해롭다"며 우리를 서서히 죽이는 습관이라고 말했다. 실제로 매일 장시간 앉아 있는 습관이 조기 사망의 위험을 높인다는 연구 결과가 있다.[9] 심장병과 같은 질환이 발생할 가능성을 높인다.[10] 9만 2,000명 여성을 대상으로 실시한 한 연구 결과는 오래 앉아 있을수록 더 일찍 사망한다는 사실을 보여준다. "80퍼센트가 넘는 인구가 하루에 4~9시간 동안 앉아 있습니다. 1시간마다 일어나서 스트레칭을 하는 것이 도움이 됩니다. 1시간에 한 번씩 3분간 몸을 움직이면 조기 사망 위험을 33퍼센트나 낮출 수 있습니다."[11] 몰리는 타이머를 설정해놓고 알람이 울릴 때마다 돌아다닌다고 한다. 몰리는 규모가 큰 사무실을 설계할 때 직원에게 개인 쓰레기통을 지급하지 말라고 당부한다. 그래야 억지로라도 움직이기 때문이다. 정수기와 같은 집기도 의도적으로 멀리 설치해서 조금이라도 걷게끔 유도한다.

어떤 이들은 침대나 안락의자 혹은 소파에서 일하기를 좋아한다. 당신이 그런 부류라면, 그리고 그게 자신에게 맞다고 생각한다면 내가 무슨 말을 해도 소용이 없을 것이다. 내가 아는 몇몇 작가는 종이와 책으로 둘러싸인 침대에서 일하거나, 안락의자에 앉아 무릎 위에 간이 테이블을 올려놓고 일한다. 인체공학적으로 바람직하지 않은 자세로 컴퓨터 앞에 앉아 일한다면, 자신의 몸을 유심히 살필 필요가 있다. 또한 정기적으로 휴식을 취하고 최대한 많이 움직여야 한다. 지속적으로 통증이 발생할 때 재빨리 도움을 받는 것 역시 중요하다. 방치 기간이 길어질수록 치료는 더 힘들어진다. 몸은 우리의 도구다. 자신의 도구를 소중히 관리하자.

컴퓨터 앞에 올바로 앉는 자세는 다음과 같다. 발바닥이 지면에 닿고 허벅지가 바닥과 수평을 유지하도록 의자를 조정하자. 팔꿈치는 바닥과 수평 상태로 책상에 부드럽게 올려놓고, 편안하게 조작할 수 있는 위치에 키보드와 마우스를 놓자. 눈은 모니터 맨 윗부분을 똑바로 쳐다볼 수 있도록 높이를 맞추고 눈과의 간격은 팔 하나 정도의 거리를 유지하자. 등은 등받이에 기대어 자연스럽게 펴고, 앞으로 구부리거나 뒤로 젖혀서는 안 된다. 바른 자세를 유지하기가 힘들다면 발받침을 놓거나 높이 조절 기능이 있는 의자를 선택하자.

홈오피스 꾸미는 법

따로 업무 공간이 없어도 집에서 공간을 만들 수 있다. 리는 이렇게 지적했다.

"책상 위를 가리는 덮개나 문이 달린 책상 등으로 작은 공간을 만드는 방법을 시도해보세요. 천으로 만든 덮개 한 장일지라도 심리적 경계선을 만들면 큰 도움이 됩니다."

몰리도 이 생각에 동의한다.

"식탁에서 일한다면 가장 손쉬운 방법은 멋지고 커다란 상자를 하나 마련하는 겁니다. 하루 일과를 끝낸 뒤 업무 자료를 전부 그 안에 집어넣었다가 다음 날 다시 꺼내는 거죠."

나 역시 식탁에서 일하는 동안 이 방법을 썼다. 모든 물건을 박스에 담아 부엌 찬장 속 선반 위에 올려두고는 문을 닫았다.

몰리는 단지 기능에 충실한 제품이 아니라 전문 디자인 매장에서 다양한 문구나 비품을 찾아보라고 권한다. 그는 평범하거나 못생긴 사무용품을 사용하지 않는다. 우리 뇌가 무미건조한 환경에 어떻게 반응하는지를 고려하면 좋은 선택이다. 그는 웃으며 이렇게 말했다.

"자기 집이잖요? 이왕 사야 한다면 멋진 물건을 선택하세요. 예쁜 도구로 주변을 꾸며보세요. 디자이너의 작품처럼 말이죠. 작고 아름다운 연필꽂이에 멋진 펜을 꽂아두는 것은 마치 잘 차려진 식탁과도 같습니다."

또한 모든 업무 관련 서류를 깔끔하게 정리하라고 조언한다.

"언제나 쉽게 찾을 수 있어야 합니다. 가령 프로젝트별로 작은 상자를 마련할 수 있겠죠. 이런 방법을 좋아하지 않는다면 자기에게 맞는 시스템을 찾아야 합니다."

일과 삶의 경계 지정하기

리는 뉴욕에 있는 아파트를 리모델링하면서 사무실로 쓸 두 개의 공간을 만들고 있다. 아파트 공간이 그리 넓지 않지만 사무실 공간을 포기할 수 없다.

"우리는 모두 사무실이 필요해요. 작아도 좋아요! 어쩌면 작은 공중전화 박스 같은 공간이 되겠죠. 일거리를 따로 둘 곳이 없으면 일이 나머지 생활에 전체적으로 영향을 미치기 시작합니다. 관계 속에서, 가정에서 온갖 미묘한 일들이 벌어지죠. 저에게는 하루 일과를 마무리할 수 있는 공간이 꼭 필요해요. 공책과 책을 집어넣고 문을 닫을 수 있는 그런 공간 말이에요. 예전에는 작업 공간이 따로 없고 식탁에서 일했습니다. 일과 생활이 서로 뒤섞이는 느낌이 들었죠. 특히 부부가 둘 다 집에서 일할 때 문제가 생기기 쉽습니다. 예를 들어 배우자가 침실에서 화상통화를 하고 있으면 제가 샤워를 해야 하는데도 들어갈 수 없죠. 집이 아늑하고 안전하게 느껴져야 합니다. 일이 언제나 곁에 머물러 있지 않도록 해야 합니다. 그러면 삶이 달라질 것입니다."

정희정도 일과 일상생활 사이에 경계가 필요하다고 주장한다. 집 안에서 일을 해도 마찬가지다. "일이 언제 어디에나 있다면 생산성에 도움이 되지 않습니다. 심리적으로는 물론 물리적으로도 일과 분리되어야 합니다." 그는 자신의 삶을 장기적인 차원에서 바라볼 필요가 있다고 지적한다. 일거리가 부엌 한구석에 혹은 침실에 놓여 있다면, 그리고 일이 아닌 다른 활동을 할 때도 그대로라면, 일거리는 우리의 머릿속에서도 공간을 차지하게 된다. 스마트폰으로 이메일을 확인할 수 있게 되면서 일이 아침 식탁이나 피트니스 센터로 넘어오는 것과 같다. 노동시간이 길어지는 만큼 가족 관계, 휴식과 같은 다른 모든 일에 쓸 정신적 에너지는 줄어든다.

따로 또 같이 일하기

로버트 크롭Robert Kropp은 미국 전역과 두바이 등 다양한 곳에서 좋은 공동 작업 공간의 조건을 연구하고 각각의 공간을 평가했다. 그의 웹사이트(robertkropp.com)에는 다양한 공동 작업 공간에 대한 보고서는 물론이고, 지켜야 할 매너, 왜 그러한 공간이 비용 이상의 가치가 있는지에 관한 많은 기사가 올라와 있다. 그는 1년에 한두 번씩 자리를 옮겨서 일하는 중이며 지금은 바르셀로나에 있다. 크롭은 이렇게 말했다.

"작업 공간은 분명히 일하는 방식에 영향을 미칩니다. 원격근무는 중요한 역할을 하고 있으며, 앞으로 계속해서 늘어날 겁니다. 그러나 상대를 직접 마주보며 악수하고 이야기를 나누는 것을 대체하지는 못합니다."

물론 동료가 옆에 없으면 좋은 점도 있다.

"옆자리 동료와 경쟁하지 않아도 됩니다. 사무실 기반의 조직 문화가 아무리 협력적이라고 해도, 경쟁하고 더 좋은 성과를 내야 한다는 생각을 완전히 떨치기는 어렵습니다. 사무실 내 정치 또한 많은 에너지가 소모되죠."

공동 작업 공간은 조직 문화 바깥에서 일할 때의 장점을 그대로 유지할 수 있다. 직접적인 경쟁 관계가 아닐 때 함께 일하는 구성원은 일반적인 사무실 노동자에 비해 자신의 정체성을 더 잘 유지한다는 연구 결과가 있다. 다시 말해 혼란과 정치가 줄어들고, 진정한 자신이 될 기회가 늘어나는 것이다.[12]

또한 공동 작업 공간은 일정 부분 책임감을 부여한다. 크롭은 웃으며 말했다.

"몇 번 집에서 일하려고 시도해봤습니다. 공간 대여비를 줄여볼 생각이었지만 아무런 의미가 없었습니다. 결국 집에서는 몇 시간 동안 유튜브만 보게 되니까요! 어느 정도의 압박이 필요합니다. 감시까지는 아니라고 해도, 제가 혹시 딴짓하는 것은 아닌지 가까이에서 지켜봐줄 사람이 필요합니다."

크롭은 효율적이고 행복하게 일하기 위해서 자신에게 무엇이 필요한지 생각해봐야 한다고 말한다. 힘들어도 자기 자신과 대화를 나누는 것이 대단히 중요하다는 점을 강조한다.

"솔로 워커에게 나쁜 작업 공간은 나쁜 기업을 만드는 것과 같습니다. 좋은 공간을 만들거나 찾기 위해 스스로 노력해야 합니다. 필요하다면 변화를 주저하지 마세요. 아주 작은 변화라도 큰 영향을 미칠 수 있습니다."

비용을 지불하지 않고서도 똑같은 혜택을 누릴 수 있다. 가령 집 근처에 좋은 도서관이 있다면 말이다. 그렇지 않다면 공동 작업 공간을 선택해보자. 그곳은 작업하기에 최적의 환경으로 디자인되어 있다. 올바른 모양의 의자, 알맞은 조명, 자연적인 재질이 생산성에 긍정적인 영향을 미칠 것이다. 반면 공공건물이나 카페에서는 이런 환경을 발견하기가 쉽지 않다.

멀케이의 경우, 공동 작업 공간의 가치는 공동체에 있다고 말했다.

"공동 작업 공간은 집에서 일하기를 원치 않는 독립적인 노동자들이 비슷한 사람들과 공동체를 이룰 기회입니다. 공동 작업 공간이 인기 있는 이유이기도 하죠. 커피숍이나 도서관 등 다양한 선택지가 존재하지만 군이 돈을 지불하면서까지 공동 작업 공간을 사용하는 까닭은 공동체적인 요소가 있기 때문입니다."

자연이 뇌에 끼치는 영향

엑시터대학교에서 자연환경이 뇌에 미치는 영향을 주제로 박사 학위 연구를 진행한 블랙웰은 이렇게 말했다.

"지난 몇 년 동안 자연이 정신 건강과 행복도에 어떻게 긍정적인 영향을 미치는지 많이 연구했습니다. 예를 들어 나무와 풀, 그리고 꽃은 화학물질을 발산합니다. 15분 동안 숲이나 들판을 걸으면서 자연에서 나는 냄새를 맡으면 이 화학물질은 뇌를 자극해 스트레스

호르몬인 코르티솔 수치가 낮아지고 혈압과 심박수가 안정됩니다. 자연환경에서 시간을 보내면 자연스럽게 이런 생리적 반응이 따라오는 거죠."

솔로 워커를 비롯한 사무직 노동자는 일하는 동안 대부분의 시간을 실내에서 보낸다. 사람들은 평균적으로 평생의 90퍼센트에 달하는 시간 동안 실내에 머무른다. 이로 인해 뇌와 몸, 그리고 바이오리듬은 점점 망가진다. 놀랍게도 일주일에 단 2시간만 야외에서 보내도 이 문제를 해결할 수 있다. 블랙웰은 이렇게 설명했다.

"수석 연구원 맷 화이트Mat White 박사는 실험을 통해 일주일에 120분이 자연에서 보내는 최적의 시간이라는 사실을 확인했습니다. 산인지 바다인지 강가인지는 중요하지 않습니다. 점심을 먹고 20분씩 산책하면서 짬짬이 120분을 채우든, 아니면 한 번에 2시간을 보내든 상관없습니다. 밖에서 활동하면 전반적인 행복감이 높아지고 긍정적인 감정 상태가 지속되며 우울과 불안은 줄어듭니다.[13]"

그의 루틴은 얼마든지 따라할 수 있을 정도로 쉽다. "로펌에서 1년 반 동안 일하면서 9시에 출근해 5시에 퇴근하는 업무 시스템이 정신 건강에 부정적인 영향을 미친다는 사실을 깨달았습니다. 그래서 약간의 변화를 시도했고 결과는 만족스러웠습니다. 출근할 때 버스를 타지 않고 1시간 정도 일찍 집을 나섰습니다. 여러 개의 공원을 가로질러 강변을 따라 걸었죠. 덕분에 자연을 접한 것은 물론 운동으로 하루를 시작할 수 있었습니다. 점심시간이면 가까운 공원을 찾았습니다. 벤치에 앉아 점심을 먹고, 공원을 이리저리 누비는 새들과 나무에서 떨어지는 잎을 바라보는 것은 큰 도움이 되었습니다. 퇴근할 때도 좀 어둡기는 했지만 걸었습니다. 이런 습관은 집에서 일할 때도 실천할 수 있습니다. 집중하기 힘들거나, 지루하거나, 의욕이 떨어질 때, 저는 밖으로 나가 가볍게 산책하면서 신선한 공기를 들이마시죠."

블랙웰과의 인터뷰가 끝나자마자 나는 우리 집 근처에는 왜 공원이 없는지, 시간을 내기가 얼마나 힘든지, 왜 점심시간에 나갈 여유조차 없는지 투덜거렸다.

그러다가 생각을 고쳐먹기 시작했다. 딸은 큰 공원 근처에서 댄스 수업을 듣는다. 방과 후 댄스 수업이 시작하기까지 1시간 정도 여유가 있다. 아이 운동복만 미리 챙기면 함께 나무 밑에서 30분 정도 시간을 보낼 수 있을 것이다. 또 아이가 넓은 녹지 인근에서 수영을 배우는 날도 있다. 스포츠 센터나 카페 안에서 딸을 기다리는 대신 밖에서 달리기를 할 수도 있을 것이다. 혹은 낙엽을 밟고, 다람쥐를 구경하고, 연못가를 거닐 수 있을 것이다. 시간 조율이 좀 필요하지만 나와 아이에게, 그리고 내 일에 도움이 된다면 한번 도전해볼 만하다.

외출이 업무에 도움이 되는 이유는 뭘까? 이 질문에 대한 리의 대답은 이렇다.

"우리의 집중력은 제한적입니다. 시간이 지나면서 점차 떨어지죠. 자연환경은 다른 어떤 것보다 집중력을 회복시키는 데 효과적입니다. 자연 속을 걷는 잠깐의 산책에는 집중력을 회복시키는 엄청난 힘이 숨어 있습니다."

이 아이디어를 이른바 '집중력 회복 이론'이라고 한다. 물론 자연적인 요소를 작업 공간 안으로 가져오는 방법도 도움이 되지만, 밖으로 나가는 것에 비할 바는 아니다. 리는 말한다.

"약간의 자연이라도 좋습니다. 물론 풍성한 자연이 더 좋겠죠. 나무가 많은 동네일수록 주민들의 정신 건강 문제가 더 적게 나타난다는 연구 결과가 있습니다. 탁 트인 공간은 자유롭고 광활한 느낌을 주죠. 그런 공간에서는 코앞이 아니라 멀리 바라보게 됩니다. 도시에서는 좀처럼 먼 곳을 바라볼 기회가 별로 없죠. 항상 컴퓨터 모니터를 들여다보는 눈을 편안하게 이완하기 위해서라도 멀리 바라보는 것은 정말로 큰 도움이 됩니다."

자연환경이 가까이에 있을 때 조급함과 사회적 긴장감이 낮아진다. 미국에서 실시한 한 연구에 따르면, 녹지와 나무로 둘러싸인 빌딩 구역에서는 나무가 없는 빌딩 구역에 비해 공격성과 폭력성은 물론, 전반적인 정신적 피로도도 더 낮게 나타난다.[14] 그는 자연 속에 다양한 측면이 있다고 말한다.

"자연 속에는 프랙털 패턴이 숨어 있습니다. 자연경관을 유심히 바라보면 많은 것들이 특정한 프랙털 패턴으로 이뤄져 있다는 사실을 발견하게 됩니다. 뇌와 무의식은 그런 패턴을 읽어냅니다."

프랙털이란 자연 전반에 걸쳐 반복적으로 나타나는 패턴을 말한다. 가령 구름이나 나뭇잎, 바위 모양, 나무, 파도, 은하계, 그리고 로마네스코 브로콜리의 나선형 소용돌이 속에서도 프랙털 패턴을 발견할 수 있다. 비록 무작위로 이뤄졌지만 잭슨 폴록 Jackson Pollock의 그림 역시 이러한 프랙털 패턴으로 가득하다. 프랙털 패턴을 바라보는 것은 음악을 듣는 것과 비슷한 영향을 뇌에 끼친다. 자연에 가득한 프랙털 패턴을 접하면 잠깐이나마 스트레스에서 벗어날 수 있다.[15]

프리랜서의
혼밥 노하우

혼자 일하면서 잘 챙겨 먹는 사람이 얼마나 될까? 혹시 비스킷 한 봉지로 점심을 때우지는 않는가? 시리얼로 저녁을 해치우지 않는가? 저녁을 먹기 전에 후무스 한 통이나 막대 과자 한 상자를 먹어치우지는 않는가? 아니면 온종일 아무것도 먹지 않은 적이 있는가? 저녁에 초콜릿이 너무 먹고 싶어서 비가 오는데도 나간 적이 있는가?

책을 집필하면서, 솔로 워커들이 모여 있는 몇몇 페이스북 그룹에 이런 게시글을 올렸다. "이 책에서 어떤 주제와 질문을 다루면 좋을까요?" 그러자 놀랍게도 수십 명이 이런 답변을 달았다. "제가 냉장고 음식들을 먹어치우지 않게 도와주세요", "시리얼이나 토스트

말고 간편하게 먹을 만한 점심 메뉴로 뭐가 있을까요?" 댓글을 읽어 내려가면서 나는 먹는 것이 현실적인 문제라는 사실을 깨달았다. 어떤 식사가 빠르고 만족스러울까?

당신은 점심(혹은 일정에 따라 저녁이나 아침)을 잘 챙겨 먹으면서 휴식할 자격이 충분하다. 하지만 솔로 워커들은 그 자격을 잘 누리려 하지 않는다. 스스로에게 밥 먹을 시간도, 쉴 여유도 없다고 말하면서 시리얼이나 토스트, 초콜릿 같은 주전부리로 끼니를 때운다. 이런 행동의 의미는 다음과 같다. '나는 제대로 된 식사를 하거나 쉴 자격이 없다. 충분히 많은 일을 하지 않았기 때문이다. 더 많이 일해야 한다. 쉬더라도 짧고 간단하게, 그리고 식사는 단지 배고픔을 덜 수 있는 정도에서 그쳐야 한다.'

이런 행동은 솔로 워커의 삶에서 일이 얼마나 많은 부분을 차지하는지 알려준다. 어쩌다 솔로 워커는 시간이 말 그대로 돈이라고 생각하게 되었을까? 때로 괜찮은 식사를 준비할 시간이 없는 것처럼 보인다. 끼니를 챙기는 것보다 우선인 일이 목록에 가득하다. 영국은 6시간 근무당 20분의 휴식시간을 법적으로 보장한다. 미국의 일부 주는 휴식시간을 법적으로 정하고 있지 않지만, 캘리포니아주를 포함한 많은 지역은 5시간 이상 근무할 때 30분의 식사 시간을 보장한다. 네브래스카주는 8시간 근무 중에 30분은 자리를 비우고 휴식을 취하도록 정해져 있다. 솔로 워커도 직장인들이 누리는 최소한의 휴식시간을 스스로에게 허용해야 한다. 밥 먹을 시간마저 주지 않는 직장에서 일한다고 상상해보자. 틀림없이 분노할 것이다. 그렇다면 스스로를 지금처럼 함부로 다루며 일을 시키면 부당하지 않은가? 쉬고 재충전하지 않는다면 자신뿐 아니라 자신의 일도 별로 중요하지 않다고 말하고 있는 셈이다. 일이 밥보다 너무 중요해서라고 생각하겠지만, 끼니를 거르면 결과적으로 업무능력과 더불어 일 외의 나머지 삶에서 기능하는 힘, 그리고 가장 중요한 자신의 행복까지 잃을 것이다. 밥 먹을 시간이 없을 때 사람들은 다양한 방법으로 몸에 좋지 않은 행동을 하기 때문이다. 적게 요리하고, 사교적인 식사를 덜 하고, 간편식을 먹는다. 이 모든 선택은 비만을 비롯해 건강에 만성적이고 다양한 문제를 일으킨다.[1]

혼자 있을 때 무엇을 어떻게 먹을지는 쉽지 않은 문제다. 혼자 일할 때는 감시의 눈길도 매점에 함께 나가서 잡담을 나누며 샌드위치를 사먹을 동료도 없다.

혼자 먹기 위해 콘플레이크보다 나은 식사를 준비하기가 번거롭게 느껴질 수 있다. 그러나 플라스틱 접시에 담긴 싸늘한 샐러드보다 더 나은 음식을 만들어 먹을 수 있다. 가장 아끼는 동료이자 손님을 대접한다고 생각하면 마음가짐이 달라질 것이다.

토스트와 시리얼로 배를 채울 수는 있다. 다만 일반적으로 이런 음식들은 정제 탄수화물 함유량이 상당히 높다(섬유소가 풍부하다거나 통곡물로 만들었다고 광고하는 시리얼도 마찬가지다). 이런 식품은 혈당 수치를 급격하게 높이며, 혈당과 뇌 속 기분을 좋게 만드는 호르몬이 충돌하면서 에너지를 떨어뜨린다. 그러면 우리는 더 많은 탄수화물을 찾게 되고… 점심에 토스트, 오후 3시에 비스킷을 먹는 악순환이 이어진다. 정제 탄수화물은 혈류 속에서 포도당으로 바뀐다. 췌장은 인슐린을 분비해서 포도당을 당장 사용 가능한 에너지로 전환하거나 근육에 작은 양을 저장하거나 지방으로 저장함으로써 향후 음식물을 제대로 섭취하지 못할 때를 대비한다. 장기적으로 우리 몸은 롤러코스터와 같은 요동을 견뎌내야 한다. 운이 없는 경우, 특히 탄수화물이 누적되어 심각한 체중 증가로 이어질 경우, 인슐린 내성이 생겨서 당분을 처리하는 과정에 문제가 발생한다. 이는 당뇨병 전증 혹은 당뇨병으로 이어진다.

나는 당신의 바지 사이즈에 관심도 없고, 뚱뚱하다고 핀잔 줄 생각도 없다. 사람마다 음식물을 섭취해 소화하는 정도도, 체형도 다르다. 다만 음식은 뇌와 몸이 기능하는 방식을 바꿀 뿐 아니라, 효율적으로 일하는 능력까지 제한할 수 있음을 말하고 싶다. 많은 사람이 이를 간과하고 있다. 나도 최근까지 식사가 얼마나 중요한지 제대로 인식하지 못했다. 몇 년 동안 오후 3시만 되면 피곤해졌다. 이 피곤함이 점심을 먹고 나서 초콜릿 바를 먹는 습관 때문이라는 사실을 깨달았는데, 그 습관을 끊자마자 1시간마다 단 음식을 찾는 습관도 사라졌다. 또 늦은 저녁에 카페인을 찾지 않게 되었다. 자연스럽게 새벽 1시까지 범죄 드라마를 보던 습관도 사라졌다.

정제 탄수화물만의 문제가 아니다. 우리 몸의 생태계는 다양한 영양소를 필요로 하며, 대부분은 채소와 과일로 섭취할 수 있다. 채소와 과일을 다양하게 먹고 탄수화물 섭취를 줄임으로써 온종일 뇌가 활발하게 기능하고, 혈당이 급격히 상승해 오후를 망칠 가능성을 완화할 수 있다.

프리랜서를 위한 간편 식단

매주 장을 본다면 '먹으면 안 되는데'라는 죄책감을 느끼게 만드는 음식들은 리스트에서 제외하는 습관을 들이자. 당연한 말이지만, 건강에 해로운 음식을 사다놓지 않으면 그만큼 먹을 일이 줄어든다. 간식도 견과류나 과일, 후무스, 다크 초콜릿(밀크 초콜릿은 말고) 등 건강에 도움이 되는 것을 고르자. 나는 손님이 찾아와도 비스킷을 내놓지 않는다. 일단 꺼내놓으면 먹기 때문이다. 뇌는 당분과 지방, 탄수화물이 풍부한 음식을 좋아하도록 프로그래밍되어 있다. 나는 비스킷을 별로 좋아하지 않는데도 좀처럼 저항하지 못한다. 초콜릿 역시 집에 두지 않는다. 사놓으면 글을 쓰다가 나도 모르게 부엌으로 달려가 입안 한가득 초콜릿을 베어 물기 때문이다.

　손님이나 아이들을 위해 집에 비스킷을 상비해야 한다면 냉동실에 얼려두자. 무심결에 비스킷을 집어 드는 순간과, '내가 뭘 하고 있지?'라고 자제하는 순간 사이에 시간 간격이 있다면 비스킷을 덜 먹게 될 것이다(냉동실에서 막 꺼낸 비스킷의 맛은 끔찍하다). 자신의 의지력을 쓸데없는 상황에 낭비하지 말자.

식단을 짜는 것은 지루하지만 도움이 된다. 매끼마다 계획을 세우지는 않지만, 간편하고, 영양 많고, 무엇보다 맛있는 음식을 만들기 위해 다양한 재료를 구비해둔다. 요리는 몸과 머리가 어떤 활동에 자연스럽게 몰두하도록 함으로써 휴식을 취하는 좋은 방법이다. 재료를 자르고, 썰고, 조합하는 일은 마음을 차분히 가라앉히는 효과가 있다. 반면 음식을 플라스틱 접시에 담아 전자레인지에 넣는 행동은 스스로에 대한 존중이 부족하다는 사실을 나타내는 것이다.

안다, 솔로 워커에게는 언제나 시간이 부족하다는 사실을. 나는 모든 것을 처음부터 만드는 대신 이미 만들어져 있는 음식에 신선한 재료를 추가해 시간을 절약한다. 가령 피시 핑거 샌드위치를 종종 만들어 먹는다. 잘라서 냉동실에 보관해둔 아주 좋은 빵에다가 식감을 살리기 위해 오이, 샐러드(있을 경우), 얇게 썬 회향이나 무를 첨가한다.

비교적 보존기간이 긴 다양한 채소를 냉장실에 보관한다. 가령 회향·양배추·오이·당근·꽃상추·치커리·완두콩·브로콜리 등등. 그러고는 생으로 혹은 살짝 익혀 요리에 추가한다. 비록 주 요리가 통조림이나 병에서 꺼낸 음식이라고 해도 말이다. 이마저도 불가능하다면 얼린 채소를 한 움큼 집어넣는다. 가령 페스토소스 파스타에 콩을 넣거나, 레몬즙과 약간의 버터로 얼린 시금치를 요리해서 삶은 달걀과 함께 토스트를 만들어 먹는 것을 좋아한다. 생으로 먹든, 익혀서 먹든, 냉동된 상태로 요리해서 먹든, 모든 채소는 섬유질을 보충해 섭취 후 몇 시간 동안 혈당을 유지하는 데 도움을 준다. 잘 챙겨 먹고 있다는 뿌듯한 기분은 덤이다.

가능하다면 풍미를 더해주는 재료도 다양하게 사용한다. 가령 칠리소스나 케이퍼, 진한 치즈, 멸치, 마늘, 생강을 넣는다. 이런 재료들을 첨가하는 노력은 소소하지만 음식 맛을 최대치로 끌어올려준다. 때로는 영양가 있는 재료를 추가한다. 파스타 소스에 아몬드를 갈아 한 줌 넣거나, 땅콩과 참깨, 달걀을 아시아 스타일 면 요리에 넣는다. 또는 바삭하게 구운 호박씨나 견과류를 샐러드 위에 뿌린다. 냉장고에는 각종 재료가 담긴 유리병으로 가득하다. 카레 페이스트, 처트니, 치폴레 페이스트, 올리브, 기름에 튀긴 피망, 절인 고추, 피시 소스, 스리라차소스, 핫소스, 겨자 등등. 단지 뚜껑을 돌리는 수고만으로 입맛을 돋울 수 있다.

부엌 찬장에는 샌드위치가 별로 당기지 않는 날에 먹기 좋은 다양한 마른 재료가 있다. 여러 종류의 파스타와 건면, 맛있는 통조림 수프도 있다(정말로 그런 게 있다). 통조림 콩도 쓸모가 많다. 렌틸콩·병아리콩·카넬리니콩은 샐러드에 넣어 먹기에 그만이다.

아이들을 유치원에서 데려와 저녁을 먹이려면 15분 만에 뭔가를 뚝딱 만들어야 했다. 이럴 때는 한 번 요리할 때 많은 양을 만들어놓으면 유용하다. 라자냐나 맥앤드치즈, 당근과 쿠민 수프, 호박 수프, 검은콩 수프, 렌틸콩 카레, 볼로냐소스, 피시 케이크 등등…. 감자도 한꺼번에 구워서 나중에 전자레인지에 돌려 점심에 곁들일 수 있도록 준비해둔다.

오메가3와 오메가6 지방산을 균형 있게 섭취하는 것은 중요하다. 연어나 고등어와 같은 기름기 많은 생선에서 가장 쉽게 발견되고, 아마씨·아보카도·호두로도 간편하게 섭취 가능하다. 뇌와 장에 아무런 피해를 미치지 않는 식품으로는 케일이나 브로콜리와 같은 푸른 채소, 다크 초콜릿, 적색 베리, 삶아서 빻은 밀이나 프리카, 통보리와 같은 통곡물이 있다. 이것들은 좋은 박테리아와 더불어 다양한 종류의 비타민과 항산화 성분을 우리 몸에 공급한다. 또한 뇌를 건강하게 유지하는 데 도움을 주고 인지력 감퇴 속도를 늦춘다.

식단을 전체적으로 바꾸기가 힘들다면 일주일에 한두 가지 정도 새로운 식사를 추가해보자. 쉽고 현실적인 메뉴를 선택하자. 요리에 취미가 없다면 식사 시간을 즐겁게 만들기 위해 어떤 메뉴를 먹는 것이 좋을까? 기성 식품에 뭘 추가할 수 있을까? 예를 들어 마트에서 산 파이에다가 샐러드만 추가하면 어떨까? 매운 콩 통조림 수프 위에 페터 치즈나 아보카도를 곁들인다면? 샌드위치를 포기할 수 없다면 더 맛있는 빵이나 치즈로 바꿔보는 것은 어떨까? 혹은 고등어 요리에 신선한 채소와 새콤한 피클을 곁들인다면?

술 문제를 예방하기 위한 규칙

술에 대해서도 이야기해보자. 술은 사회적·문화적 측면에서 대단히 매력적이다. 술은 사람을 사귀고, 긴장을 풀고, 스트레스를 날려버리는 데 도움을 준다. 그러나 술은 중독성이 강해서 혼자 있는 시간이 압도적으로 긴 솔로 워커에게는 신경 써야 할 문제다. 특히 주변과 단절되어 있다고 느낄 때, 축하나 위로를 건네는 동료가 옆에 없을 때 술과 관련된 문제가 발생할 위험이 더 크다.[2] 술은 장기적으로 개인의 행복 면에서나 업무 효율 면에서나 도움이 되지 않는다.

　나는 술 문제를 예방하기 위해 규칙을 하나 정했다. 아마도 내 인생의 어떤 원칙보다도 엄격할 것이다. 나는 술을 마시고는 절대 일하지 않는다(육아도 마찬가지다!). 와인 딱 한 잔도 허용하지 않는다. 심지어 술에 관한 글을 쓰면서 술을 맛봐야 할 때도 입에 잠시 머금었다가 뱉는다. 내가 술을 마시고 있다면 일하는 중이 아니라는 뜻이다. 2년 전, 술을 줄이기로 결심하고 평일에는 집에서 술을 마시지 않기로 정했다. 다만 한 달에 한 번 예외를 두어, 생일이나 축하해야 할 중요한 일이 있을 때를 대비했다. 어느 정도 유연성을 발휘한 덕분에 이 방법은 효과가 있었다. '평일에는 무조건 금주하기'로 정했다면 쉽게 포기했을 것이다. 함께 규칙을 지키는 동료, 배우자라는 존재도 책임감을 갖는 데 도움이 되었다.

　숙취의 고통을 참아가며 일하는 게 창조적이거나 생산적이지 않다는 점을 굳이 거론할 필요는 없을 것이다. 술이 덜 깼을 때 가능한 일은 이메일이나 서류 정리가 고작이다. 글쓰기는 안 될 일이다.

프리랜서로 살아남는 기술

+ 너무 오래, 너무 열심히, 너무 압박하면서 일하지 말라. 과로는 시야를 좁히고 판단력을 흐트러트린다. 이는 곧 지침과 번아웃으로 이어진다.

+ 적당히 일하는 사람이 더 건강할 뿐 아니라 업무 효율도 높다.

+ 일이 아무리 중요해도 나보다 중요할 순 없다.

+ 지친 몸과 마음을 회복하기 위해 플러그를 뽑아놓는 시간이 필요하다. 달리기나 명상, 독서, 게임, 요리, 그림 그리기, 친구 만나기 등 본인만의 회복 수단을 마련해놓자. 단 텔레비전이나 넷플릭스 시청 등의 수동적인 활동은 회복에 큰 도움이 되지 않는다.

+ 해야 할 일을 위협이나 압박이 아닌 도전 과제로 받아들이자.

+ 정체성을 여러 개 가지고 있어야 한다. 당신은 당신의 일을 사랑하는 솔로 워커이자 동시에 누군가의 가족이며, 또 누군가의 친구이고, 누군가의 동료다. 이렇게 여러 가지 정체성으로 스스로를 들여다보면 한 가지에 실패했을 때 입는 타격을 최소화할 수 있다.

+ 심리적으로 부담스러운 일은 특정 시간을 할애해 한번에 처리한다.

+ 목표는 현실적으로 세우고, 우선순위를 정한다.

+ 마지막으로 스스로를 용서하는 관용을 베풀자.

3장

정말로 중요한 문제

성공을 구체적으로
상상하는 능력

1996년. 57년 역사를 자랑하는 만화 단행본 출판사 마블은 파산 위기에 직면해 있었다. 만화책 판매는 예전 같지 않고, 시장은 점점 줄어들었으며, 디지털 기술이 기존 출판사들을 위협했다. 마블은 조만간 사라질 운명으로 보였다.

그러나 2008년, 마블이 자체 제작한 영화 가운데 첫 번째 작품인 〈아이언맨〉이 5억 8,500만 달러(한화 약 6,800억 원)를 벌어들였다. 이후에 등장한 다른 마블 영화들 모두 1억 달러(한화 약 1,100억 원) 이상을 벌어들였고, 〈어벤져스〉 1편과 〈아이언맨〉 3편은 각각 10억 달러(한화 약 1조 1,000억 원)가 넘는 수익을 기록했다. 어떻게 된 것일까? 마블은 12년 동안 고통스러운 재발명의 시간을 거쳤다. 완전히 새로운 회사를 창조하는 것이 아니라, 기존에 많은 사랑을 받은 친숙한 만화 캐릭터를 새로운 방식으로 자산화하는 시간이었다. 이에 더해 마블은 최신 디지털 기술을 도입해서 볼거리가 넘치는 영화를 제작했다. 첫 영화가 나온 다음 해인 2009년, 마블 엔터테인먼트는 디즈니에 40억 달러(한화 약 4조 7,000억 원)가 넘는 금액에 인수되기에 이른다.

사회통념상 실패를 부정적으로 인식하지만, 마블처럼 실패의 절벽에 매달려 있다가 상황을 역전시킨 사례도 많이 목격할 수 있다. 단순히 성공인지 실패인지 이분법적으로 나누는 것은 삶에 도움이 되지 않는다. 현실이 그렇게 단순하지 않기 때문이다.

때로 거대한 실패는 일뿐 아니라 삶에서도 예상치 못한 보상을 가져다준다. 이 책을 기획할 무렵, 나는 출산 휴가를 마치고 몇 달 동안 수입이 전혀 없었다. 이런 힘든 상황이 아니었다면 어떻게든 제안서를 써서 출판 계약을 따내기 위해 노력하지 않았을지도 모른다. 나는 유엔에서 일자리를 얻는 데 '실패'했기 때문에 글을 쓰는 기자의 길을 걸을 수 있었다. 30대 초반에는 임신에 '실패'하며 배우자와 힘든 시기를 다독였기에 부부 사이가 더 돈독해질 수 있었다. 당시에 실패라고 생각했던 모든 일들이 꼭 실패한 것만은 아니었다.

많은 이들이 '지금쯤이면 성공했어야 하는데'라는 생각에 고통을 겪는다. '지금쯤이면 이 정도 위치에는 와 있어야 하는데', '지금쯤이면 이러저러한 것을 소유할 정도는 되었어야 하는데' 등등. 그러나 성공과 실패는 만들어진 개념에 불과할 뿐 객관적인 실체가 아니다. 다른 시각으로 바라보면 경계는 희미해지고 바뀐다.

성공하면 행복해진다는 거짓말

막연하게 '성공하면 행복해질 것이다'라고 생각할 때, 특히 무엇이 성공인지 제대로 정의하지 못했을 때, 행복과 성공 모두 저 먼 언덕 너머에 있는 것처럼 느껴진다. 성공하면 행복해진다는 생각은 '좀더 열심히 일하면, 좀더 오래 일하면, 좀더 나를 희생하면 정상에 도달할 수 있다'고 착각하게 만든다. 전제가 틀렸기에 노력해도, 심지어 원하는 성공을 손에 거머쥔다고 해도 행복해질 수 없을 테고, 자기 착취는 점점 더 무겁게 스스로를 짓누를 것이다. 성공에 대한 정의를 재정립하고 행복을 성공과 동의어로 바라보지 않아야 한다. 마치 인스타그램에 올릴 법한 격언처럼 들리겠지만 엄연한 사실이다. 그렇지 않으면 비참해질 뿐이다. 30년 동안 악착같이 일해서 부를 거머쥐고 은퇴를 맞이했으나 삶이 공허하다고 느끼고 싶지 않다면, 더 비극적으로 은퇴하기 직전에 과로사하고 싶지 않다면 내 말을 무겁게 듣기 바란다. 우리는 혼자 일하기에 이 충고를 더욱 깊이 새겨야만 한다. 솔로 워커는 고독 때문에 슬럼프에 빠지거나 형체 없이 계속 이어지는 고난의 삶으로 미끄러져 들어갈 위험이 더 높기 때문이다.

　물론 성공은 우리를 행복하게 만들어준다. 하지만 성공만이

유일한 행복의 길이 되어서는 곤란하다. '…하면 더 행복할 텐데'라는 생각을 자주 한다면, 실제로 그렇게 하고 있는지 스스로에게 물어보자. 이와 관련해서 한 가지 좋은 아이디어는, 작은 성공을 이룰 때마다 스스로를 꾸준히 축하하는 것이다. 신규 고객을 유치했거나, 사업개요서를 제출해달라는 요청을 받거나, 매체에 글을 실었거나, 월 매출을 달성했거나, 권위 있는 비즈니스 모임에 초청을 받았거나, 긍정적인 피드백을 받았을 때 매번 성공을 축하하자. 이는 결과만큼 과정을 기뻐하는 하나의 방법이다.

자신이 생각하는 성공의 모습은?

성공에 대한 이해가 없다면, 성공하기 위해 무엇을 해야 하는지 알기 힘들다. 언제 성공할 수 있을지 예측하기는 더 힘들 것이다.

할 수 있는 한 다른 사람의 기대에서 자유로워야 한다. 지금쯤이면 집을 사야 되지 않겠냐는 어머니의 기대, 당신보다 두 배나 더 많은 동료들의 수입은 중요하지 않다. 자신이 생각하는 성공을 상상해보자. 누군가에게 성공은 자신을 꼭 닮은 아이를 낳아 녀석이 대학 갈 때까지 뒷바라지를 할 만큼 비즈니스를 유지하는 것일 테고, 다른 누군가에게는 싱글 여성으로서 화려하게 독립해 자기 사업체를 안정적으로 이끄는 것일 테다.

중요한 점은 '성공을 어떻게 바라보는가'다. 그보다 더 중요한 점은 '일에서만 성공할 수는 없다'는 것이다. 일은 삶에서 따로 고립된 부분이 아니다. 일 역시 삶의 일부분이고, 나머지 삶에 영향을 미친다. 그러니 자신의 삶을 하나의 큰 그림으로 생각할 때 최고의 결과를 얻을 수 있다. 특히 솔로 워커에겐 일과 삶이 엄격하게 구분되지 않는다는 점에서 더 중요하다.

자신들만의 성공 유형을 이해하도록 돕는 멀케이는 "남들이 하는 대로 따라가고 남이 정해주는 성공을 따르기는 쉽다"고 말한다.

"어떤 라이프 스타일을 추구하나요? 자신이 정말로 중요하게 여기는 것들을 목록화해보고, 달성하려면 얼마나 많은 비용이 들어가는지 계산해봅시다. 그리고 이에 도달하기 위해 앞으로 돈을 얼마나 벌어야 할지 생각해봅시다. 모두가 선망하는 라이프 스타일을 추구하지 않아도 됩니다. 자신에게는 도심 속 아파트보다 시골 오두막 한 채가 더 완벽할 수 있습니다. 각자의 바람에 따라 들어가는 비용이 다릅니다. 남들의 기준을 제거하고, 목록화한 자신만의 가치를 비용으로 환산해보면 생각보다 살아가는 데 많은 돈이 필요하지 않다는 사실을 깨닫게 될 겁니다."

우드의 이야기가 기억나는가? 성공의 의미를 잃어버렸을 때 그는 일의 소용돌이에 빨려 들어간다는 느낌을 받았다. 특히 행사와 약속에 매일 참석해야 한다는 강한 압박을 느꼈다. 우드는 아주 다른 두 가지를 구분하기 위해 애를 썼다. 하나는 그가 거둔 성공이었다. 그는 원정을 떠났고 그 여정을 텔레비전 프로그램으로 제작하고 책도 펴냈다. 다른 하나는 성공 이후의 삶이었다. 우드는 '성공'의 의미에 의문을 품었고, 여력이 없다면 요청을 얼마든지 거절할 수 있다는 사실을 깨달았다. 그가 원하는 성공은 결코 자신의 삶을 잃어버리는 것이 아니었다.

비전이 명확할수록 성공은 가까워진다

성공의 의미를 이해하려면 크게 보자. 커리어 측면의 목표가 아니라, 평생에 걸쳐 이뤄내고 싶은 과업을 떠올려보는 것이다. 5년 혹은 10년 뒤의 삶이 어떤 모습이기를 바라는가? 특정한 목표가 있는가? 가령 대규모 산업 콘퍼런스에서 연설하거나 특정한 유형의 프로젝트를 추진하고 싶은? 팀을 꾸려보고 싶은가? 따로 사무실을 얻을 만큼 충분히 많은 고객을 확보해서 집에서 일하지 않기를 원하는가? 혹은 자신이 만든 제품의 수익으로 살아가고 싶은가? 온라인 서비스를 시작하고 싶은가? 사업을 다양한 장소·도시·국가로 확장하고 싶은가? 아니면 자신이 좋아하는 일을 계속하길 원하는가?

일을 제외한 나머지 삶은 어떤가? 어디서, 어떤 집에서 살고 싶은가? 가족이나 반려자를 원하는가? 더 날씬하고 건강하고 싶은가? 운동으로 새로운 경지에 이르거나 새로운 뭔가를 배우고 싶은가? 성공을 정의할 때는 최대한 상상력을 발휘하여 되도록 선명하게 그림을 그려보자.

목표는 구체적이어야 하고 종착지가 분명하고 정확해야 한다. 그렇지 않으면 무지개는 점점 더 멀어질 뿐이다. '학자금 대출을 상환할 것이다', '소셜 미디어 팔로워 수를 10만 명으로 늘릴 것이다', '수 년 안에 아파트 보증금을 마련할 것이다', '명품 핸드백을 살 것이다'도 좋다. 자신이 하고자 하는 것, 그리고 그 종착점이 어떤 모습인지 분명하다면 어떤 목표든 상관없다.

이 구체적인 밑그림은 글로 적어도 좋고, 머릿속으로 상상해도 상관없다. 내 경우에는 성공에 대한 비전만 적은 공책을 한 권 따로 마련했다. 비전 보드(이루고 싶은 바를 글이나 그림으로 정리한 판-옮긴이)를 선호하는 사람도 있을 것이다. 아니면 핀터레스트와 같은 앱을 이용하거나 큰 종이에 생각나는 대로 적어보는 것도 좋다. 어디에 어떻게 쓰든 상관없지만 자신이 무엇을 추구하는지 스스로 명확하게 인식하고 있어야 한다.

일과 일 이외의 삶을 함께 구상해야 두 가지가 공존할 수 있고, 타협이 필요한 순간에 선택하고 계획을 세울 수 있다.

'현재 시제 일기'의 효과

동기부여 강사인 레이첼 홀리스Rachel Hollis는 '오늘 일기 시작하기 Start Today Journal'를 제안한다. 나는 이를 '현재 시제 일기present tense journal'라고 부른다.

방법은 이렇다. 큼직한 종이에 10년 뒤 자신의 모습을 적는다. 야망·건강·체형·일·외모·가족·집·돈 등 무엇이든 된다. '10년 뒤 내 삶의 최고 버전' 안에는 '즐거운 마음으로 현재에 감사하기',

'재정적 안정', '공감하는 배우자와 부모 되기', '머리를 아름답게 가꾸기'와 같은 내용이 포함될 수 있다. 그리고 그것들을 열 문장으로 요약한다. 마지막으로 그 문장의 시제를 현재형으로 고친다.

나는 "나는 달리는 사람이다"라는 문장을 썼다. 당시에는 달리기를 하지 않았다. 그러나 종이 위에 쓴 내 모습은 건강하고, 균형 있고, 강인하고, 편안하고, 유쾌하고, 집중하고, 시간에 쫓기지 않았다. 현재 시제 일기 덕분에 지금은 달리는 사람이 되었다.

이런 목록도 있었다. "나는 스마트폰에서 자유롭다", "나는 행복한 결혼 생활을 하고 있다", "나는 돈을 잘 관리한다", "나 자신과 다른 사람에게 친절하고 관대하다", "내 비즈니스를 도와주는 사람들이 있다" 등등.

더 좋은 방법은 현재 시제 일기를 매일 새로 써보는 것이다. 그리고 맨 밑에는 실제로 실천할 항목을 적는다. 즉 목록에 있는 열 가지 항목 중에서 하나를 선택해 실행하는 것이다. 내가 선택한 항목은 달리기였다. 전체 목록을 다시 한 번 쓰고 나서 맨 밑에 이렇게 적었다. "내 목표는 일주일에 세 번 달리는 점이다."

현재 시제 일기의 첫 번째 놀라운 효과는 내가 이를 곧바로 실행에 옮겼으며 그 습관을 유지했다는 점이다.

두 번째 신기한 결과는 목록의 두 번째 항목인 "나는 내 아이디어로 책을 쓰고 아주 잘 팔린다"를 정말로 이룬 것이다. 이 책을 쓰기 전까지는 다른 사람의 아이디어로 글을 쓰거나, 공저에 참여했다.

물론 그 일도 좋았지만 온전히 내 아이디어만으로 책을 쓰고 싶다는 생각은 항상 마음 한 구석에 자리 잡고 있었다.

한동안 달리기에 매진하면서 열심히 글을 썼다. 그러던 어느 날 에이전트로부터 전화가 걸려왔다. 한 출판사 대표가 새로운 시리즈를 기획하는데 내 아이디어를 꽤 마음에 들어 했다는 것이다. 얼마 후 그분을 만나 샘플 자료를 보여주고 계약을 맺었다.

홀리스는 내게 한 가지 항목에만 집중하면 나머지도 제자리를 잡을 것이라고 말했는데 실제로 그랬다. "나는 돈을 잘 관리한다"라고 쓰고 나서는 재무 상태를 꼼꼼하게 기록했고 장기적인 연금투자를 시작했다. 그리고 "내 비즈니스를 도와주는 사람들이 있다"라고 쓰고 나서는 프리랜서를 고용했다. 이러한 일을 특별히 계획하지는 않았다. 단지 대단히 자연스럽게 이뤄졌다.

어떻게 쓰기만 했는데 이루어지는 것일까? 나는 간절히 원하면 온 우주가 관심을 기울여 내 소원을 들어준다는 말을 믿지 않는다. 이는 우연이 아닌 책임감과 관련 있다고 생각한다. "나는 달리는 사람이다"라고 매일 쓰면서 한 번도 달리지 않을 때, 우리는 스스로를 우습게 여기게 된다. 또한 이 문장은 긍정적이고 동기를 부여한다. 일종의 낙수 효과다. 글을 쓰면서 아이디어가 머릿속으로 스며들고, 일상적인 행동에 보이지 않게 영향을 미친다. 문장을 현재형으로 쓰는 이유는 먼 미래의 자아에게 책임을 미루지 않고 지금 당장 실행에 옮기기 위해서다. 내 의지를 사전에 밝혀두는 거다.

계획하면 생기는
놀라운 힘

당신은 철저한 계획에 따라 행동하는 유형인가, 아니면 즉흥적으로 움직이는 유형인가? 나는 단기든 장기든 계획을 세운다는 것 자체가 생소해서 오랫동안 일을 그때그때 처리해왔다. 삶이 언제나 예측 불가능한 사건의 연속으로 보였기 때문이다. 계획을 세워두면 유연하게 대처하기가 힘들다고, 즉흥적으로 처리하는 편이 더 현명하다고 믿었다. 하지만 문제는 그리 단순하지 않았다. 즉흥적인 선택은 좋은 결과가 나올 가능성을 낮추고, 스트레스와 불안을 가져다주었다. 내겐 암묵적인 두려움이 있었다. 너무 골똘히 고민하다가 오히려 그 일을 할 수 없다는 사실을 깨닫게 될까봐 두려웠다. 계획을 세울 여유가 없었던 게 아니라, 계획 자체를 외면했던 것이다. 하지만 그 방법은 내 경력에 결코 좋게 작용하지 않았다.

계획이 문제가 되는 것은 지나치게 엄격하게 고수할 때뿐이다. 예상치 못한 혼란에 직면할 때, 무계획보다는 기존 계획을 수정하는 편이 훨씬 더 낫다. 이제 나는 앞으로 5년간 기사나 방송, 행사 경력을 어떻게 쌓을지 진지하게 계획한다.

성공하는 계획 작성법

인테리어디자인 연구소 대표 몰리는 창업을 주제로 강연할 때 이렇게 강조한다.

"비즈니스 계획은 반드시 수립해야 합니다. 저는 혼자서 일하기 시작한 이후로 매년 비즈니스 계획을 세우고 또 수정합니다. 따로 시간을 할애해 내년 전략을 세우는 것은 대단히 가치 있는 노력이라고 생각합니다. 혼자서 일을 해도, 아무리 규모가 작아도, 투자나 대출을 받을 필요가 없어도 말이죠. 비즈니스 공식을 알려주는 설명서는 세상에 없습니다. 많은 것을 몸으로 배워나가야 합니다. 이를 위해 체계적으로 전략을 세우고 시스템을 구축하는 노력은 정말로 중요합니다. 그래야 자신이 무슨 일을 하는지 이해할 수 있습니다."

헤퍼넌도 똑같은 이야기를 한다.

"저는 매년 시간을 할애해 작년 한 해를 평가해봅니다. 성공적이었던 일, 그렇지 못한 일, 그리고 이번에는 못 이루었지만 다음 해에는 성취하고픈 일에 대해서요. 올해 계획을 내년에 다시 들여다보면, 일반적으로 제가 대부분의 일을 해냈다는 사실을 발견하게 됩니다. 몇몇 심리학 연구 결과는 특정 목표를 스스로에게 계속 인지시키면 실제로 그 일을 할 가능성이 높아진다는 사실을 보여줍니다. 저는 재정 상태, 건강, 개인적인 성취, 전문가의 관점 등 다양한 각도로 내년에 어떤 모습으로 성장하기를 바라는지 신중하게 생각해봅니다. 그러면 이런 질문들에 답을 할 수 있게 되죠. '전년보다 더 바빠져야 하는가, 아닌가?', '사람을 만나는 데 시간을 더 할애해야 하는가, 아니면 스스로에게 집중해야 하는가?', '비즈니스 목표와 방향을 조금 수정해야 하는가, 이대로 괜찮은가?' 또한 재무 계획도 세웁니다. 이런 식이죠. '수입에서 생활비 비중이 얼마나 되는가?', '내년 일을 지금보다 늘여야 하는가? 그렇다면 얼마나 늘여야 하는가?', '작년에 받은 로열티 수입이 내년에도 계속 이어질까? 이어진다면 올해 주업무의 수입을 얼마로 잡아야 하는가? 이어지지 않는다면 얼마나 더 벌어야 하는가?' 이러한 계획 수립이 처음에는 쉽지 않았죠."

헤퍼넌 역시 계획을 여유롭게 세운다.

"재무 계획처럼, 시간도 예산을 세워봅니다. 저는 집 밖에서 거의 글을 쓰지 못해요. 외출이 잦을수록 글 쓰는 시간이 줄어듭니다. 제가 더 많은 글을 쓸 수 있는 방법은 더 오래 집에 머무는 것입니다."그래서 제가 집 밖에서 보낸 시간의 양을 분석합니다. 가령 올해에는 150일이나 저녁에 외출을 했습니다. 그렇다면 목표를 '하루도

외출하지 않기'로 정하기보다는 '1년에 외출을 85일 이하로 줄이기'로 잡는 편이 더 나을 겁니다. 그리고 다음 해에 데이터를 추적해보고 더 나아졌는지 검토합니다."

생각을 실험해보기

바이올리니스트인 스콧은 더 세밀하게 계획을 세운다. 그는 경력 과정에서 발생하는 어려운 상황을 뚫고 나가는 자신의 모습을 시각화해본다.

"오디션을 생각해봅시다. 오디션은 대단히 스트레스가 높은 과제입니다. 심사 위원들은 언제나 '예', '아니오'로만 답하죠. 이런 긴장되는 상황에 닥치기 전에 미리 머릿속으로 오디션 장면을 시뮬레이션하면 곧 익숙해지게 됩니다. 오디션에 임하기 전까지 꾸준히 제가 그곳에서 연주하는 모습을 상상합니다. 이를 통해 집중력을 새로운 수준으로 높일 수 있습니다. 저는 오디션을 보기 2주 전부터 이러한 시각화 훈련을 시작합니다."

이 기술은 강연이나 회의, 콘퍼런스 상황에도 똑같이 적용할 수 있다.

스콧은 무엇을 시각화하는 걸까?

"당일에 벌어지는 모든 상황을 시각화합니다. 오디션 당일 아침에 일어나 옷을 갈아입고, 건물에 들어가고, 사람들을 만나고, 화장실에서 손을 씻는 것까지 상상합니다. 오디션 공간이 어떻게 생겼는지 온라인으로 검색해보고 가능한 한 많은 정보를 얻습니다. 최대한 잘할 수 있다고 되뇌지만 만일을 대비해 일어날 수 있는 모든 괜찮은 상황과 그렇지 않은 상황을 상상합니다. 아주 다양한 시나리오를 만드는 거죠. 어떤 느낌이 드는가? 호흡은 어떻게 해야 할까? 자문하면 오디션에서 벌어질 모든 상황을 예상할 수 있습니다."

시각화는 문제를 해결하기 위한 방안일 뿐 아니라 자신이 통제할 수 있는 최고의 방식을 의미한다.

미국과 유럽 프리랜서를 대상으로 한 설문조사에 따르면, 앞을 내다보고 민첩하게 움직이는 프리랜서가 더 높은 수익을 올리고, 자신의 일에 더 높은 만족감을 느낀다.[1] 계획을 세운다는 것은 앞으로 벌어질 상황을 예측하기 위해서가 아니라, 자신이 무엇을 추구하는지, 목표를 달성하기 위해 어떻게 움직여야 하는지 분명하게 이해하기 위한 방안이다. 기존 계획을 수정하고 보완하는 편이 항상 새로운 계획을 세우는 것보다 훨씬 더 낫다.

비교의 저주에
빠지지 말라

앞에서 타인의 기준에서 벗어나 성공에 대한 자신만의 개념을 확립하는 것이 중요한 이유에 대해 살펴봤다. 여기서는 자신을 타인과 비교하는 것에 대해 좀더 이야기를 해볼까 한다. 오늘날은 소셜 미디어의 시대다. 상대적으로 기반이 부족한 솔로 워커는 소셜 미디어를 활용해 공짜로 마케팅과 홍보를 할 수 있다. 또한 고립감에서 벗어나 타인과 연결되어 있다고 느끼고, 유사한 혹은 동일한 분야에서 일하는 다른 사람을 발견하고 배울 수 있다. 동시에 소셜 미디어는 우리가 의식적 혹은 무의식적으로 자신의 삶을 남과 비교하도록 만든다. 몇 년 전 직장을 다니는 한 편집자는 온종일 사무실에 있어야 하는 자신의 일을 한탄하며 소셜 미디어에 비치는 내가 요즘 너무 행복해 보인다고 말했다. 나는 그런 그에게 한밤중에 글을 수정하거나 거래 처에 대금을 청구하는 모습을 게시글에 올리지는 않는다고 대꾸했다. 또한 나는 계속된 불임으로 위기에 처한 배우자와의 관계와 내 심정을 게시글에 올리지 않았다. 온라인 세상에서 내 삶은 현실과 하나도 닮지 않았다. 그것은 허구에 불과했다.

반복되는 일상이 탁월함을 낳는다

소셜 미디어의 손아귀에서 완전하게 벗어날 수는 없다. 그래도 솔로 워커는 소셜 미디어의 부정적인 효과를 줄여야 한다. 혼자서 일하거 나 공식적인 업무 틀 밖에 있을 때 소셜 미디어의 영향력은 더욱 커 지기 때문이다.

《그릿》에는 흥미로운 대목이 있다. 책에서 사회학자 댄 챔블리스Dan Chambliss는 "탁월함의 일상성The Mundanity of Excellence"이라는 연 구 결과를 근거로 탁월함은 분야를 막론하고 수백 번 반복적으로 이 뤄지는 사소하고 일상적인 행위가 누적되어 나타난 결과물이라고 주장했다.[1] 탁월함은 갑자기 완성되지 않는다. 어제와 마찬가지로 오 늘도 똑같은 일을 반복하는 삶에서 비롯되는 것이다.

우리는 문화적으로 천재성을 갈망하고 재능을 찬양한다. 마치 그 안에 담긴 수천 번의 사소한 반복, 거절, 두 번째 세 번째 네 번째 시도, 지겨움, 노력 등은 하나도 중요하지 않았던 것처럼 말이다. 니체는 이렇게 말했다. "우리는 어떻게 해서 그렇게 완벽해졌는지 묻지 않는다… 다만 현재의 결과물만 칭송한다. 마치 마술같이 홀연히 등장한 것처럼 말이다." 그리고 우리 모두는 바로 그러한 마술을 사랑한다.

타인과 스스로를 비교하면서 '그들은 재능이 있잖아. 나는 그들처럼 될 수 없어'라고 생각하는 자세는 스스로의 노력을 하찮게 여기게끔 만든다. 천재성이나 재능이 성공의 전부라면, 재능이 뛰어난 사람만이 위대한 성공을 거둔다면, 고통스럽게 노력할 필요가 없기 때문이다. 비록 마음은 아플지언정 변화를 위해 할 일은 없다.

그러므로 잊지 말자. 소셜 미디어상에 보이는 성공 사례에는 거기에 도달하기까지 필요한 노력들이 가려져 있다. 알다시피 소셜 미디어는 대부분 솔직하지 않다. 이는 비즈니스뿐 아니라 운동이나 건강 같은 개인적인 성취에도 해당된다. 빛나는 '성공'을 위해 무엇이 필요한지 솔직해질 필요가 있다.

소셜 미디어가 정신 건강에 미치는 영향

다음으로 소셜 미디어가 정신 건강에 미치는 영향에 대해 생각해보자. 우리는 소셜 미디어가 고독과 관련이 깊다는 사실을 이미 알고 있다. 사회적인 비교는 여기에 고통을 더한다. 피드에 제공되는 편집된, 초현실적인, 허구에 준하는 삶과 자신을 비교할 때, 초라해 보일 수밖에 없다.[2] 우리가 사회적으로 존경할 만한 사람을 팔로우할 때,

소셜 미디어가 자존감에 미치는 영향은 훨씬 더 심각하다. 한 연구는 '활동적인 사회적 네트워크'와 '건강한 습관'을 드러내는 프로필을 한 사람들을 소셜 미디어에서 만날 때 무슨 일이 일어나는지 들여다 봤다. 쉽게 예상할 수 있듯이, 이는 자존감에 부정적인 영향을 미친다.[3] 하지만 아이러니는 우리가 온라인상에서 바로 그러한 유형(가령 건강 분야의 인플루언서, 동기부여 강사, 특정 분야의 비즈니스 리더)을 팔로우한다는 사실이다. 그들에게서 영감과 교훈을 얻을 수 있다고 기대하기 때문이다.

소셜 미디어 자체가 나쁜 것이니 그만둬야 한다고 말하는 게 아니다. 다만 소셜 미디어가 어떤 영향을 미치고 어떤 감정을 강요하는지 정확하게 이해해야 한다는 것이다. 그럴 때 우리는 비로소 누구와, 무엇과 관계를 맺어야 할지 선택할 수 있다.

혼자 일한다고 해서
외로울 필요는 없다

프리랜서로서 성장하고 싶다면 온라인이든 오프라인이든 뒷받침해 줄 네트워크가 필요하다. 원래 고독을 즐기는 편이고 '사교 모임'을 생각만 해도 어디론가 숨고 싶어 하는 내향적인 유형이라도 네트워크는 필요하다. 이런 유형이라면 느슨한 관계에 규모가 작은 공동체를 구성해보자.

네트워크의 필요성

많은 연구 결과가 네트워크의 필요성을 언급한다. 특히 친구와 가족 등 가까운 이들이 솔로 워커가 아니라면 솔로 워커 네트워크는 더욱 절실하다. 슐트는 이렇게 말했다.

"인간은 사회적 동물입니다. 타인과 연결되었을 때 훨씬 일의 능률이 올라가죠. 실제로 강력한 네트워크는 회복탄력성을 높여줍니다. 관계는 합리적으로 생각하고, 협력하고, 아이디어를 떠올리고, 비즈니스를 넓혀나가도록 도움을 줍니다. 또한 건강에 관한 장기적인 연구 결과는 강력한 사회적 네트워크를 확보한 사람이 더 오래, 행복하게, 충만하게, 건강하게 살아간다고 말해줍니다."

슐트는 네트워크를 형성하기 위해서는 여유 시간을 확보해야 한다고 말한다.

"비즈니스 모임이든 사교 그룹이든 협회 행사든 같은 배에 탄 이들과 교류하면 외로움을 느끼지 않습니다. 어제 저는 온라인 모임을 비롯해 다양한 그룹에서 활동하고 있는 프리랜서 작가와 이야기를 나눴습니다. 그는 그 모임들에서 비즈니스에 도움이 되는 자원뿐 아니라, 새로운 관점을 얻을 수 있다고 했습니다."

도널드슨은 순식간에 사람들의 관심을 사로잡는 재능이 있는 인물이다. 그는 내게 이렇게 말했다.

"아무도 모르는 모임에 나가는 일은 제게 힘든 도전이었습니다. 그러나 익숙한 곳에만 머물러서는 아무것도 얻을 수 없다는 사실을 떠올렸죠. 이런 기회에 뭔가를 얻을 수 있다는 사실을 경험한 뒤에는 새로운 사람을 만나는 두려움이 설렘으로 바뀌고, 자신감이 조금씩 붙더군요. 그렇게 하나둘 알아보는 사람이 생겼고, 이들은 비즈니스 관계를 넘어서 새로운 인간적인 네트워크의 출발점이 되어 줬습니다. 그리고 내 자신과 일, 내가 활동하는 공동체, 열정을 쏟는 사명에 진정한 관심을 보이는 사람들을 차차 발견해나갈 수 있었습니다."

도움을 얻을 수 있는 조직이 없다면 페이스북에서 프리랜서 관련 모임을 찾아보자. 나는 5,000명 여성 프리랜서가 활발하게 활동하는 페이스북 그룹 크리에이티브의 일원이다. 가상이 아닌 현실 세상에만 존재하는 그룹도 있다. 하나포드는 텍사스 오스틴 지역에서 프리랜서 기자 그룹인 '데드라인'을 설립하는 데 기여했다. 이 그룹은 페이스북에 500명의 회원이 있으며, 몇 달에 한 번 이루어지는 정기 모임에는 일반적으로 최대 60명이 참석한다. 최근 많은 네트워크가 가상 네트워킹과 웨비나(웹상에서 이뤄지는 세미나-옮긴이), 그리고 줌 통화로 교육 및 지원 서비스를 온라인으로 제공한다.

느슨한 연대 구축하기

공식적인 네트워크가 잘 맞지 않다면 비공식적인 방식을 시도해보자. 가령 자신과 유사한 방식으로 일하는 사람들에게 다음과 같은 질문을 던져보는 것이다. '자신을 위한 시간은 어떻게 확보하는가?', '최근에 성공적인 변화는 어떤 것이 있었나?', '솔로 워커로서 다른 사람들에게 어떤 이야기를 듣고 싶은가?', '지금 어떤 일로 스트레스를 받는가?' 대답을 듣지 못할까 걱정할 필요는 없다. 자기 자신에 대해 이야기하는 것을 싫어하는 사람은 거의 없으니까. 그들의 이야기에서 자신의 비즈니스에 적용할 만한 맞춤형 아이디어를 얻을 수 있을 것이다. 그리고 비공식적인 스승을 발견할 수도 있다. 존경하는 마음을 숨길 필요는 없다. 사람들 대부분 존경받기를 바라고 다른 누군가에게 기꺼이 도움이 되고자 한다.

남성은 여성에 비해 이러한 네트워킹을 더 어렵다고 느낀다. 남성이라면 하나포드의 사례에서 용기를 얻어보자. 그는 내게 이렇게 말했다.

"문제는 나누면 반이 됩니다. 저는 일과 가정생활에서 문제에 부딪칠 때마다 친구와 가족들에게 마음을 터놓고 이야기합니다. 상대에게 고민을 털어놓기가 어렵다면 차나 맥주를 마시면서 대화하는 것도 방법이죠. 차나 맥주는 긴장을 풀어주고 좀더 다양한 대화를 나눌 수 있게 도와주니까요."

그는 충격적인 사건을 다루는 다른 기자들과 함께 협력하며, 광범위한 비공식적 네트워크를 유지한다. 하나포드는 폭력 범죄와 사형에 관한 기사를 다룰 때면 네트워크의 도움이 더 절실해진다고 한다. 그는 이렇게 말했다.

"몇 년 전 《가디언》 기사에서 사형을 다뤘습니다. 교도소에서 취재를 마친 다음 2시간 동안 차를 몰고 돌아왔죠. 그런 날은 외상 후 스트레스가 심해질 수 있기에 반드시 대여섯 명의 동료와 통화를 해야 합니다. 느슨한 연대라고 볼 수 있죠. 그중 한 사람은 정신과 의

사였습니다. 꼭 정신과 의사라서가 아니라 그런 이야기를 나눌 만한 좋은 사람이라는 확신이 있었기 때문에 그와 통화를 했습니다. 그들의 조언에 귀를 기울이자 정말로 괜찮아졌습니다."

우리 모두가 이와 비슷한 지원을 필요로 한다. 아무리 가족과 친구에게 의지할 수 있다 해도 그들이 도움을 줄 만한 최고의 대상이 아닌 경우도 있다. 공식적이든 아니든 직업적인 네트워크를 구축한다는 것은 일종의 압력 배출 밸브를 확보한다는 의미다.

정말로 중요한 문제를 해결하는 기술

✤ 아무리 작은 성공이라 해도 스스로를 기꺼이 칭찬하자. 결과만큼 과정을 중요시하는 습관을 들이자.

✤ 타인의 기대와 가치관을 자신의 것으로 삼지 말라. 주변의 바람이 아닌 스스로의 생각으로 삶과 일을 재정의하자.

✤ 목표는 분명할수록 좋다. 일과 일 외의 삶을 어디로 끌고 가고 싶은지 분명한 종착지를 그려보자.

✤ 급할수록 선택을 미뤄라. 즉흥적으로 선택할수록 스트레스와 불안이 커지고 결과가 안 좋을 확률이 높다.

✤ 목표는 수시로 인지한다. 그래야 실제로 그 일을 이룰 가능성이 높아진다.

✤ 왜 계획을 세우는가? 계획은 앞으로 벌어진 상황을 예측하기 위해서 세우는 것이 아니다. 스스로 추구하는 바가 무엇인지, 해당 목표를 달성하기 위해 어떻게 움직여야 하는지 분명하게 이해하기 위한 수단이다.

✤ SNS 속 사람들과 스스로를 비교하며 좌절하지 말자. 그곳은 수많은 실패의 과정을 지우고 빛나는 성공과 결과만 전시하는 가상의 장소다.

4장

놓치기 쉬운 문제

돈으로 살 수 있는
가장 소중한 것

혼자서 일을 하고자 결심했다면, 내적 동기가 있어야 한다. 없다면 찾아야 한다. 돈은 외적 동기부여 요인으로, 열심히 일하도록 우리를 독려한다. 우리는 보수가 높을수록 인정받는다고 느끼기에 더 열심히 일하고, 보수가 합당치 않으면 사기가 꺾인다. 반면에 이러한 독려는 단기적인 차원일 뿐, 많은 연구 결과는 장기적인 차원에서는 오히려 열정을 서서히 고갈시킨다는 사실을 보여준다. 돈은 보다 근본적인 동기부여 요소가 없는 한 '일'을 '힘든 노동'으로 바라보게 만들며, 이는 성과 하락으로 이어진다(이러한 사실은 착한 행동을 한 아이들에게 비경제적인 보상이 주어질 때도 똑같이 나타나는 현상이다. 강력한 내적 동기 요소가 없는 한, 보상은 받은 것을 부정적인 행동으로 바라보게 한다.[1] 보상은 높든 낮든 간에, 업무 만족도와 밀접한 연관이 없다.[2]

일에 따른 보상은 대단히 중요하다. 돈도 중요한 동기다(특히 돈이 없을 때, 고객이 지불을 미룰 때, 내게 비용을 낮춰달라고 요구할 때). 그러나 아침 일찍 일어나서 그 일을 하는 또 다른 중요한 이유는 그 일을 사랑하기 때문이다. 나는 내가 발견한 흥미로운 주제를 다른 사람에게 들려주는 일을 좋아한다. 이것이 바로 나의 내적 동기다. 그런데 아무런 돈을 받지 않고서도 이 일을 계속할 것인가? 간단한 질문이 아니다. 비록 돈을 받지 못한다고 해도 글을 쓰겠지만, 그러려면 다른 일자리를 구하지 않아도 될 만큼 충분히 여유롭거나 내 시간과 정신적·육체적 에너지의 상당 부분을 소진하지 않을 또 다른 일자리가 필요할 것이다. 내적 동기와 외적 동기는 완벽하게 구분 지을 수도 없고, 둘 중에 하나만 가지고서 살아남을 수도 없다. 나는 내가 기자라는 사실 그 자체를 사랑하면서 동시에 그에 따른 보수와 지위도 사랑한다.

탄탄한 내적 동기를 구축하는 방안

어쩌면 내적 동기가 이미 존재하는데도 아직 인식하지 못할 수 있다. 돈이나 지위(존경·칭찬·수상)에 너무 집착하다 보면 열정을 불러일으키는 내적 동기를 억압할 수도 있다.

자기결정 이론self-determination theory은 내적 동기가 세 가지 요소에서 비롯된다고 말한다. 첫째, 성장을 위한 기회가 필요하다. 둘째, 일하는 과정에서 다른 사람과 연결되어야 한다. 셋째, 자율성이 필요하다. 일을 주도하고 환경을 통제할 수 있어야 한다.

이 이론은 우리가 앞서 나누었던 많은 논의를 그대로 담아내고 있다. 세 가지 요소는 의미 있는 일의 개념, 회복탄력성과 용기, 집중력을 찾고 외로움을 줄이는 것과 밀접한 관련이 있다. 또한 돈과의 관계에도 영향을 미친다. 세 가지 요소를 모두 갖추어 내적 동기가 탄탄해지면 돈에 대한 집착은 자연스레 줄어든다. 물론 돈은 그래도 필요하지만, 우선순위는 아니다.

이러한 사실은 대단히 중요하다. 혼자 일할 때는 소득이야말로 자신의 비즈니스를 평가하는 유일한 잣대처럼 느껴지기 때문이다. 특히 외부에서 피드백을 받지 못할 때, 소득은 비즈니스가 제대로 흘러가고 있는지를 말해주는 유일한 기준이다. 소득이 충분하지 않으면 좀처럼 다른 것에 관심을 기울이지 못한다. 그리고 돈은 자의식과 깊이 얽혀 있다. 젊은 시절에 돈이 부족하거나 신용카드 한도가 높지 않았던 때가 종종 있었다. 작가로서 어느 정도 자리를 잡고 나서도 꽤 오랫동안 어려운 시기를 보냈다. 그동안 내 가치를 스스로에게 입증하기 위해 소득이라는 기준에 얼마나 많이 의존했는지 깨닫게 되었다. 돈이 없는 시절은 강한 인상으로 남는다. 경제적으로 힘들 때, 돈은 우리의 정신 에너지에서 많은 부분을 지배한다.

돈이 지속 가능한 동기가 될 수 없는 이유

돈에는 부작용도 있다. 시급에 관한 한 연구에서는 일하는 시간을 화폐로 환산하도록 했을 때, 실험자들은 일을 더 적게 하는 선택지도 있었음에도 더 벌기 위해 더 오랫동안 일하는 쪽을 선택했다. 또 다른 연구는 휴식시간에는 돈이 지급되지 않는다는 생각이 마음껏 쉬기 어렵게 한다는 사실을 보여줬다.[3]

이 때문에 많은 프리랜서가 일을 거절하지 못하고, 그러다 보니 노동시간이 자꾸 늘어나 결국 힘들어한다. 프리랜서는 대부분 일하는 시간과 상관없이 월급이 들어오는 시스템이 아니라, 매 시간 (혹은 일당으로, 혹은 한 프로젝트당) 가격이 매겨진다. 이럴 때 두 가지 현상이 벌어진다. 첫째, 돈을 더 많이 벌기 위해 더 많이 일하고자 한다. 둘째, 시간을 화폐화하고 희귀한 자원으로 바라보게 된다.[4] 이러한 인식은 우리가 비합리적으로 행동하고 더 나쁜 의사결정을 내리도록 만든다. 또 다른 연구는 돈을 더 많이 받을수록 이러한 상황을 악화시킨다는 사실을 보여준다. 돈을 많이 받을수록 시간이 더 소중해지고, 그럴수록 시간이 부족하다고 느끼게 된다. 선진국 부자들은 다른 누구보다 이렇게 느끼는 경향이 강하다.

널리 알려져 있듯이 부족하다는 느낌은 불안을 자극하고 불쾌한 감정을 느끼게 해 생산성을 갉아먹는다. 하루에 처리할 수 있는 일의 양을 과대평가하는 실수와 마찬가지로, 우리는 두뇌가 자신에게 써먹는 속임수 때문에 시간에 높은 화폐적 가치를 매겨 스트레스에 시달린다. 솔로 워커는 시간의 가치를 높이 평가해서는 안 된다는 뜻이 아니다. 다만 돈이 되는 일 때문에 긴장된다면, 일정이 꽉 차 있는데도 또 다른 프로젝트를 거절하지 못한다면, 일정 부분 두뇌의 속임수 때문이라는 사실을 이해해야 한다. 그러면 돈의 부작용을 완화할 수 있다.

다른 한편으로, 행복 전문가 아처가 수행한 연구는 열 명 가운데 아홉 명이 일에 의미가 있다면 소득 감소를 받아들일 의사가 있다는 사실을 보여준다.[5] 인간성이 완전히 사라진 것은 아니다.

이는 곧 내적 동기를 발견한다면 학습과 피드백, 그리고 새로운 기술을 적극 활용해 업무능력을 높이고, 일로 관계를 구축하고, 자신의 일이 타인에게 긍정적인 효과를 미치게 한다는 것을 의미한다. 또한 다양한 잠재적 상사와 고객에게 끌려 다니지 않고 솔로 워커로서 자율성을 지키고 스스로를 소중하게 생각한다는 것을 의미한다.

데이터는 또 어떤 이야기를 들려주는가? 우리는 일반적으로 돈을 벌기 위해 시간을 쓴다. 흔히 돈이 행복을 가져다주리라 믿지만 시간을 벌기 위해 돈을 써야 보람과 행복을 느낄 수 있다. 이는 윌런스와 하버드대학교 연구 팀이 10만 명이 넘는 성인을 대상으로 돈과 행복의 상관관계를 밝힌 장기적이고 실증적인 연구에서 증명된 바 있다. "더 많은 자유 시간을 얻기 위해 돈을 기꺼이 포기하려는 사람, 하기 싫은 일은 외주에 맡겨 더 적게 일하는 사람들은 사회적 관계를 보다 충만하다고 느끼고, 자신의 경력에 만족스러워하며 더 즐겁고 행복하게 살아간다."[6]

　　돈으로 행복을 살 수 있을까? 일부 학자는 돈을 올바로 쓴다면, 즉 물건이 아니라 경험 등에 쓴다면 돈으로 행복을 얻을 수 있다고 말한다. 당연하게도 가난에서 부로 이동할 때 행복 곡선은 아주 가파르게 상승하고, 가난에서 벗어나도 소득이 증가하면 계속 상승한다. 그러나 연 소득이 4만 8,000파운드에서 6만 파운드(한화로 약 7,700~9,600만 원) 구간에 이르면 행복 곡선은 정체되기 시작하고 이후로는 상승하지 않는다. 이 구간의 수치는 국가의 소득 수준에 따라 다르지만 패턴은 세계적으로 동일하게 나타난다. 일반적으로 행복 천장의 수치는 국가의 평균 소득을 웃돈다. 영국의 평균 소득은 약 3만 파운드(한화로 약 4,900만 원)인데, 약 400만 명의 영국 납세자는 연간 5만 파운드(한화로 약 8,100만 원) 이상의 소득을 올리니 이는 그리 높은 수준은 아닌 것으로 보인다.[7] 즉 행복해지기 위해 반드시 갑부가 될 필요는 없다는 것이다. 행복 곡선이 일정 수준 이상 올라가지 않는 현상은 소득을 높게 유지하면서 비롯되는 추가적인 스트레스 및 걱정과 관련이 있어 보인다. 이 현상은 또한 복권 당첨자들 사이에서도 나타난다. 일부 학자는 돈이 많을수록 죄책감과 책임감이 늘어난다고 지적한다.

　　윌런스의 또 다른 연구에서는 돈보다 시간이 더 중요하다고 답한 학생들이 반대로 대답한 동료들에 비해 졸업 후 1년 동안 조사한 업무 만족도가 훨씬 더 높았다. 태도만 변화시켜도 1,770파운드 (한화 약 300만 원)의 연봉 인상과 맞먹는 행복을 만들어낼 수 있다.[8] 최근에 나는 삶에서 시간을 다르게 보기 시작했다. 우리 가족은 이제 서로에게 생일선물 대신에 시간을 선물한다. 함께 휴가를 즐기거나, 친구를 만나거나, 마사지를 받는다. 이는 귀걸이보다 훨씬 가치가 높다.

명심하자. 돈이 가치 있는 유일한 이유는 시간을 가져다주기 때문이다. 물론 시간으로 행복을 살 수는 없다. 그렇지만 시간은 우리에게 행복을 선물한다.

협상의 기술, 절대 먼저 금액을 제시하지 말라

현재 수입이 꽤 좋아도 분명 일과 저축이 줄어드는 시기를 겪게 될 것이다. 이 시기에는 어디서 살 것인지, 어디로 휴가를 떠날 것인지 등 중요한 경제적 의사결정을 계획할 때 두렵고 불안해진다. 이 때문에 수입이 줄어드는 기간에 대비해서 재정적인 안전장치를 미리 마련해놓아야 한다.

입금 독촉 방법

입금 독촉은 아마도 프리랜서 업무에서 가장 에너지를 많이 소진시키는 일 중 하나일 것이다. 특히 고객이 계속해서 지불을 미룰 때에는 더 그렇다. 처리하기 껄끄럽다면 최대한 빨리 외주로 돌리자. 그 일에 능한 온라인 가상 비서들이 많이 있다. 누군가는 당신보다 그 업무를 잘 처리할 것이며, 적절한 법률 용어를 활용하여 적절한 수준 의 공포 분위기를 조성할 것이다. 게다가 이러한 방법은 당신과 고객 사이에 완충장치를 만들 수 있다. 즉 고객에게 직접 화를 내지 않아 도 된다는 뜻이다. 당신이 활용한 독촉 방법에 고객이 상처를 받았다 면, 알지 못했다며 사과를 하면 된다. "미안합니다! 미리 말씀 드렸어 야 했는데!" 그리고 마침내 계좌로 입금이 들어왔을 때, 가상 비서에 게 감사의 이메일을 쓰면 된다.

비즈니스 재정 상태, 배우자에게 공유해야 할까?

또 비즈니스 재정 문제는 배우자에게도 영향을 끼친다. 문제를 처리 할 뾰족한 방법이 없는 상태에서, 돈 걱정이 몰고 올 피해로부터 자 신과 관계를 지키려면 어떻게 대처해야 할까? 스테판 교수는 내게 이렇게 말했다.

"비즈니스가 장기적으로 제대로 돌아가지 않을 때, 경제적 문 제가 발생할 때, 기업가 자신뿐 아니라 반려자도 영향을 받게 된다는 사실을 말해주는 연구가 있습니다. 이럴 때일수록 상대에게 상황을 솔직하게 공유해야 합니다. 그리고 함께 문제를 해결할 수 있다는 사 실을 인식해야 합니다."

경제적 부담을 파트너에게 감추는 것은 대단히 위험한 생각이다. 사실이 드러났을 때 신뢰와 투명성에 대한 문제가 발생할 수 있다. 또한 이는 자신을 일과 동일시하는 태도에서 비롯된 또 하나의 문제다. 일과 자아를 분명하게 구분하면 비즈니스가 잘 돌아가지 않는 상황을 보다 쉽게 받아들일 수 있다. 그래야 비즈니스 결함을 자신의 개인적인 결함처럼 느끼지 않을 것이다.

여유 자금이 충분해도 솔로 워커는 업무 특성상 돈 때문에 스트레스를 받는다.[1] 소기업 금융을 주제로 하는 강의 프로그램을 듣는 것이 해결 방법일 수 있다. 지역에서 하는 무료 교육 프로그램을 찾아보자. 만약 강의를 들을 시간이 없다고 느낀다면 이렇게 생각해보자. 최근 막연하게 돈 걱정하느라 낭비한 시간과 에너지는 아마도 짧은 과정을 듣기 위해 필요한 시간과 에너지를 곧장 압도할 것이다. 몇 시간 강의에 투자해 항상 돈 문제로 걱정하지 않아도 된다면, 잠재적으로 영혼을 갉아먹는 걱정에서 벗어날 수 있다면 아주 달콤한 거래처럼 보이지 않는가?

세금 통장 만들기

세무 방법에 대해서는 언급하지 않겠지만 꼭 이야기해야 할 사안이 있다. 총수입은 결코 실제 수입이 아니라는 사실이다. 들어오는 모든 돈이 실제 수입이라고 착각하기 쉽다. 그러나 총수입에서 세금을 제해야 한다. 세금 고지서를 받아들고는 '세금을 내기 위해 더 열심히 일해야 한다'는 사실을 깨닫고 우울해지지 않으려면 스프레드시트를 활용해 관리하는 것을 추천한다. 스프레드시트를 활용하면 각각의 수입에서 얼마나 많은 금액을 따로 떼어놓아야 하는지 금방 파악할 수 있다. 이 작업은 일주일에 15분 정도밖에 걸리지 않는다. 수입을 하나의 계좌로 들어오도록 일원화하고, 거기서 일정 금액을 세금 전용 계좌로 이체시키며, 저축과 연금의 몫도 따로 구분한다. 그리고 이 돈은 절대 건드리지 않는다. 매번 수입이 들어올 때마다(단 몇백 파운드라고 해도) 그렇게 한다. 이렇게 하면 총수입이 아닌 순수입을 기준으로 소비할 수 있다.

지출 통제의 필요성

자신의 재정 상태를 파악해야 통제할 수 있고, 그만큼 어리석은 소비의 위험을 줄일 수 있다. 과거에 내 통장 잔고는 0을 간신히 넘어섰고, 월급으로 매달 빚을 갚기에 바빴다. 이후 신문사에서 명예퇴직을 하면서 받은 퇴직수당으로 빚을 갚고 어느 정도 저축도 하게 되면서 예전 방식으로부터 벗어날 수 있었다. 이제는 어느 계좌에 얼마나 돈이 들어 있는지 정확히 알고 있다. 과거에 현금 인출기 화면에 뜨는 계좌 잔액을 애써 보지 않으려 했던 것에 비하면 중대한 변화다. 재미있는 사실은 계좌 잔액을 외면했던 10년 전에 비해 가처분 소득이 더 줄어들었음에도 걱정을 덜 한다는 점이다.

앱을 활용하는 것도 방법이다. 금융·식료품·외식·유흥·가족·쇼핑 등 모든 지출을 항목별로 구분해주기 때문에 내 입출금 패턴을 손쉽게 파악할 수 있다. 한 분기 동안 외식에 얼마나 많이 지출했는지 확인하는 것은 속이 쓰린 일이지만, 매번 소비 패턴을 돌아본 덕분에 매년 수천 파운드를 절약하고 있다. 그리고 다시 한 번, 이러한 노력은 우리 모두를 변화시킨다.

소비가 과하다는 사실을 깨달아도, 정확하게 어디에 얼마나 소비하는지 파악하지 못하면 소비 패턴을 변화시키기 어렵다. 소비를 통제하기 위해서는 구체적인 언어가 필요하다. "더는 외식에 돈을 쓰지 말자"가 아니라 "특별한 날에만 외식해서 수천 파운드를 절약하자"라고 목표를 세워야 한다. 그렇지 않으면 돈을 허투루 쓰고 계좌 잔고를 외면하는 행동을 반복하게 된다. 지출 통제 역시 스스로에 대한 믿음과 마음가짐에서 비롯된다. 우리 모두는 스스로 돈을 통제할 수 있다고 믿어야 할 뿐 아니라, 실제로 통제할 수 있는 자격을 갖춰야 할 것이다.

수수료와 가격을 결정하는 일곱 가지 방법

어떤 분야든 가격 결정에는 많은 위험이 도사리고 있다. 영국에서 많은 경험을 쌓은 경력 코치인 조앤 말론Joanne Mallon은 20년 동안 재무와 같은 까다로운 주제와 관련해서 프리랜서에게 도움을 주는 일을 한다. 다음은 가격 결정에 유의해야 할 사항을 설명한 것이다. 첫 번째 항목은 '조사'다. 말론은 말한다.

"자신이 활동하는 비즈니스 분야에서 우호적인 동료들을 찾아야 합니다. 협회나 온라인 포럼에 가입하세요. 자신이 하는 일의 적정 단가를 알 수 있습니다. 몇몇 분야는 웹사이트에 수수료를 명시해두고 있습니다. 가령 비드바인과 같은 웹사이트는 특정 산업에서 제시하는 일반적인 수수료 범위 정보를 제공합니다."

업계의 가격 책정 데이터를 수집해서 비교 가능한 경력과 기술 수준을 기반으로 자신의 적정 보수를 책정해보자. 다른 이들에게 직접 비용을 묻고 싶지 않다면, 다른 동료에게 부탁해 같은 분야에서 일하는 사람들의 정보를 조사할 수 있다. 그러나 많은 이들은 수수료나 가격과 관련해서 투명하게 논의할 준비가 되어 있다. 나는 자신이 받는 보수가 투명할수록 좋다고 생각한다. 가격이 구체적으로 명시된 경우도 있으며, 소셜 미디어 관리나 교정 교열 등의 서비스 수수료는 어느 정도 표준화되어 있고 일반적으로 일당을 기준으로 가격 범위가 책정되어 있다.

두 번째 항목은 '협상'이다.

경험이 쌓이고 지위가 높아지면서 단골 고객을 대상으로 가격 인상을 요구할 수 있다. 말론은 말한다. "협상 과정에서 가격을 먼저 제시해서는 안 됩니다. 열린 질문을 던져 상대방이 고려하고 있는 예산이나 금액을 알아내야 합니다. 이렇게 물어보세요. '어느 정도의 예산/수수료/가격을 생각하고 계신지요?' 저는 종종 이렇게 덧붙이곤 합니다. '우리 모두가 만족할 수 있는 가격을 찾아낼 수 있다고 생각합니다.' 이 말은 고객에게 부당한 요금을 부과하지 않을 것임은 물론, 고객도 저에게 무리한 요구를 하지 않으리라 기대한다는 뜻입니다."

세 번째 항목은 '자신감'이다. 스스로 좋은 보수를 받을 자격이 있다고 믿자. 말론은 말한다. "돈과 관련된 문제가 중요하다는 사실을 인식하고 자신 있게 협상에 임하는 것이 중요합니다. 거울을 보고 이렇게 말해보세요. '내 일당은 100만 파운드다.' 웃음을 멈추고 정말로 믿을 때까지 계속해서 말해보세요. 나중에는 실제 가격을 요구할 때, 그 금액은 아마도 작게 느껴질 테고, 그러면 더 자신 있게 요구할 수 있습니다. 많은 사람이 가격을 제시할 때, 마치 고객에게 부탁하는 식으로 굽니다. 전화번호를 건네는 것처럼 중립적으로 제시할 필요가 있습니다."

네 번째 항목은 '예산'이다. 생활에 필요한 비용을 먼저 파악하고 거기서부터 시작해야 한다. 생활비를 충당하지 못하고 있다면, 다른 소득 원천을 고민해야 할 것이다(신용카드나 대출에 의존하는 방법은 지양한다). 몇몇 웹사이트는 단순히 생활비를 기준으로 벌어야 하는 소득을 계산해준다. 그러나 말론은 여기에 동의하지 않는다.

"한 달 혹은 1년 동안 얼마나 벌어야 할지 파악하고, 이를 기준으로 근무시간을 결정해야 합니다. 독립적으로 일하는 사람으로서 적어도 일부 시간은 마케팅과 비즈니스 구축에 투자해야 한다는 사실도 잊지 마세요. 고객은 당신이 필요하다고 해서 돈을 지급하지는 않습니다. 당신의 지출은 고객과 아무 관련이 없습니다. 그들은 당신과 당신의 일, 그리고 당신의 경험을 신뢰하기 때문에 돈을 지불하는 겁니다. 이는 고객과의 대화에서 강조해야 하는 부분입니다."

다섯 번째 항목은 '거절'이다. 누군가 받아들이기 힘을 정도로 낮은 가격을 요구한다면, 거절하자. 물론 경력 초반에는 거절하기가 힘들 것이며, 포트폴리오를 쌓고 인맥을 넓히기 위해 몇몇 일을 수락해야 할지도 모른다. 그러나 규모가 큰 고객일수록 낮은 가격을 제시한다는 사실에 유의하고, 상황에 따라 균형을 맞추도록 하자. 잠재 고객에게 당신의 서비스가 저렴하다는 인상을 주는 포트폴리오를 원치는 않을 것이다. 말론도 이 점에 동의한다.

"자신에게 부정적인 이미지를 주거나, 예산과 관련해서 비현실적인 요구를 하는 잠재 고객에게 거절 의사를 밝히는 것을 두려워해서는 안 됩니다."

여섯 번째 항목은 '보수'다. 나는 무보수 노동을 강력하게 반대한다. 무료 고객을 유료 고객으로 전환하는 일은 거의 불가능하다. 그리고 무보수로 일할 경우, 의도하지 않게 가격을 끌어내림으로써 해당 산업에서 일하는 다른 이들에게 피해를 입히게 된다. 내가 활동하는 한 프리랜서 페이스북 그룹에는 무보수 업무를 받아들여야 할지 묻는 게시 글이 종종 올라온다. 그러면 일반적으로 그 일을 받아들이지 말라고 간곡하게 말하는 수십 개의 댓글이 달린다. 모두들 산업 전반에 미칠 부작용을 우려하는 것이다.

'교환swap'에 대해서도 똑같은 말을 할 수 있다. 합법적인 방식인 교환은 기술적인 도움이 필요할 때 대단히 유용할 수 있다. 또 동료가 무료로 일해달라고 요청하는 잠재적으로 불편한 상황을 해결하기 위한 좋은 방안이 될 수 있다. 그러나 이른바 '노출exposure'은 교환과 다른 개념이다. 예전에 한 영국 타블로이드 신문사는 내게 1,000단어 분량의 기사를 쓰는 조건으로 지면 노출을 제안했다. 당시 나는 12년 동안 경력을 쌓은 전업 기자이자 편집자였는데 말이다.

마지막 항목은 '충분히 높은 가격'이다. 우리의 직관과는 달리 무작정 가격을 낮게 제시한다고 해서 일을 구할 수 있는 것은 아니다. 가격이 너무 낮을 경우, 고객은 당신이 경험이 부족하거나 기술 수준이 낮다고 의심한다. 가격경쟁력에 도움을 줄 수도 있지만, 그리 바람직하지만은 않다. 말론은 이렇게 지적했다.

"싸다는 이유로 당신을 고용한 고객은 더 싼 누군가를 찾으면 떠날 겁니다. 가격을 낮추는 것이 해결책이 될 수는 없습니다."

요금 부과하는 법

시간이나 일수를 기준으로 요금을 부과하는 방법과 프로젝트를 기준으로 요금을 부과하는 방법은 의견이 분분하며, 사람마다 선호하는 방식이 다르다. 각각 장단점이 있기 때문에 어떤 것이 자신에게 적합한지 직접 확인해야 한다. 시간이나 일수를 기준으로 요금을 부과하는 방식의 단점은 실제보다 더 비싸게 보인다는 것이다. 특히 고객이 당신이 부과한 요금만큼 수입을 올리지 못한다면 더욱 두드러져 보일 것이다. 가령 시간당 100~200파운드, 혹은 일당 500파운드를 제시했는데 고객의 한 달 월급이 1,500파운드라면 계약이 성사되기 어려울 수 있다. 고객이 생각하는 것보다 이 작업이 더 많은 시간을 투자해야 되고, 장비와 같은 부대비용이 든다 해도 말이다. 또한 당신의 작업 속도가 남들보다 빠르다면 시간을 기준으로 삼는 방식은 불리할 수 있다. 비록 고객이 향후 다시 찾을 가능성은 더 높겠지만 말이다. 시간당 보수를 책정하는 방법의 장점은 프로젝트의 규모가 초반보다 더 커지거나, 고객의 요구가 계속해서 늘어나더라도 추가 보수를 받을 수 있다는 점이다.

프로젝트 기준으로 요금을 부과하는 방식의 장단점은 그 반대다. 프로젝트 안에 드러나지 않은 과제가 숨어 있을 때, 고객의 요구가 애매모호할 때 문제가 발생할 수 있다. 프로젝트를 기준으로 하는 경우, 예상 비용을 기반으로 견적을 내고(시간도 함께 고려해서) 다음으로 프로젝트가 진행되는 동안 25퍼센트를 추가로 요구할 수 있다는 조건을 집어넣는다. 이러면 고객이 지속적으로 관심을 갖게 되고, 무보수로 추가 시간을 일할 위험을 제거한다. 적어도 예상치 못한 수정에 추가적인 비용을 고려할 것이다. 한두 번의 수정이나 변화는 일반적으로 일어난다. 이에 따라 추가적으로 비용을 청구할 수 있어야 한다. 이는 책이나 잡지를 편집하는 작업은 물론, 페인팅과 장식과 관련된 작업에도 똑같이 해당된다.

어떤 방식을 선택하든지 일을 시작하기에 앞서 모든 내용을 간략한 설명을 담은 문서로 작성하는 편이 좋다. 고객이 설명서를 제공하지 않거나 그럴 수 없을 때, 직접 대화한 내용을 문서로 작성한 뒤 고객에게 보내 확인받도록 하자. 이래야 업무가 명확해지며 혹시 당신이 잘못 이해한 경우에(혹은 고객이 마음을 바꾸거나 자신의 의도를 잘못 전달한 경우에) 고객이 해당 문서에 피드백할 것이다.

특히 다른 일은 하지 않고 그 프로젝트에만 매달려야 하는 경우, 한 달에 한 번이나 일주일에 한 번 분할 지급을 요청하는 것이 합리적이고 타당하며 훨씬 더 안전하다. 당신의 재무 계란을 도착하는 데 몇 달이 걸리기도 하는 하나의 바구니에 모두 담지 않아야 한다. 자신에게 프로젝트를 맡긴 기업이 6개월 후에 파산한다면, 일을 마친 3개월 뒤, 90일 단위로 지급한다면 자신과 자신의 계좌에 어떤 일이 일어날지 생각해보자.

놀면서도 성장하는
핵심 습관

지금쯤이면 우리의 최고 목표가 충분히 휴식하면서도 나만의 비즈니스를 멋지게 해내는 삶이라는 주장에 크게 놀라지 않을 것이다. 당신이 성공에 대한 비전과 더불어 행복한 삶에 대한 비전도 세웠으면 한다. 작년에 프리랜서 열 명 가운데 한 명은 휴가를 전혀 떠나지 않았다고 한다.[1] 그래도 긍정적인 소식은 일곱 명 가운데 한 명은 40일 이상 휴가를 누렸다는 사실이다. 오늘날 많은 국가가 21~28일 휴가를 노동자에게 보장하고 있다. 이 조사 자료는 흥미롭게도 소득이 휴가에 별 영향을 미치지 않는다는 사실을 보여준다. 수입이 높을수록 더 많이 쉰다고 짐작하기 쉽지만 그렇지 않다. 여기에 영향을 미치는 한 가지 중요한 요소는 연령이다. 34세 이하 프리랜서가 더 많이 휴가를 사용하는 경향이 있다. 동일한 보고서는 휴가에서 관계 개선이나 스트레스 감소와 같은 다양한 긍정적인 효과를 얻을 수 있다는 사실을 (다시 한 번) 보여준다.

더 적게 일해야 하는 합리적인 이유

혼자 일할 때 휴가를 떠나기란 쉽지 않다. 나는 작년 한 해 동안 휴가와 관련된 과학에 깊이 몰두해 있었음에도 휴가를 떠나야 한다는 사실을 종종 잊어버린다. 헤퍼넌은 이렇게 지적했다.

"휴가를 미리 잡아두지 않으면 절대 쉴 수 없습니다. 한번 휴가를 잡으면 그대로 지켜야 합니다. 그렇지 않으면 몇 년 동안 휴가를 떠나지 못할 것이고, 결국 에너지 고갈로 이어지기 때문이죠."

일반적으로 휴가는 장기적인 차원에서 건강에, 그리고 단기적인 차원에서(2주에서 4주 동안) 전반적인 행복에 긍정적인 영향을 미치는 것으로 보인다. 더 많은, 그리고 정기적인 휴가를 떠나야 한다는 의미다. 몇몇 소규모 연구는 휴가 후에 성과 및 업무 만족도가 높아진다는 사실을 보여주며, 정신적으로도 유연해진다는 증거도 나와 있다.[2]

휴가 중에 완전히 일을 중단해야 하는가? 직장인에 비해 솔로 워커는 휴가 기간 동안 일을 완전히 손에서 놓기가 더 힘들다. 연구 데이터에 따르면 무심결에 지속적으로 이메일을 확인하는 행동은 휴가의 긍정적인 효과를 상쇄시킨다고 한다. 하지만 언제, 어떻게 일을 들여다봐야 하는지 통제할 수 있다면 휴가 중에 때때로 일을 하는 것은 그리 중요한 문제가 아니다. 물론 이메일 하나 확인하지 않는 휴가는 축복이지만, 항상 가능하지는 않다. 특히 당신이 고정된 일정에 따라 국제적인 고객과 함께, 혹은 확장된 팀 안에서 제품과 관련된 일을 한다면 더욱 그럴 것이다. 예를 들어 스티브의 경우, 휴가 다음 주에 촬영이 잡혀 있을 때, 휴가 중 며칠 동안은 사전 조율 작업에 신경을 써야 한다.

일 잘하는 사람일수록 취미가 많은 까닭

우리는 여유롭고 조용한 시간과 육체적 이완 및 활동, 그리고 적당한 운동과 휴식이 필요하다. 물론 두뇌에도 똑같이 활동과 휴식이 필요하다.

큐비츠의 브로턴과 온라인 체스 이야기를 기억하는가? 브로턴은 몰두할 것이 있었던 덕분에 비즈니스 초반의 힘든 시기를 잘 헤쳐나갈 수 있었다. 게임에 집중하는 동안 불안감을 모두 잊을 수 있었던 것이다. 비즈니스와 달리 체스는 규칙이 명확하다. 결과도 두 가지뿐이다. 이기거나 지거나. 게다가 어릴 적부터 체스를 즐겼던 그는 명백히 체스를 잘했기 때문에 이 취미로 비즈니스에서 느끼는 스트레스를 풀 수 있었다.

브로턴의 사례는 예외가 아니다. 많은 기업가들은 암벽등반부터 마라톤에 이르는 익스트림 스포츠를 포함하여 다양한 취미 활동을 즐긴다. 70곳 이상의 체인점으로 이뤄진 레온이라는 요식업 사업을 운영하며 비즈니스 서적인 《싸우지 않고 이기기*Winning Not Fighting*》를 쓴 존 빈센트*John Vincent*는 영춘권 무술을 연마한다. 다국적 기업 버진 그룹의 회장 리처드 브랜슨*Richard Branson* 역시 체스를 즐기며, 빌 게이츠*Bill Gates*는 카드 게임의 고수다. 시스코의 샌디 러너*Sandy Lerner*는 중세 복장으로 무장하고 말에 올라타서 겨루는 마상 창시합을 좋아한다. 토리 버치*Tory Burch*와 《보그》 편집장 안나 윈터*Anna Wintour*는 테니스를 즐긴다. 미국 전 국무장관 콘돌리자 라이스*Condoleeza Rice*는 골프를 치고, 패션 디자이너 폴 스미스*Paul Smith*는 옛날 자전거와 관련된 자료를 어릴 적부터 수집한다. 그는 끔찍한 사고를 겪기 전까지 사이클 선수를 꿈꾸었으며 73세인 지금도 자전거를 즐긴다.

이는 새로운 이야기가 아니다. '일만 하고 놀지 않으면 바보가 된다'라는 속담은 1600년대에 처음으로 인쇄물로 기록되었고 그 기원은 아마도 훨씬 더 오래되었을 것이다. 오늘날 우리는 그 의미를 분명히 알고 있고 있다. 휴식은 우리 삶에 여유를 마련해줌으로써 업무 효율성을 높인다.

비즈니스 세상은 너무도 빨리 변화하기에 미래를 예측하기 어렵다. 그럼에도 솔로 워커로서 자신과 자신의 특성, 리듬, 그리고 욕망을 이해해야 한다. 이를 통해 우리는 외부 변화와 충격으로부터 스스로를 지켜낼 수 있으며, 특별하고 고유한 자신만의 상황에 적합한 비즈니스 모델을 구축할 수 있다. 무엇보다 스스로에게 친절하자. 당신은 혼자가 아니다.

우리는 혼자지만 함께할 수 있다.

놓치기 쉬운 문제를 놓치지 않는 기술

+ 우리는 돈 때문에 일하기도 하지만 돈이 전부가 아니다. 돈만을 좇는다면 '일'은 '힘든 노동'으로 이어지며, 이는 성과 하락으로 돌아온다.

+ 동기가 필요하다면 스스로에게 세 가지 질문을 던져보자. 성장할 기회가 있는가? 일하면서 타인과 연결되는가? 자율성이 보장되는가?

+ 보수를 지급해달라고 전화하기 꺼려지는가? 빨리 외주로 돌리자.

+ 총 수입은 실제 수익이 아니다. 세금을 잊지 말자.

+ 소비를 통제하고 싶다면 목표를 구체적으로 적어라. "더는 외식에 돈을 쓰지 말자"가 아니라 "한 달 외식 3회 이하, 1회에 비용 얼마 이하"로 분명하게 정해야 한다.

+ 얼마를 받아야 적정한 보수일까? 업계의 가격 책정 데이터를 수집해 스스로에게 준하는 경력과 기술 수준을 파악하고 적정 보수를 책정해보자.

+ 협상할 때는 먼저 가격을 제시하지 말라. 상대방이 생각하고 있는 예산안을 받아내는 게 먼저다.

+ 당신은 좋은 보수를 받을 자격이 있다. 받아들이기 힘들 정도로 낮은 비용을 제시받았다면, 거절하자.

+ 절대 무보수로 일하지 말자.

미주

1장 어떻게 일할 것인가?

기회는 혼자 일하는 순간에 온다

1. Patrick Briône/IPA and IPSE report, 'Working Well for Yourself: What makes for good self-employment?', 2018, https://www.ipa-involve.com/working-well-for-yourself-what-makes-for-good-self-employment

2. 'Independent consulting: a good gig in a changing world', Findings from the Eden McCallum LBS Future of Consulting survey 2018, https://edenmccallum.com/wp-content/uploads/securepdfs/2019/05/survey-report.pdf

3. Patrick Briône/IPA and IPSE report, 'Working Well for Yourself: What makes for good self-employment?', 2018, https://www.ipa-involve.com/working-well-for-yourself-what-makes-for-good-self-employment

4. Dan Witter, Sangeeta Agrawal and Alyssa Brown, 'Entrepreneurship Comes With Stress, But Also Optimism', 7 December 2012, https://news.gallup.com/poll/159131/entrepreneurship-comes-stressoptimism.aspx

내면의 짐승은 고독 속에서 자라난다

1. Epson.co.uk, 'One can be the loneliest number – many UK freelancers

feel lonely and isolated following leap to self-employment', 2018, https://
www.epson.co.uk/insights/article/one-can-be-the-loneliest-number-
many-uk-freelancers-feel-lonelyand-isolated-following-leap-to-self-
employment

2. Cigna's US Loneliness Index, 'Survey of 20,000 Americans Examining
Behaviors Driving Loneliness in the United States', 2018, https://www.
multivu.com/players/English/8294451-cigna-us-loneliness-survey/

3. Katie Hafner, 'Researchers Confront an Epidemic of Loneliness', *The New
York Times*, 5 September 2016, https://www.nytimes.com/2016/09/06/
health/lonliness-aging-health-effects.html

4. Juliet Michaelson, Karen Jeffrey, Saamah Abdallah, 'The Cost of Loneliness
to UK Employers', *The New Economics Foundation*, 2017, https://
neweconomics.org/2017/02/cost-loneliness-uk-employers/

5. J. Holt-Lunstad, T. B. Smith, M. Baker, T. Harris, D. Stephenson, 'Loneliness
and social isolation as risk factors for mortality: a metaanalytic review',
Perspectives on Psychological Science, 2015;10(2), https://www.ncbi.nlm.
nih.gov/pubmed/25910392

6. The Campaign to End Loneliness, Risk to Health, 2020, www.
campaigntoendloneliness.org/threat-to-health

7. The JAMA Network Journals, 'Is a marker of preclinical Alzheimer's disease
associated with loneliness?', *ScienceDaily*, 2 November 2016, https://www.
sciencedaily.com/releases/2016/11/161102132631.htm

8. University of Surrey, 'Social isolation could cause physical inflammation',
ScienceDaily, 5 March 2020, https://www.sciencedaily.com/
releases/2020/03/200305132136.htm

9. Susan Cain, *Quiet: The Power of Introverts in a World That Can't
StopTalking*, Viking, 2012, p. 74

10. Sidonie-Gabrielle Colette, *Oeuvres Completes*, Flammarion, 1948/1950 (various reprints thereafter)

11. A. R. Teo, H. Choi, S. B. Andrea, et al., 'Does Mode of Contact with Different Types of Social Relationships Predict Depression in Older Adults? Evidence from a Nationally Representative Survey', *Journal of the American Geriatrics Society,* 2015; 63(10), https://www.ncbi.nlm.nih.gov/pubmed/26437566

12. Michael Harris, *Solitude: In Pursuit of a Singular Life in a Crowded World*, Random House, 2017, p. 17

13. Brian A. Primack, Ariel Shena, Jamie E. Sidani et al., 'Social Media Use and Perceived Social Isolation Among Young Adults in the U.S', *American Journal of Preventive Medicine*, 6 March 2017

14. John T. Cacioppo, Louise C. Hawkley, 'Social Isolation and Health, with an Emphasis on Underlying Mechanisms', *Perspectives in Biology and Medicine 46*, no. 3 (2003): S39 – S52, https://muse.jhu.edu/article/168969

15. Michel Janssen and Jürgen Renn, 'History: Einstein was no lone genius', *Nature.com*, 16 November 2015, https://www.nature.com/news/history-einstein-was-no-lone-genius-1.18793

16. Ed Diener, Martin E. P. Seligman, 'Very Happy People', *Psychological Science*, 13(1), 2002, https://journals.sagepub.com/doi/10.1111/1467 – 9280.00415

17. Gillian M. Sandstrom and Elizabeth W. Dunn, 'Social Interactions and Well-Being: The Surprising Power of Weak Ties', *Personality and Social Psychology Bulletin*, 40(7), 2014, https://journals.sagepub.com/doi/abs/10.1177/0146167214529799

18. Gillian M. Sandstrom, Elizabeth W. Dunn, 'Is Efficiency Overrated?: Minimal Social Interactions Lead to Belonging and Positive Affect', *Social*

Psychological and Personality Science, 5(4), 2014, https://journals.sagepub.com/doi/abs/10.1177/1948550613502990

19. Eric D. Wesselmann, Florencia D. Cardoso, Samantha Slateret al., 'To Be Looked at as Though Air: Civil Attention Matters', *Psychological Science*, 23(2), 2012, https://journals.sagepub.com/doi/abs/10.1177/0956797611427921

20. N. Epley and J. Schroeder, 'Mistakenly seeking solitude', *Journal of Experimental Psychology: General*, 143(5), 2014, https://psycnet.apa.org/doiLanding?doi=10.1037%2Fa0037323

21. University at Buffalo, 'Non-fearful social withdrawal linked positively to creativity: Not all forms of social withdrawal are unhealthy, research suggests', *ScienceDaily*, 20 November 2017, https://www.sciencedaily.com/releases/2017/11/171120174505.htm; Christopher R. Long and James R. Averill, 'Solitude: An Exploration of Benefits of Being Alone', *Journal for the Theory of Social Behaviour*, 33:1, March 2003, https://www.researchgate.net/publication/227867774_Solitude_An_Exploration_of_Benefits_of_Being_Alone

좋아하는 일로 먹고산다는 거짓말

1. 'One-half of working population unhappy in job: Survey', *Canadian HR Reporter*, 2 May 2016, https://www.hrreporter.com/news/hr-news/one-half-of-working-population-unhappy-in-job-survey/281844

2. Jim Clifton, 'The World's Broken Workplace', *Gallup News/The Chairman's Blog*, 13 June 2017, https://news.gallup.com/opinion/chairman/212045/world-broken-workplace.aspx

3. Amy Wrzesniewski, Justin M. Berg, Jane E. Dutton, 'Turn the Job You Have into the Job You Want', *Harvard Business Review*, June 2010, https://

spinup-000d1a-wp-offload-media.s3.amazonaws.com/faculty/wp-content/uploads/sites/6/2019/06/Turnthejobyouhaveintothejobyouwant.pdf

4. Adam Grant, 'Relational Job Design and the Motivation to Make a Prosocial Difference', *Academy of Management Review*, (32:2), April 2007, https://selfdeterminationtheory.org/SDT/documents/2007_Grant_AMR.pdf

5. J. Y. Kim, T. H. Campbell, S. Shepherd, A. C. Kay, 'Understanding contemporary forms of exploitation: Attributions of passion serve to legitimize the poor treatment of workers', *Journal of Personality and Social Pyschology*, 118(1), January 2020, https://pubmed.ncbi.nlm.nih.gov/30998042/

6. Jay Rayner, 'Is being a chef bad for your mental health?', *The Observer*, 26 November 2017, https://www.theguardian.com/society/2017/nov/26/chefs-mental-health-depression

7. Robert Vallerand, Yvan Paquet, Frederick Philippe, Julie Charest, 'On the Role of Passion for Work in Burnout: A Process Model', *Journal of Personality*, 78, February 2010, https://www.researchgate.net/publication/43532701_

2장 일에 잡아먹힐 것인가, 일로 성장할 것인가

과로사 시대에 살아남는 법

1. Micheal Blanding, 'Having No Life is the New Aspirational Lifestyle', *Harvard Business School Working Knowledge*, 20 February 2017, https://hbswk.hbs.edu/item/having-no-life-is-the-new-aspirational-lifestyle

2. Silvia Bellezza, Neeru Paharia, Anat Keinan, 'Conspicuous Consumption of Time: When Busyness and Lack of Leisure Time Become a Status Symbol',

Journal of Consumer Research, (44:1), June 2017, https://www0.gsb.columbia.edu/mygsb/faculty/research/pubfiles/19293/Conspicuous%20Consumption%200f%20Time.pdf

3. P. Afonso, M. Fonseca, J. F. Pires, 'Impact of working hours on sleep and mental health', *Occupational Medicine*, 67:5, July 2017, https://academic.oup.com/occmed/article/67/5/377/3859790

4. M. Virtanen, S. A. Stansfeld, R. Fuhrer, J. E. Ferrie, M. Kivimäki, 'Overtime Work as a Predictor of Major Depressive Episode: A 5-Year Follow-Up of the Whitehall II Study', *PLoS ONE*, (7:1), 2012, https://journals.plos.org/plosone/article?id=10.1371/journal.pone.0030719

5. Akira Banna, Akiko Tamakoshi, 'The association between long working hours and health: A systematic review of epidemiological evidence', *Scandinavian Journal of Work, Environment & Health*, (40:1), 2014, https://www.jstor.org/stable/43187983?seq=1

6. Sendhil Mullainathan, Eldar Shafir, 'Freeing up intelligence', *Scientific American Mind*, Jan/Feb 2014 (9) (Adapted from *Scarcity: Why Having Too Little Means So Much*, by Sendhil Mullainathan and Eldar Shafir), https://scholar.harvard.edu/files/sendhil/files/scientificamericanmind0114-58.pdf

7. Ashley Whillans, 'Time For Happiness', *Harvard Business Review/The Big Idea*, January 2019, https://hbr.org/cover-story/2019/01/time-for-happiness

8. Laura M. Giurge, Ashley V. Whillans, 'Beyond Material Poverty: Why Time Poverty Matters for Individuals, Organisations, and Nations', Working paper 20-051, *Harvard Business School*, 2019, https://www.hbs.edu/faculty/Publication%20Files/20-051_9ccace07-ec9b-409e-a6aa-723f091422fb.pdf

9. Joachim Merz, Tim Rathjen, 'Entrepreneurs and Freelancers: Are They Time and Income Multidimensional Poor? The German Case', IZA

Discussion Paper No. 9912, April 2016, https://www.iza.org/publications/ dp/9912/entrepreneurs-and-freelancers-are-they-timeand-income-multidimensional-poor-the-german-case

10. Ashley Whillans, 'Time For Happiness', *Harvard Business Review/The Big Idea*, January 2019, https://hbr.org/cover-story/2019/01/time-for-happiness

11. John Pencavel, 'Recovery from Work and the Productivity of Working Hours', IZA DP No. 10103, July 2016 http://ftp.iza.org/dp10103.pdf

12. R. H. Van Zelst, W. A. Kerr, 'Some correlates of technical and scientific productivity', *The Journal of Abnormal and Social Psychology*, (46:4), 1951, https://psycnet.apa.org/record/1952-04231-001

13. Ron Friedman, 'Working Too Hard Makes Leading More Difficult', *Harvard Business Review*, 30 December 2014, https://hbr.org/2014/12/working-too-hard-makes-leading-more-difficult

14. 'Report summary: Working Long Hours: a Review of the Evidence', *Institute for Employment Studies*, 2003, https://www.employment-studies. co.uk/report-summaries/report-summary-working-long-hours-review-evidence-volume-1-%E2%80%93-main-report

15. Roger B. Manning, 'Rural Societies in Early Modern Europe: A Review', *The Sixteenth Century Journal*, (17:3), 1986, https://www.jstor.org/ stable/2540326?seq=1

16. Nicholas Boring, 'How Sunday Came to be Established as a Day of Rest in France', *Library of Congress law blog* (blogs.loc.gov/law), 2 September 2014, https://blogs.loc.gov/law/2014/09/how-sunday-came-to-be-established-as-a-day-of-rest-in-france/

17. Michael Huberman, Chris Minns, 'The times they are not changin: Days and hours of work in Old and New Worlds, 1870-2000', *Explorations in*

Economic History, 44, 2007, https://personal.lse.ac.uk/minns/Huberman_
Minns_EEH_2007.pdf

18. John Maynard Keynes, 'Economic Possibilities for Our Grandchildren', 1930

19. OECD Hours Worked Data, https://data.oecd.org/emp/hoursworked.htm

20. André van Hoorn, Robbert Maseland, 'Does a Protestant work ethic
    exist? Evidence from the well-being effect of unemployment', *Journal
    of Economic Behavior & Organization*, 91, July 2013, https://www.
    sciencedirect.com/science/article/abs/pii/S0167268113000838

21. Richard B. Lee and Irven DeVore, *Man The Hunter*, 1968(from the chapter,
    'What Hunters Do For a Living', by Richard B. Lee)

22. James Suzman, 'The Bushmen Who Had the Whole Work-Life Thing
    Figured Out', *New York Times*, 24 July 2017 https://www.nytimes.
    com/2017/07/24/opinion/the-bushmen-who-had-thewhole-work-life-
    thing-figured-out.html

23. Melanie Curtin, 'In an 8-Hour Day, the Average Worker Is Productive for
    This Many Hours', inc.com, 21 July 2016, https://www.inc.com/melanie-
    curtin/in-an-8-hour-day-the-averageworker-is-productive-for-this-
    many-hours.html

24. 'Want a better work-life balance as your own boss? Study finds self-
    employed people take just 14 days holiday a year', *The Telegraph*, 5
    February 2018, https://www.telegraph.co.uk/news/2018/02/05/want-
    better-work-life-balance-boss-study-find-self-employed/

회복탄력성을 기르는 법

1. Shawn Achor, 'Resilience Is About How You Recharge, Not How You
   Endure', *LinkedIn Pulse*, 10 November 2019, https://www.linkedin.com/
   pulse/resilience-how-you-recharge-endureshawn-achor/?articleId=6599

380709478055936#comments-6599380709478055936&trk=public_profile_
article_view

2. Megan Jay, 'The Secrets of Resilience', *The Wall Street Journal*, 10 November 2017, https://www.wsj.com/articles/the-secrets-of-resilience-1510329202

3. Drew Magary, 'How to Write 10,000 Words a Week', medium.com, 24 January 2020, https://forge.medium.com/how-to-write-10-000-words-a-week-a7c63d97ea79

4. Megan Jay, 'The Secrets of Resilience', *The Wall Street Journal*, 10 November 2017, https://www.wsj.com/articles/the-secrets-of-resilience-1510329202

5. Gianpiero Petriglieri, Susan J. Ashford, Amy Wrzesniewski, 'Agony and Ecstasy in the Gig Economy: Cultivating Holding Environments for Precarious and Personalized Work Identities', *Administrative Science Quarterly*, (64:1) 2019, https://journals.sagepub.com/doi/full/10.1177/0001839218759646

6. 같은 곳.

7. Adam Grant, 'Productivity Isn't About Time Management. It's About Attention Management', *The New York Times*, 28 March 2019, https://www.nytimes.com/2019/03/28/smarter-living/productivityisnt-about-time-management-its-about-attention-management.html?auth=login-email&login=email

8. Martin Binder, 'The Way to Wellbeing', Centre for Research on Self-Employment, 2018, http://www.crse.co.uk/sites/default/files/The%20Way%20to%20Wellbeing%20Full%20Report_0.pdf

9. Tim Herrara, 'Micro-Progress and the Magic of Just Getting Started', *The New York Times*, 22 January 2018, https://www.nytimes.com/2018/01/22/smarter-living/micro-progress.html?auth=login-email&emc=edit_sl_20191007?campaign_id=33&instance_

id=12888&login=email&nl=smarter-living&regi_id=78598733&segment_
id=17650&te=1&user_id=5dd7fd2f86725daefa367c13872d6d25

10. 팀 헤레라는 제임스 클리어의 글(jamesclear.com/physics-productivity)을 참
고했다.

11. Robert Emmons, 'Why Gratitude is Good', *Greater Good Magazine*
(published by the Greater Good Science Center at UC Berkeley), 16
November 2010, https://greatergood.berkeley.edu/article/item/why_
gratitude_is_good

당신만 모르는 집중력 소환 기술

1. Tom Knowles, 'I'm so sorry, says inventor of endless online scrolling', *The
Times*, 27 April 2019, https://www.thetimes.co.uk/article/i-mso-sorry-
says-inventor-of-endless-online-scrolling-91rv59mdk

2. Rob Asghar, '4 Ways Your Smartphone Is Making You Dumber', *Forbes*, 10
November 2014, https://www.forbes.com/sites/robasghar/2014/11/10/4-
ways-your-smartphone-is-making-youdumber/

3. Ioanna Katidioti, Jelmer P. Borst, Marieke K. van Vugt, Niels A. Taatgen,
'Interrupt me: External interruptions are less disruptive than self-
interruptions', Computers in Human Behavior, October 2016, https://www.
sciencedirect.com/science/article/pii/S0747563216304654

4. Linda Stone, 'Beyond Simple Multi-Tasking: Continuous Partial Attention',
essay on her site: www.lindastone.com, https://lindastone.net/2009/11/30/
beyond-simple-multi-tasking-continuous-partial-attention/

5. Jiageng Chen, Andrew B. Leber, Julie D. Golomb, 'Attentional capture alters
feature perception', *Journal of Experimental Psychology: Human Perception
and Performance*, (45:11), 2019, https://psycnet.apa.org/buy/2019-
49303-001

6. Peter Kelly, 'Task interrupted: A plan for returning helps you move on', *University of Washington News*, 16 January 2018, https://www.washington.edu/news/2018/01/16/task-interrupted-a-plan-for-returning-helps-you-move-on/

7. Laura Vanderkam, *What the Most Successful People Do Before Breakfast*, Penguin, 2013, p. 89

8. Pam A. Mueller, Daniel M. Oppenheimer, 'The Pen Is Mightier Than the Keyboard: Advantages of Longhand Over Laptop Note Taking', *Psychological Science*, (25: 6), 2014, https://journals.sagepub.com/doi/abs/10.1177/0956797614524581

9. P. M. Gollwitzer, V. Brandstätter, 'Implementation intentions and effective goal pursuit', *Journal of Personality and Social Psychology*, 73(1), 1997, https://psycnet.apa.org/record/1997-04812-015

10. F. Sirois, T. Pychyl, 'Procrastination and the Priority of Short-Term Mood Regulation: Consequences for Future Self', *Social and Personality Psychology Compass*, 7:2, 2013, http://eprints.whiterose.ac.uk/91793/1/Compass%20Paper%20revision%20FINAL.pdf

11. Jooa Julia Lee, Francesca Gino, Bradley R. Staats, 'Rainmakers: Why bad weather means good productivity', *Journal of Applied Psychology*, (99:3), 2014, https://psycnet.apa.org/buy/2014-01192-001

12. Professor Jihae Shin and Professor Adam M. Grant, 'When Putting Work Off Pays Off: The Curvilinear Relationship Between Procrastination and Creativity', *Academy of Management Journal*, April 2020, https://journals.aom.org/doi/10.5465/amj.2018.1471

13. John Gierland, 'Go With the Flow', Wired.com, 9 January 1996, https://www.wired.com/1996/09/czik/

14. Angela Duckworth, *Grit: The Power of Passion and Perseverance*, Scribner

Book Company, 2016, p. 44

당신의 상사는 당신뿐이다

1. Ben Wigert, Sangeeta Agrawal, 'Employee Burnout, Part 1: The 5 Main Causes', *Workplace/Gallup.com*, 12 July 2018, https://www.gallup.com/workplace/237059/employee-burnout-part-main-causes.aspx

일하는 공간이 바뀌면 업무성과가 바뀐다

1. 'The Global Impact of Biophilic Design in the Workplace', report in *Human Spaces*, 2015, http://interfaceinc.scene7.com/is/content/InterfaceInc/Interface/Americas/WebsiteContentAssets/Documents/Reports/Human%20Spaces/Global-Human-Spaces-Report.pdf

2. 같은 곳.

3. M. S. Lee, J. Lee, B. J. Park, Y. Miyazaki, 'Interaction with indoor plants may reduce psychological and physiological stress by suppressing autonomic nervous system activity in young adults: a randomized crossover study', *Journal of Physiological Anthropology*, 2015, https://www.ncbi.nlm.nih.gov/pmc/articles/PMC4419447/

4. 'The Global Impact of Biophilic Design in the Workplace', report in *Human Spaces*, 2015, http://interfaceinc.scene7.com/is/content/InterfaceInc/Interface/Americas/WebsiteContentAssets/Documents/Reports/Human%20Spaces/Global-Human-Spaces-Report.pdf

5. 같은 곳.

6. Olli Seppänen, William Fisk, Q. H. Lei, 'Effect of Temperature on Task Performance in Office Environment', 2005, https://indoor.lbl.gov/sites/all/files/lbnl-60946.pdf

7. Molly C. Bernhard, Peng Li, David B. Allison, Julia M. Gohlke, 'Warm

Ambient Temperature Decreases Food Intake in a Simulated Office Setting: A Pilot Randomized Controlled Trial', *Frontiers in Nutrition*, 2015, https://www.frontiersin.org/articles/10.3389/fnut.2015.00020/full

8. David Wyon, 'Creative thinking as the dependent variable in six environmental experiments: A review', Proceedings of the 7th International Conference on Indoor Air Quality and Climate: Indoor Air '96, https://www.researchgate.net/publication/285320928_Creative_thinking_as_the_dependent_variable_in_six_environmental_experiments_A_review

9. Ulf Ekelund, Thomas Yates, 'Sit less – move more and more often: all physical activity is beneficial for longevity', *British Medical Journal Opinion*, 21 August 2019, https://blogs.bmj.com/bmj/2019/08/21/ulf-ekelund-and-thomas-yates-sit-less-move-more-and-more-oftenall-physical-activity-is-beneficial-for-longevity/

10. Rebecca Seguin, David M. Buchner, Jingmin Liu et al., 'Sedentary Behavior and Mortality in Older Women', *American Journal of Preventive Medicine*, February 2014, https://www.ajpmonline.org/article/S0749-3797(13)00594-1/abstract

11. University of Utah Health Sciences, 'Walking an extra two minutes each hour may offset hazards of sitting too long', *ScienceDaily*, 30 April 2015, https://www.sciencedaily.com/releases/2015/04/150430170715.htm

12. Gretchen Spreitzer, Peter Bacevice, Lyndon Garrett, 'Why People Thrive in Coworking Spaces', *Harvard Business Review*, September 2015, https://hbr.org/2015/05/why-people-thrive-in-coworking-spaces

13. Matthew P. White, Ian Alcock, James Grellier, et al., 'Spending at least 120 minutes a week in nature is associated with good health and wellbeing', *Scientific Reports 9*, June 2019, https://www.nature.com/articles/s41598-019-44097-3

14. Frances E. Kuo, William C. Sullivan, 'Aggression and Violence in the Inner City: Effects of Environment via Mental Fatigue', *Environment and Behavior*, 1 July 2001, https://journals.sagepub.com/doi/pdf/10.1177/00139160121973124

15. Florence Williams and Aeon, 'Why are Fractals so Soothing?', *The Atlantic*, 26 January 2017, https://www.theatlantic.com/science/archive/2017/01/why-fractals-are-so-soothing/514520/

프리랜서의 혼밥 노하우

1. Jennifer Jabs, Carol M. Devine, 'Time Scarcity and Food Choices: An overview', *Appetite*, (47:2), 2006, https://www.sciencedirect.com/science/article/abs/pii/S0195666306003813

2. S. W. Sadava, M. M. Thompson, 'Loneliness, social drinking, and vulnerability to alcohol problems', *Canadian Journal of Behavioural Science / Revue canadienne des sciences du comportement*, 18(2), 1986, https://psycnet.apa.org/record/1988-10967-001

3장 정말로 중요한 문제

계획하면 생기는 놀라운 힘

1. 'Independent consulting: a good gig in a changing world', Findings from the Eden McCallum LBS Future of Consulting survey 2018, https://edenmccallum.com/wp-content/uploads/securepdfs/2019/05/survey-report.pdf

비교의 저주에 빠지지 말라

1. Angela Duckworth, *Grit: The Power of Passion and Perseverance*, Scribner Book Company, 2016, p. 39

2. Mai-Ly N. Steers, Robert E. Wickham, and Linda K. Acitelli, 'Seeing Everyone Else's Highlight Reels: How Facebook Usage is Linked to Depressive Symptoms', *Journal of Social and Clinical Psychology*, 2014, https://guilfordjournals.com/doi/abs/10.1521/jscp.2014.33.8.701

3. Erin A. Vogel, Jason P. Rose, Lindsay R. Roberts, Katheryn Eckles, 'Social comparison, social media, and self-esteem', *Psychology of Popular Media Culture*, 3(4), 2014, https://psycnet.apa.org/record/2014 - 33471 - 001

4장 놓치기 쉬운 문제

돈으로 살 수 있는 가장 소중한 것

1. Richard Eisenberg, 'What Workers Crave More than Money', *Forbes*, 27 September 2016, https://www.forbes.com/sites/nextavenue/2016/09/27/what-workers-crave-more-than-money/#692db1ab3150

2. Timothy A. Judge, Ronald F. Piccolo, Nathan P. Podsakoff, John C. Shaw, Bruce L. Rich, 'The relationship between pay and job satisfaction: A meta-analysis of the literature', *Journal of Vocational Behavior*, 2 October 2010, http://www.timothy-judge.com/Judge,%20Piccolo,%20Podsakoff,%20et%20al.%20(JVB%202010).pdf

3. Sanford DeVoe, Julian House, 'Time, money, and happiness: How does putting a price on time affect our ability to smell the roses?', *Journal of Experimental Social Psychology*, March 2012, https://www.sciencedirect.com/science/article/abs/pii/S0022103111002897?via%3Dihub

4. Jeffrey Pfeffer, Sanford DeVoe, 'The Economic Evaluation of Time: Organizational Causes and Individual Consequences', *Research in Organizational Behavior*, 32, 2012, https://www.sciencedirect.com/science/article/abs/pii/S019130851200007X

5. Shawn Achor, Andrew Reece, Gabriella Rosen Kellerman, Alexi Robichaux, '9 Out of 10 People Are Willing to Earn Less Money to Do More-Meaningful Work', *Harvard Business Review*, 6 November 2018, https://hbr.org/2018/11/9-out-of-10-people-are-willing-to-earnless-money-to-do-more-meaningful-work

6. Ashley Whillans, 'Time For Happiness', *Harvard Business Review/The Big Idea*, January 2019, https://hbr.org/cover-story/2019/01/time-for-happiness

7. UK Government statistics, https://www.gov.uk/government/statistics/number-of-individual-income-taxpayers-by-marginalrate-gender-and-age

8. Ashley Whillans, Hanne Collins, 'Accounting for Time', *Harvard Business Review*, 30 January 2019, https://hbr.org/2019/01/accounting-for-time

협상의 기술, 절대 먼저 금액을 제시하지 말라

1. Martin Binder, 'The Way to Wellbeing', *Centre for Research on Self-Employment*, 2018, http://www.crse.co.uk/sites/default/files/The%20Way%20to%20Wellbeing%20Full%20Report_0.pdf

놀면서도 성장하는 핵심 습관

1. Inna Yordanova, 'Taking Time Off As A Freelancer', *IPSE Report*, 23 August 2019, https://www.ipse.co.uk/resource/taking-time-off-as-afreelancer.html

2. Jessica de Bloom, 'Making holidays work', *The Psychologist/The British Psychological Society*, August 2015, https://thepsychologist.bps.org.uk/volume-28/august-2015/making-holidays-work

참고문헌 ※

Achor, Shawn, 《행복의 특권》, Virgin Books, 2011

Bailey, Chris, 《하이퍼포커스》, Macmillan, 2018

Cain, Susan, 《콰이어트》, Viking, 2012

Coplan, Robert J. and Bowker, Julie C. (eds), *The Handbook of Solitude: Psychological Perspectives on Social Isolation, Social Withdrawal, and Being Alone*, Wiley, 2014

Currey, Mason, *Daily Rituals: How Great Minds Make Time, Find Inspiration and Get to Work*, Picador, 2013

Day, Elizabeth, *How to Fail: Everything I've Ever Learned from Things Going Wrong*, Fourth Estate, 2019

Duckworth, Angela, 《그릿》, Vermilion, 2017

Dweck, Carol, 《마인드셋》, Robinson, 2017

Fetell Lee, Ingrid, *Joyful: The Surprising Power of Ordinary Things to*

※   인용 도서 가운데 국내에 출간된 것은 한국어판 제목을 표기했으나, 출판사명 및 출간연도는 원서 기준으로 표기했다.

Create Extraordinary Happiness, Rider, 2018

Fried, Jason and Heinemeier, David, *Remote: Office Not Required*, Vermillion, 2013

Gannon, Emma, *The Multi-Hyphen Method: Work Less, Create More: How to Make Your Side Hustle Work for You*, Hodder and Stoughton, 2019

Geddes, Linda, *Chasing the Sun: The New Science of Sunlight and How it Shapes Our Bodies and Minds*, Wellcome Collection, 2019

Harris, Michael, *Solitude: The Pursuit of a Singular Life in a Crowded World*, Random House, 2017

Harvard Business Review (various), *HBR's 10 Must Reads: On Managing Yourself*, Harvard Business Review Press, 2011

Heffernan, Margaret, *A Bigger Prize: When No One Wins Unless Everyone Wins*, Simon and Schuster, 2015

Heffernan, Margaret, *Beyond Measure: The Big Impact of Small Changes*, Simon and Schuster, 2015

Morin, Tom, *Your Best Work: Create the Working Life That's Right for You*, Page Two, 2020

Mulcahy, Diane, 《긱 이코노미》, Amacom, 2016

Newport, Cal, 《딥 워크》, Piatkus, 2016

Newport, Cal, 《열정의 배신》, Piatkus, 2016

Pang, Alex Soojung-Kim, 《일만 하지 않습니다》, Basic Books, 2016

Pink, Daniel, *Drive: The Surprising Truth About What Motivates Us*, Canongate, 2018

Ressler, Cali and Thompson, Jody, *Why Work Sucks and How to Fix It: The Results-Only Revolution*, Portfolio, 2011

Rock, David, 《일하는 뇌》, Harper Business, 2009

Shaw, Graham, *The Speaker's Coach: 60 Secrets to Make your Talk, Speech or Presentation Amazing*, Pearson Business, 2019

Vanderkam, Laura, 《성공하는 여자는 시계를 보지 않는다》, Penguin, 2015

Vanderkam, Laura, 《성공하는 사람들의 준비된 하루》, Penguin, 2013

Warr, Peter and Clapperton, Guy, *The Joy of Work?*, Routledge, 2009

Warr, Peter, *The Psychology of Happiness*, Routledge, 2019

감사의 말

스티브 조이스Steve Joyce의 격려가 없었다면(그리고 무려 6개월에 걸친 끈질긴 논의가 없었다면) 나는 프리랜서를 시작하기에 충분한 용기를 애초에 내지 못했을 것이다. 많은 이들이 내 여정을 지지해줬고, 또한 이 책에 직간접적으로 큰 도움을 줬다.

내 부모인 힐러리 실Hilary Seal과 데이브 실Dave Seal, 자매인 케이티 콜렛Katy Collett은 내 이야기에 귀를 기울이고 용기를 줬다. 또한 제시카 홉킨스Jessica Hopkins와 마리앤 호지킨Marian Hodgkin, 엘키 메이스Elkie Mace, 카멜 킹Carmel King, 샬럿 스콧, 존 손Jon Thorne에게도 감사를 표한다.

소중한 시간과 지혜, 조언과 지식을 나눠준 모든 분께 감사를 드린다. 브리짓 슐트, 안나 블랙웰, 톰 모린, 애덤 그랜트, 알렉산드라 다리에스쿠, 로버트 크롭, 토머스 브로턴, 니콜라스 후퍼, 브렌든 버첼Brendan Burchell, 에스더 캐노니코Esther Cano-nico, 재키 스이크스Jackie

Sykes, 댄 비둘프Dan Biddulph, 일크 인세오글루Ilke Inceoglu, 앤드류 브로드스키Andrew Brodsky, 알렉스 하나포드, 다이앤 멀케이, 잉그리드 페텔 리, 엠마 몰리, 정희정, 빅토리아 무어, 레빈슨 우드, 디오르 베디아코, 자밀라 도널드슨Jameela Donaldson, 마거릿 헤퍼넌, 냇 리치, 그래엄 쇼Graham Shaw, 솔베이가 팍스테이트Solveiga Pakštaitė, 조앤 말론, 캐런 에어화이트, 수전 애슈퍼드, 닉 블룸Nick Bloom, 우테 스테판(당연하게도 모든 실수는 나 혼자만의 책임이다).

에이전트 안토니 토핑Antony Topping에게 감사를 드린다. 그는 내 아이디어가 무르익도록 오랜 시간 기다려줬으며, 프로파일북스와 수버니어프레스에 아이디어를 전해줬다. 신디 챈Cindy Chan에게도 고마움을 전한다. 그는 우리 모두가 계획보다 일정을 앞당기는 편이 좋겠다고 결정했을 때, 모든 것을 가능하게 만들어줬고 출간 일정을 위해 휴가까지 포기했다(더불어 수버니어와 프로파일의 그레임 홀Graeme Hall과 알리 나달Ali Nadal을 비롯한 모든 팀원에게도 감사를 드린다).

마지막으로 우리 딸 이슬라와 코랠리에게 고마움을 전한다. 두 딸은 스티브와 내가 일을 추진했던 낯설고 이상한 방식을 잘 참아줬으며 일보다 더 많은 삶이 존재한다는 깨달음을 가져다줬다.

미치지 않고 혼자 일하는 법

솔로 워커

첫판 1쇄 펴낸날 2021년 11월 26일
　　　2쇄 펴낸날 2022년 5월 11일

지은이 리베카 실
옮긴이 박세연
발행인 김혜경
편집인 김수진
책임편집 곽세라
편집기획 김교석 조한나 김단희 유승연 임지원 전하연
디자인 한승연 성윤정
경영지원국 안정숙
마케팅 문창운 백윤진 박희원
회계 임옥희 양여진 김주연

펴낸곳 (주)도서출판 푸른숲
출판등록 2003년 12월 17일 제2003-000032호
주소 경기도 파주시 심학산로 10(서패동) 3층. 우편번호 10881
전화 031)955-9005(마케팅부), 031)955-9010(편집부)
팩스 031)955-9015(마케팅부), 031)955-9017(편집부)
홈페이지 www.prunsoop.co.kr
페이스북 www.facebook.com/prunsoop　　**인스타그램** @prunsoop

ⓒ 푸른숲, 2021
ISBN 979-11-5675-926-3(03320)